Picos de Europa

Stephan Bernau

GPX-Daten zum Download

www.kompass.de/gpx

Kostenloser Download der GPX-Daten der im Wanderführer enthaltenen Wandertouren.

AUTOR

Stephan Bernau • Für den aus Sachsen stammenden freien Autor sind die Berge zwar nicht alles, aber keine Berge auch keine Lösung. Mit diesem Wanderführer konnte er seiner Leidenschaft fürs Entdecken landschaftlicher Highlights in schönen Bergrevieren voll ausleben. Er ist jedenfalls fest überzeugt, hier ein paar echte Perlen ausgegraben zu haben – Orte, die bislang nur Einheimischen und Outdoorfreaks vorbehalten waren.
Weitere Beiträge des Autors im Kompass-Verlag sind ein Norwegen-Abenteuer für den Kurzgeschichten-Sammelband „Aus eigener Kraft“ und die Überarbeitung diverser Titel der Reihen „Endlich“ und „Dein Augenblick“.

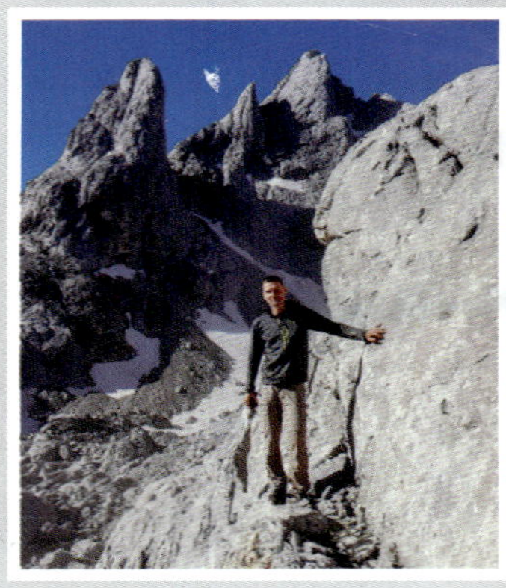

VORWORT

Die Picos de Europa sind ein kleines und ziemlich wildes Gebirge. Seine höchsten Gipfel überschreiten die 2600 Meter-Marke. Diese absolute Höhe ist nicht allzu beeindruckend, doch die Höhenunterschiede sind gewaltig, da die steilen und schroffen Gipfel über Tälern und Schluchten aufragen, die nur wenige hundert Meter über dem Meeresspiegel liegen.

Dass die Picos außerhalb Spaniens kaum bekannt sind, ist verwunderlich, denn an Schönheit mangelt es ihnen

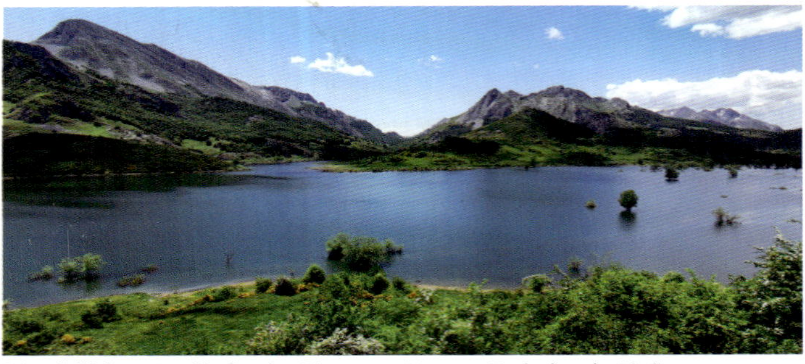

Die südlichen Ausläufer der Picos am Stausee Embalse de Riaño.

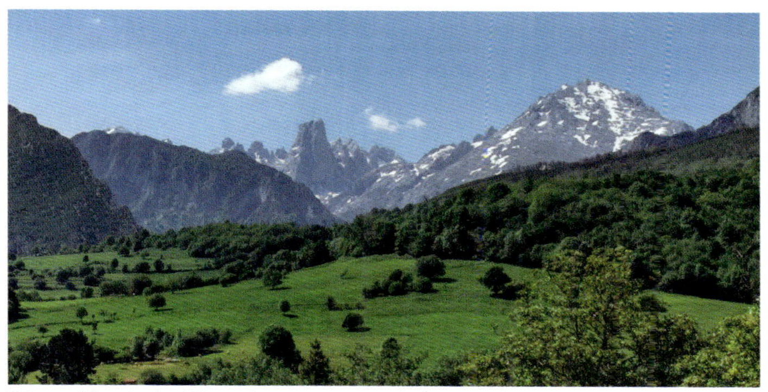

Dieses klassische Picos-de-Europa-Motiv lässt sich an der Straße zwischen Carreña und Las Arenas (Cabrales) einfangen.

ganz gewiss nicht. Ihre Schroffheit und Steilheit ist nicht nur optisch attraktiv, sondern macht sie auch ungeeignet für Skischaukeln und Apartmenttürme. Deshalb ist die großartige Landschaft kaum verbaut, die Berggenießer können die Magie des Hochgebirges ungefiltert erleben.

In den Picos sind es hauptsächlich die Spanier selbst, die den ersten Nationalpark ihres Landes in größeren Massen besuchen. Und das auch nur in konzentrierter Form, auf den Juli und August sowie die Osterwoche beschränkt. Dieser Betrieb wiederum konzentriert sich größtenteils auf die wenigen Hauptrouten und „Hotspots“. Zwar werden auch an normalen Wochenenden der Saison viele Hotels und Campingplätze voll, doch die meisten Bergpfade bleiben trotzdem ruhig bis einsam.

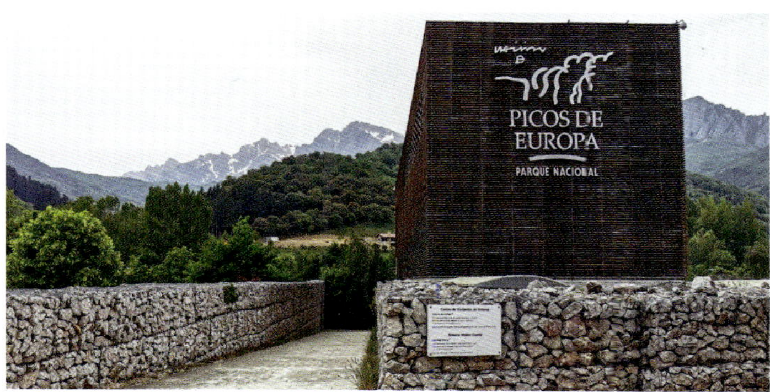

Das Besucherzentrum in Tama ist aufwändig und eindrucksvoll gestaltet (siehe Seite 189).

INHALT UND TOURENÜBERSICHT

AUFTAKT

ANHANG

km	h	hm	hm									Karte
11,4	4:50	600	600	✓				✓				
4,7	1:30	40	40	✓					✓			
1,1	0:50	200	200	✓								
4,9	3:00	550	550	✓	✓			✓				
15,9	6:15	730	730	✓	✓		✓	✓			✓	
6,9	2:30	335	335	✓	✓							
5	1:30	110	110	✓	✓		(✓)				(✓)	
17,1	8:00	1055	1055	✓	✓		✓	✓			✓	
21,1	8:00	940	940	✓								
7,7	2:35	175	640	✓								
2,1	1:00	250	250	✓				✓				
12,5	6:30	1065	1065	✓				✓			✓	
12,5	6:30	1065	1065	✓				✓			✓	
12,5	6:30	1065	1065	✓				✓			✓	
12,5	6:30	1065	1065	✓				✓			✓	
12,5	6:30	1065	1065	✓				✓			✓	
12,5	6:30	1065	1065	✓				✓			✓	
12,5	6:30	1065	1065	✓				✓			✓	
10,7	3:45	595	595	✓								

INHALT UND TOURENÜBERSICHT

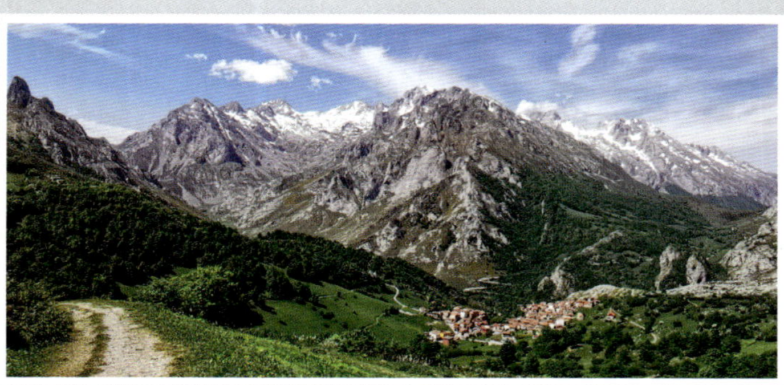

Oberhalb von Sotres, auf dem Weg zum Jitu Escarandi.

km	h	hm	hm									Karte
5,5	1:40	80	80	✓			✓		✓		✓	
10,8	4:45	790	790	✓	✓			✓				
8	3:30	700	700	✓				✓				
10,1	4:30	750	750	✓				✓				
7,3	3:10	470	470	✓	✓	(✓)	✓				✓	
16	8:30	1300	1300	✓	✓	(✓)	✓				✓	
18,5	11:00	1885	1885	✓	✓	(✓)	✓				✓	
5,1	3:55	640	640	(✓)	(✓)			✓				
16,1	6:40	1070	1070	✓	✓							
6	4:55	965	965	✓								
20,1	8:30	1355	1355	✓			✓				✓	
16,3	8:40	1590	1590	✓			(✓)	✓			(✓)	
12,2	3:45	350	580	✓	(✓)							
10,4	7:20	1450	1450	✓								

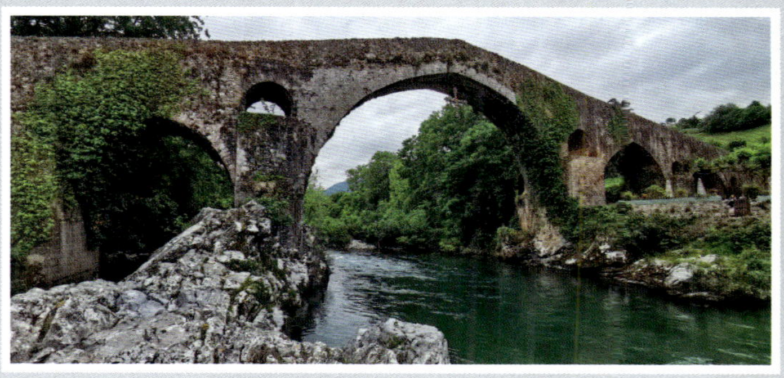

Die Puente Romana in Cangas de Onís ist ein asturisches Nationalsymbol.

INHALT UND TOURENÜBERSICHT

DER OSTEN: ÁNDARA UND UMGEBUNG

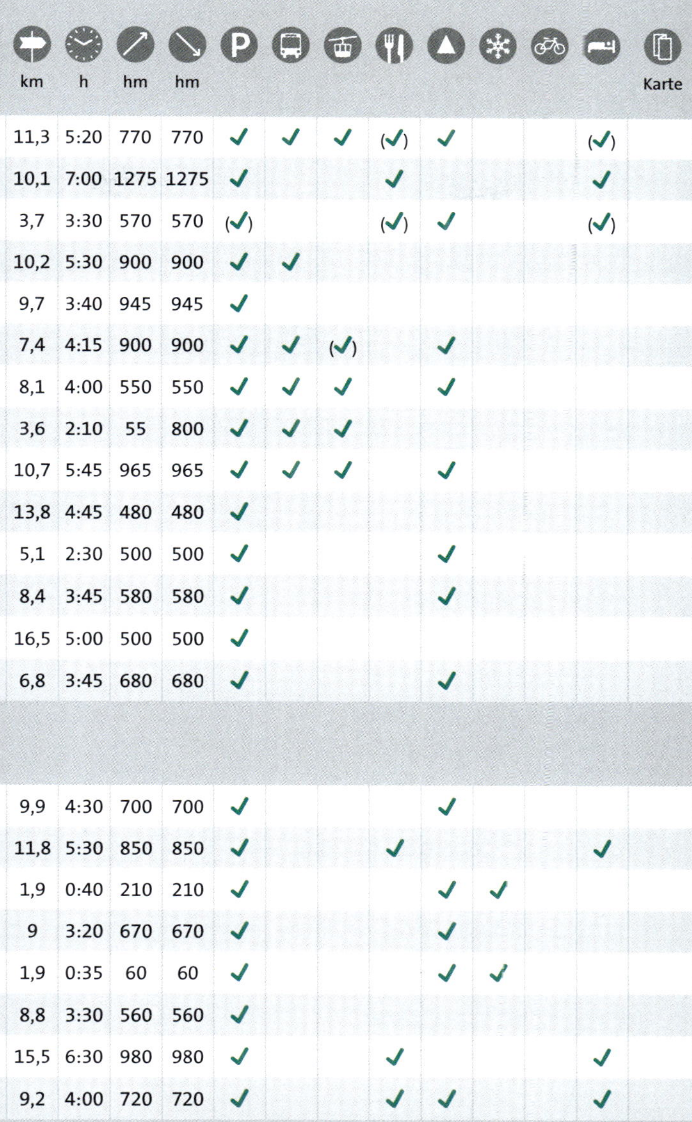

km	h	hm	hm	P								Karte
11,3	5:20	770	770	✓	✓	✓	(✓)	✓			(✓)	
10,1	7:00	1275	1275	✓			✓				✓	
3,7	3:30	570	570	(✓)			(✓)	✓			(✓)	
10,2	5:30	900	900	✓	✓							
9,7	3:40	945	945	✓								
7,4	4:15	900	900	✓	✓	(✓)		✓				
8,1	4:00	550	550	✓	✓	✓		✓				
3,6	2:10	55	800	✓	✓	✓						
10,7	5:45	965	965	✓	✓	✓		✓				
13,8	4:45	480	480	✓								
5,1	2:30	500	500	✓				✓				
8,4	3:45	580	580	✓				✓				
16,5	5:00	500	500	✓								
6,8	3:45	680	680	✓				✓				
9,9	4:30	700	700	✓				✓				
11,8	5:30	850	850	✓			✓				✓	
1,9	0:40	210	210	✓				✓	✓			
9	3:20	670	670	✓				✓				
1,9	0:35	60	60	✓				✓	✓			
8,8	3:30	560	560	✓								
15,5	6:30	980	980	✓			✓				✓	
9,2	4:00	720	720	✓			✓	✓			✓	

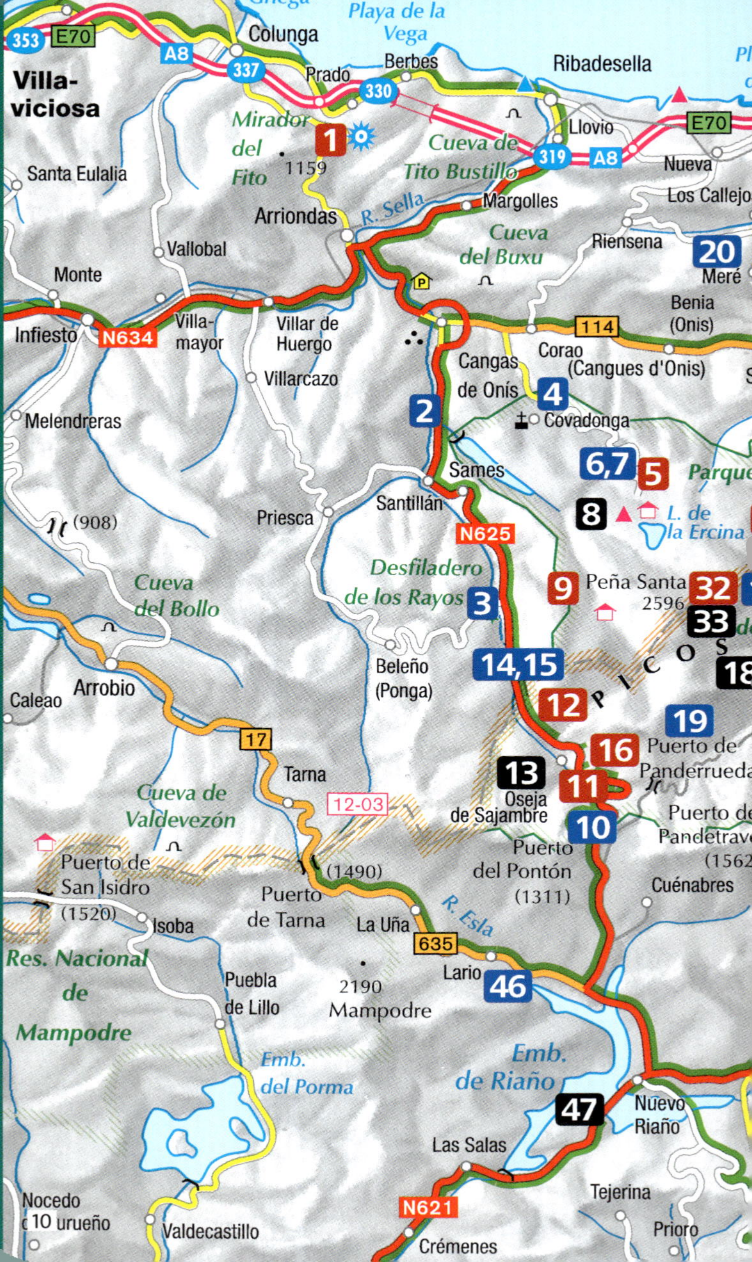

Villaviciosa
Colunga
Playa de la Vega
Berbes
Prado
Ribadesella
Mirador del Fito
1159
Cueva de Tito Bustillo
Llovio
Nueva
Los Callejos
Santa Eulalia
Arriondas
R. Sella
Margolles
Cueva del Buxu
Riensena
Meré
Vallobal
Monte
Benia (Onis)
Infiesto
Villamayor
Villar de Huergo
Corao
Cangas de Onís
(Cangues d'Onís)
Villarcazo
Covadonga
Melendreras
Sames
Parque
Santillán
Priesca
L. de la Ercina
(908)
Desfiladero de los Rayos
Peña Santa
2596
Cueva del Bollo
PICOS
Beleño (Ponga)
Caleao
Arrobio
Puerto de Panderrueda
Tarna
Oseja de Sajambre
Cueva de Valdevezón
Puerto de Pandetrav
(1562
Puerto del Pontón
(1311)
Puerto de San Isidro
(1520)
(1490)
Puerto de Tarna
Cuénabres
Isoba
La Uña
R. Esla
Res. Nacional de Mampodre
Puebla de Lillo
2190
Mampodre
Lario
Emb. de Riaño
Emb. del Porma
Nuevo Riaño
Las Salas
Tejerina
Nocedo
Valdecastillo
Prioro
Crémenes
353
E70
A8
337
330
319
N634
114
N625
17
12-03
635
N621

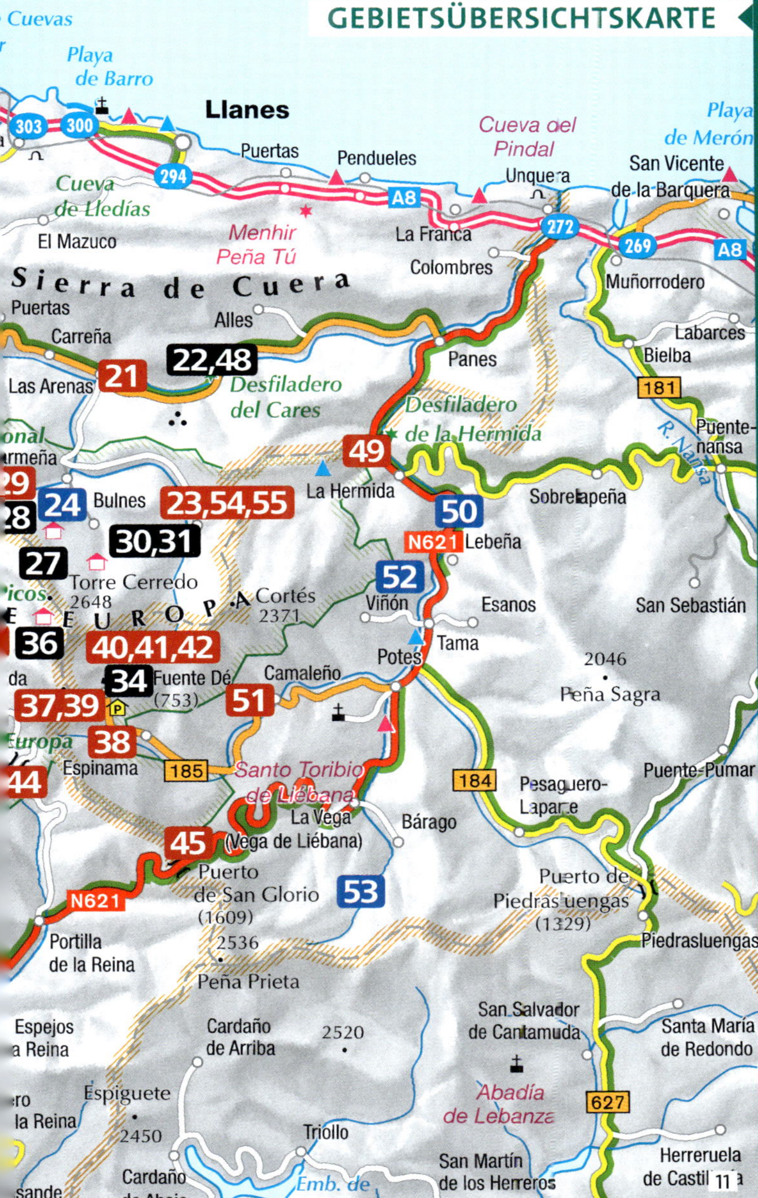
Cuevas
Playa de Barro
Llanes
Playa de Merón
Cueva del Pindal
Puertas
Pendueles
Unquera
San Vicente de la Barquera
Cueva de Lledías
El Mazuco
Menhir Peña Tú
La Franca
Colombres
Muñorrodero
Sierra de Cuera
Puertas
Carreña
Alles
Labarces
Bielba
Panes
Las Arenas
Desfiladero del Cares
Desfiladero de la Hermida
Puente-nansa
R. Nansa
La Hermida
Bulnes
Sobrelapeña
Lebeña
Torre Cerredo 2648
Cortés 2371
Viñón
Esanos
San Sebastián
Tama
Potes
2046
Peña Sagra
Camaleño
Fuente Dé (753)
Espinama
Santo Toribio de Liébana
La Vega (Vega de Liébana)
Bárago
Pesaguero-Lapante
Puente-Pumar
Puerto de San Glorio (1609)
Puerto de Piedrasluengas (1329)
Piedrasluengas
Portilla de la Reina
2536
Peña Prieta
San Salvador de Cantamuda
Santa María de Redondo
Espejos de la Reina
Cardaño de Arriba
2520
Abadía de Lebanza
Espiguete
2450
la Reina
Triollo
Cardaño de Abajo
Emb. de Cervera-Ruesga
San Martín de los Herreros
Herreruela de Castilla
303
300
294
A8
272
269
181
184
185
627
N621
21
22,48
49
50
52
53
23,54,55
30,31
24
27
29
28
36
40,41,42
34
37,39
38
44
45
51

DAS GEBIET

Ihren Namen bekamen die Picos de Europa von Seefahrern, die in den Golf von Biskaya segelten und als erstes diese Bergspitzen sahen. Die Nähe zum Atlantik ist eine der prägenden Besonderheiten des Gebirges. An seinem enormen Relief stauen sich die Wolken und regnen große Mengen Wasser ab, das wiederum mit großer Kraft Täler, Schluchten und Abgründe in die Bergmasse fräst. An dem festen Kalkgestein arbeitet das Wasser spitze und scharfe Grate, Zacken und Zähne heraus – und unzählige Löcher, Spalten und Höhlensysteme, in denen ein Großteil des Wassers versickert. Hinzu kam in den Eiszeiten noch die Hobelarbeit der Gletscher, die tiefe Kare und Senken hinterlassen haben.

Wegen der teils großen Höhenunterschiede und dem „Mangel" an Bergbahnen muss die große Aussicht in den Picos oft mit Schweiß und Ehrlichkeit erarbeitet werden. Auch viele „niedrige" Berge haben hier einen langen Anstieg mit alpinem Charakter vorzuweisen.

Freundlich sind die Picos insofern, dass sie auch „nur-Wanderern" tiefe Einblicke und große Ausblicke gewähren. Viele Touren in diesem Buch zeigen, dass man die majestätischen Gipfel und wilden Felsarenen auch ohne Kletterkünste hautnah erleben kann.

Klima und Wetter

„Wenn ihr an die Möglichkeit glaubt, dass der Nebel zerreißt... wird die Landschaft euch überraschen mit der Entfaltung ihrer Pracht und der magischen Kombination von Gipfeln und Wolken am Himmel."

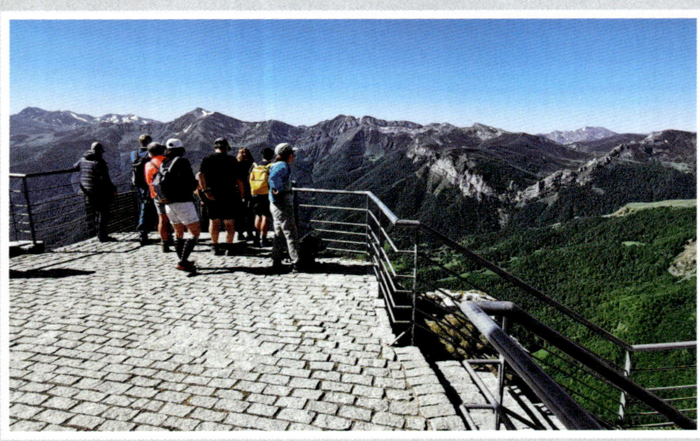

An der Bergstation „El Cable" kommen wir bei den Touren 34 und 40–42 vorbei.

Dieses frei übersetzte Zitat von Pedro Pidal, dem Gründer des Nationalparks, fasst im Grunde alles Wesentliche zusammen. In dieser Gegend sorgt gerade auch das vermeintlich schlechte Wetter für unvergessliche Augen-Blicke. Um es in den nüchternen Worten der heutigen Zeit auszudrücken: Es herrscht mildes und sehr feuchtes Atlantikklima, das auf der Südseite etwas trockener ausfällt. Beinahe mediterran ist dabei zeitweise das Mikroklima der Liébana, der schönen Tallandschaft im Südosten.

Das Wetter kann lokal verschieden sein und sehr schnell umschlagen, sodass man während eines Tourentages sämtliche Wetterlagen erleben kann. Im Sommer sind stabile Schönwetterphasen möglich, allerdings ist die Luftfeuchtigkeit fast immer hoch, sodass auch bei Schönwetter mit plötzlichen, dichten Fallnebeln (Encainadas) zu rechnen ist.

Daten und Vorhersagen (Predicción) zum Bergwetter (Tiempo)

Prognosen der staatlichen Wetteragentur:
www.aemet.es/es/eltiempo

Von vielen einheimischen Touristikern genutzte Wetterseite. Entweder „Picos de Europa" für das Bergwetter oder den gewünschten Ort für das lokale Wetter in die Suchleiste eingeben:
www.meteoblue.com

Infos zu Schneeverhältnissen:
www.parquenacionalpicoseuropa.es/visitas/pronosticos-de-nieve
(auch auf Englisch und Französisch)

Karten

In Las Arenas (Cabrales) findet sich so gut wie alles, was es an Karten und Literatur zu den Picos de Europa gibt. In Potes ist die Auswahl auch groß, in den übrigen Orten geringer. Zum Standard gehören die 1:25000er-Karten, die den Nationalpark, also die Kernzone mit den drei Hauptmassiven der Picos de Europa, abdecken. Es gibt zwei gleichwertige Anbieter:

• die in einem orangenen Umschlag verkauften zwei Alpina 25 Karten von Editorial Alpina, SL, Picos de Europa Parque Nacional, Macizos Occidental, Central y Oriental, Maßstab 1:25000.

• die Adrados Ediciones, ebenfalls zwei Karten des gleichen Ausschnitts im Maßstab 1:25000, gelbes Cover.
Eine sinnvolle Ergänzung ist die grüne Übersichtskarte von Adrados Ediciones, Picos de Europa y Costa Oriental de Asturias. Sie wird oft im Paket mit dem Adrados-Wanderführer verkauft und deckt ein weit größeres Gebiet ab. Ihr Vorteil sind die vielen touristischen Informationen (Wege, Unterkünfte, Campingplätze, Tankstellen, usw.). Aufgrund ihres 1:80000 Maßstabs ist sie eher für die Planung als für die Orientierung im Gelände geeignet.

Die amtlichen Karten decken zwar alle Gebiete im Maßstab 1:25000 ab, enthalten aber abgesehen von der Topographie kaum Informationen. Deshalb empfehlen sich Onlinekarten für die außerhalb des Nationalparks liegenden Touren dieses Buchs. Neben Opentopomap.org ist

Gut zu wissen

Europäischer Notruf: 112

die tschechische Onlinekarte Mapy. cz eine weitere kostenlose Alternative, die durch viele Details und eine gute Geländedarstellung überzeugt (unter „Karte ändern“ die „Wanderkarte“ auswählen).

Flora

Die Vegetation ist artenreich und klammert sich bis in die Felswände hinein. Stellenweise erweckt sie so den Eindruck einer südamerikanischen Tropenlandschaft. Es dominieren Laubmischwälder aus Buchen, Eichen und vielen anderen Arten. Auf der Südseite finden sich mediterrane Baumarten wie Stein- und Korkeichen sowie Stechpalmen. In mittleren Höhen dominieren die Weiden und das Buschland des gelben Ginsters, ergänzt von teils mannshohem Farn und Heidekraut. Auch die Vielfalt an Blumen und Kräutern auf den Bergwiesen ist groß. Im Oktober und November entfalten die Wälder einen wahren Farbenrausch.

Fauna

Allgegenwärtig sind die Kühe, Ziegen und Schafe, deren Herden teilweise von großen Hütehunden, den Mastines, bewacht werden. Hält man genügend Abstand zu den Herden, gibt es mit den Hunden keine Probleme. Des Weiteren trifft man auf eine artenreiche Tierwelt mit über 200 Wirbeltierarten. Gämsen (Rebecos) wird man regelmäßig zu Gesicht bekommen, ebenso wie die großen Geier und Greifvögel. Den Kuckuck

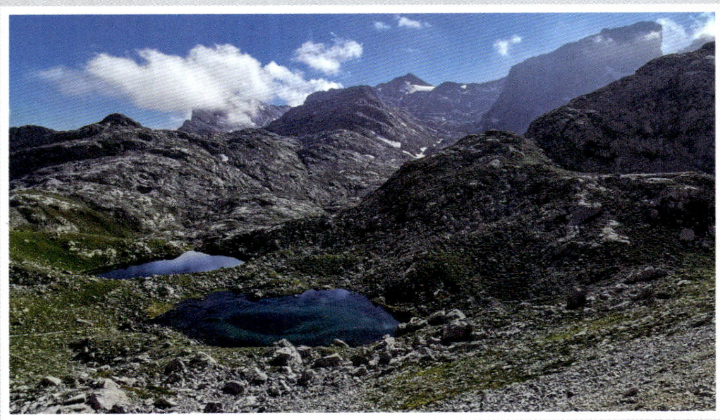

Die Pozos de Lloroza sind nur eine halbe Gehstunde von der Fuente Dé-Bergstation entfernt (Touren 34 und 42)

wird man in den Wäldern häufig hören und Eidechsen unter Steinen verschwinden sehen. Seltener wird man auf Pyrenäensteinböcke, Wildschweine, Füchse, Hirsche und Rehe stoßen.

Wölfe wurden wieder angesiedelt, doch eine Begegnung mit ihnen ist ähnlich unwahrscheinlich wie die mit einem der iberischen Braunbären (Oso Pardo). Von ihnen streifen heute wieder um die 330 im Kastilischen Gebirge umher, vor allem in den einsamen Gebieten östlich, südlich und westlich des Picos-Nationalparks. Auch dort ist eine Begegnung sehr unwahrscheinlich.

Bevölkerung, Geschichte, Tourismus, Wirtschaft

Das Gebirge ist seit mindestens 10.000 Jahren besiedelt. Viele heutige Asturier, Kantabrier und Nordkastillier sind Nachfahren der Kelten, die dank der unzugänglichen Landschaften weder von den Römern noch von den Mauren vollständig unterworfen werden konnten. Der asturische Heerführer Don Pelayo besiegte 722 n. Chr. in der Schlacht von Covadonga die Mauren. Anschließend soll er deren Heer über die Picos de Europa getrieben und so den Beginn der Reconquista, der 770 Jahre dauernden Rückeroberung Spaniens, eingeleitet haben. Später wurde er der erste christliche König Spaniens.

Heute ist die Schlacht der Gründungsmythos Spaniens und die an ihrem Schauplatz errichtete Kathedrale ein Nationalheiligtum. Der Fernwanderweg „Ruta de la Reconquista“ folgt heute der Route durch die Berge, auf der die Rückdrängung der Mauren stattgefunden haben soll.

Die heute nach wie vor wenigen Bewohner der Gegend leben überwiegend bescheiden in abgelegenen Dörfern aus uralten Steinhäusern. Das Leben scheint dort nicht viel anders zu verlaufen als seit eh und je, abgesehen von den Handys, den Geländewagen und dem durchaus flotten Internet. Die Lebensgrundlage bleibt die Landwirtschaft, vor allem der Käse mit seinen sehr edlen und teuren Sorten.

Der bis Mitte des 20. Jh. intensiv betriebene Bergbau von Kupfer, Zink und anderen Erzen spielt heute keine Rolle mehr. Seine wirtschaftliche Bedeutung hat heute der Tourismus eingenommen. Dieser spielt sich vor allem an drei Hotspots ab: der Caresschlucht, der Fuente Dé Seilbahn und in Covadonga mit seinen Seen. Daneben gibt es noch eine Handvoll stärker frequentierte Routen wie die Hüttentour zum Refugio de Urriellu (Tour 30). Der Rest der Landschaft bekommt nur überschaubaren Besuch.

Sprache

Vor allem die junge Generation spricht fast durchgehend passables Englisch, sodass man inzwischen ohne Spanischkenntnisse überall zurechtkommt. Asturien hat neben Spanisch eine eigene Regionalsprache (asturianu oder bable). Für Verwirrung können verschiedene Bezeichnungen und Schreibweisen für einen Ort sorgen. Meist handelt es sich um eine spanische und eine asturische Variante, gelegentlich gibt es aber auch mehrere Varianten in beiden Sprachen. Ein Beispiel für gänzlich verschiedene Namen ist der bekannteste Berg der Picos, den man als „Naranjo de Bulnes" und als „Picu Urriellu" kennt. Hier im Buch sind alle Orte und Gipfel möglichst präzise und eindeutig beschrieben, sodass Verwechslungen vermieden werden.

Verkehr

Es ist möglich, die Picos de Europa ohne Auto zu bereisen, doch dann muss man viel Zeit mitbringen. In diesem Führer lassen sich gut 15 Touren problemlos ohne eigenes Fahrzeug durchführen, der Rest nur mit deutlichem Mehraufwand.

Gute Busanbindung gibt es in den touristischen Zentren Las Arenas (Cabrales), Fuente Dé, Potes und Cangas de Onís/Covadonga. Doch selbst an diesen Hotspots sind die Verbindungen nicht immer eng getaktet. Zwar sind auch viele Orte an Hauptverkehrsstraßen und in Seitentälern per Bus erreichbar, doch sind die Fahrpläne nicht auf touristische Bedürfnisse zugeschnitten. Am besten fragt man in Tourismusbüros nach, die es auch in kleinen Orten gibt.

Parkplätze sind besonders in der Hochsaison knapp, doch gibt es die „bei uns" gewohnten Verbote und Beschränkungen in Spanien weniger. Deshalb findet sich notfalls immer ein vielleicht etwas abenteuerlicher, aber legaler Parkplatz.

So gut wie alle hier beschriebenen Wanderungen sind auch mit dem Wohnmobil erreichbar. Eine Ausnahme ist die Zufahrt nach Cordiñanes und Caín de Valdeón (betrifft die Touren 18, 32, 33, 35 und 36), da die Straße zu eng und steil ist. Hier muss ein Shuttlebus oder Taxi ab Posada de Valdeón genommen werden (weitere Details in der Beschreibung zur Ruta del Cares, Tour 32).

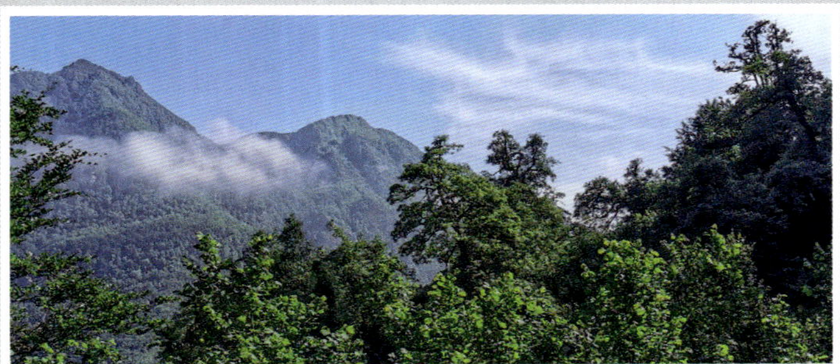

In der Region Sajambre treffen wir auf dschungelartige Wälder (Touren 10–16)

Handhabung des Wanderführers

Nehmen wir als Vergleichsmaßstab die Ostalpen, stellen wir in den Picos de Europa fest, dass viele Wege weniger beschildert, weniger markiert und weniger komfortabel ausgebaut sind. Durch die harten Kontraste und abrupten Wechsel der Landschaft wechseln auch die Wege oftmals binnen weniger Meter von leicht zu schwer und von breit ausgebaut zu kaum noch sichtbar. Vom regen Verkehr und Trubel wechselt man ohne Übergang in Einsamkeit und Abgeschiedenheit. Auch sind die Picos weit weniger bevölkert und erschlossen als vergleichbare Alpenregionen wie die Dolomiten. Grundsätzlich ist also mehr Aufmerksamkeit und aktive Orientierung gefragt. Auf der anderen Seite wartet dafür ein höherer Erlebniswert mit mehr Ursprünglichkeit.

Die landschaftliche Vielfalt der Picos de Europa soll hier erlebbar werden. Deshalb reicht das Tourenspektrum von familienfreundlichen Spaziergängen bis zu anspruchsvollen alpinen Touren auf markante Gipfel, darunter auch den höchsten, den Torre Cerredo. Die Genusswanderer sollen hier ebenso wie die Ambitionierten und „Abenteurer" auf ihre Kosten kommen. Um die Flexibilität noch zu erhöhen, habe ich bei vier der anspruchsvollen Touren Optionen erkundet, mit denen sie deutlich „entschärft“ und abgekürzt werden und dennoch lohnende Ziele bleiben. Es handelt sich um die Touren 8 (Mirador de Ordiales statt Pico Cotalba), 13 (Pozalón statt Niajo), 30 (Refugio de Urriellu ohne Corona del Rasu) und 34 (Horcados Rojos statt Tesorero).

Die Reihenfolge der Touren ist wie ein dreispaltiger Zeitungsartikel von links nach rechts (bzw. West nach Ost) und von oben nach unten (bzw. Nord nach Süd) geordnet. Das entspricht der Topografie des Gebirges, das sich in drei Hauptmassive gliedert: im Westen das Cornión-Massiv, in der Mitte das Zentralmassiv der Urrielles und im Osten das Ándara-Massiv. Getrennt werden diese Massive durch die grob betrachtet als Nord-Süd-Achsen verlaufenden Furchen der Caresschlucht und des Río Duje Tals. Dieser Kern der Picos de Europa entspricht der Fläche des Nationalparks. Seine äußere Grenze wird durch zwei weitere große Schluchten markiert: den Beyos Canyon im Westen und die Hermida-Schlucht im Nordosten.

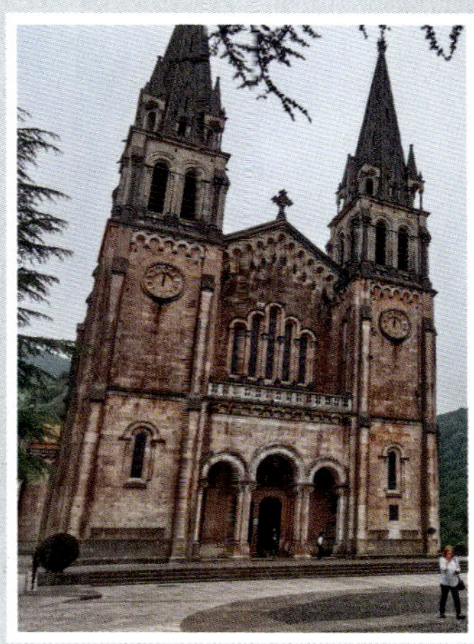

Basilika von Covadonga (Tour 4).

ALLGEMEINE TOURENHINWEISE

SCHWIERIGKEITSGRADE

Die Schwierigkeitsbewertung ist an der Schweizer Wanderskala orientiert. Wege, die dort mit T1 bewertet würden, sind hier blau (leicht), Wege im Bereich T2–3 sind hier rot (mittelschwer) und Wege im Bereich T4 schwarz (schwer). Dabei zählt eher der technische Anspruch, die bloße Zeitdauer ist weniger wichtig. Lange Touren können „nur" rot bewertet sein (z.B. Tour 05, Cabeza del Covu und Cabeza La Verde), während recht kurze Touren schwarz bewertet sein können (z.B. Tour 48, Pica Peñamellera).

■ LEICHT

Leichte Wanderungen, überwiegend auf Forstwegen ohne größere Steigungen, sofern erwähnt auch für Familien mit Kleinkindern geeignet. Kurze Passagen über Wurzeln und rutschigen oder abschüssigen Untergrund können dabei gegenseitige Hilfe erfordern.

■ MITTELSCHWER

Wanderungen, die hinsichtlich Länge, Wegebeschaffenheit und Höhenmetern schon fordernd sein können. Sie setzen Ausdauer und meistens auch Trittsicherheit und Motivation voraus.

■ SCHWER

Stabile Kondition, Trittsicherheit und Motivation sind hier Selbstverständlichkeiten, die durch Erfahrung, Orientierungssinn und meist auch Schwindelfreiheit ergänzt werden.

Generell können Schwierigkeiten je nach äußeren Bedingungen und persönlichem Zustand abweichend erlebt werden.

Bei den meisten Touren sind Hin- und Rückweg identisch. Das hat folgende Gründe: Rückfahrten zu Ausgangsorten und Rückholaktionen kosten in den Picos viel Zeit. Auch ist es angesichts der sehr präsenten Faktoren Wetter und Orientierung von Vorteil, wenn der Rückweg schon bekannt ist. Bei dem oft wechselhaften Wetter sind die Perspektiven des Rückwegs oft auch anders als man sie zu kennen glaubt. Last but not least sind die schönen Flecken nicht so langweilig, dass man sie schnell aneinanderreihen und „Strecke machen" müsste.

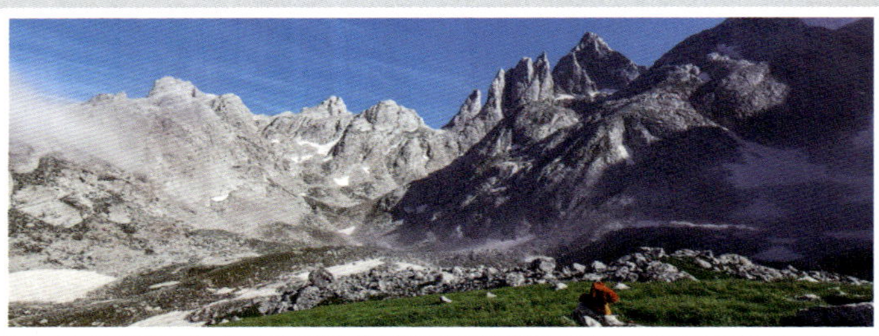

Die Umgebung des Refugio Jou de los Cabrones ist ein alpines Märchenland (Touren 26 und 27).

MEINE LIEBLINGSTOUR

Der Collado Roxena lockt nicht nur mit seinem klangvollen Namen. Auch die relativ schnelle und leichte Erreichbarkeit eines so abgeschiedenen und wildromantischen Ortes fordert zu einem Besuch heraus. Vor sich hat man auf diesem Aussichtsbalkon den wilden Abgrund des Beyos-Canyons, hinter sich ein liebliches, von Wald umrahmtes Hochtal mit einer geheimnisvollen Höhle. Und dann wäre da noch diese subtile mystische Atmosphäre, die über die landschaftliche Schönheit hinausgeht und vergangene Zeitalter spürbar macht.

Y Collado Valdelillo und Collado Roxena, Tour 14, Seite 60

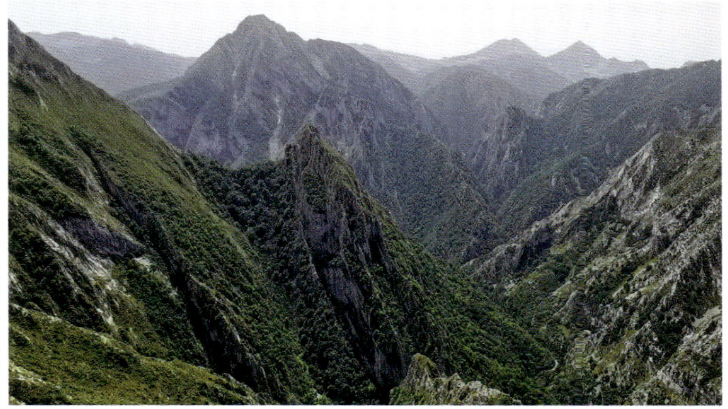

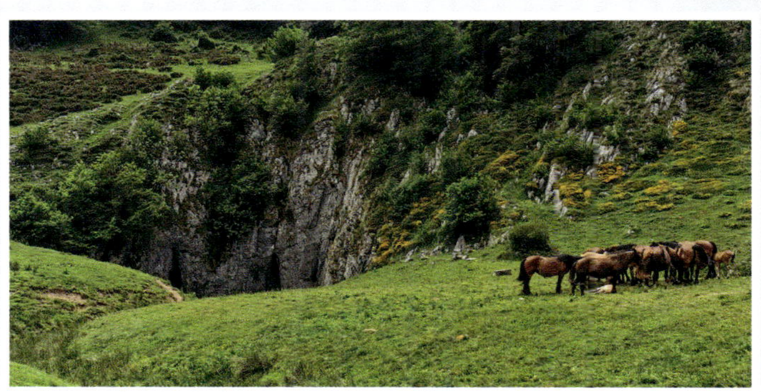

MEINE HIGHLIGHTS

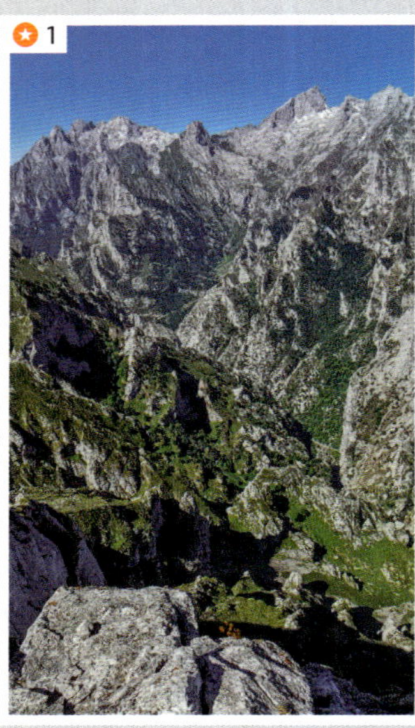

1: Colláu Cerreu
Der Collau Cerreu ist so spektakulär, dass Fotos es kaum wiedergeben können. Y Colláu Cerreu, Tour 25, Seite 94

2: Pico Gilbo • 1679 m
Der Pico Gilbo fasziniert mit seiner Form und seiner unglaublichen Aussicht. Y Pico Gilbo • 1679 m, Tour 47, Seite 162

3: Vegabaño-Rundweg
Die Vegabaño beweist, dass traumhafte Orte auch ohne viel Schweiß und Mühe erreichbar sind. Y Vegabaño-Rundweg, Tour 15, Seite 63

4: Majada de Ondón
An der Majada de Ondón führt die Natur großes Kino auf, gern hemmungslos dramatisch. Y Majada de Ondón, Tour 29, Seite 106

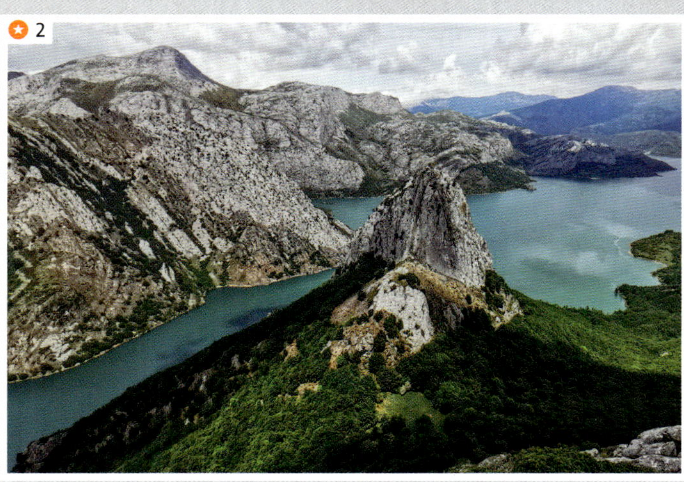

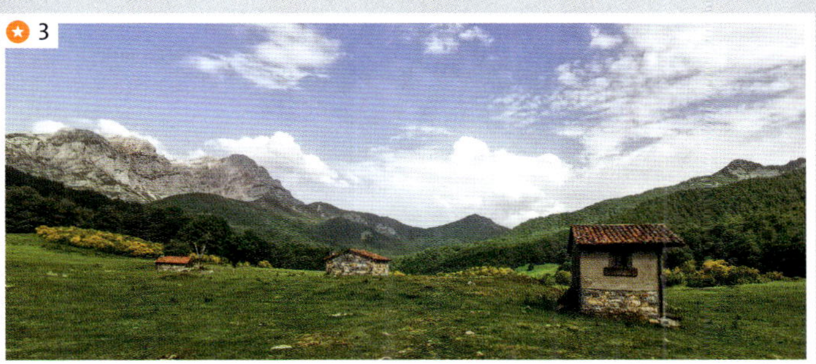

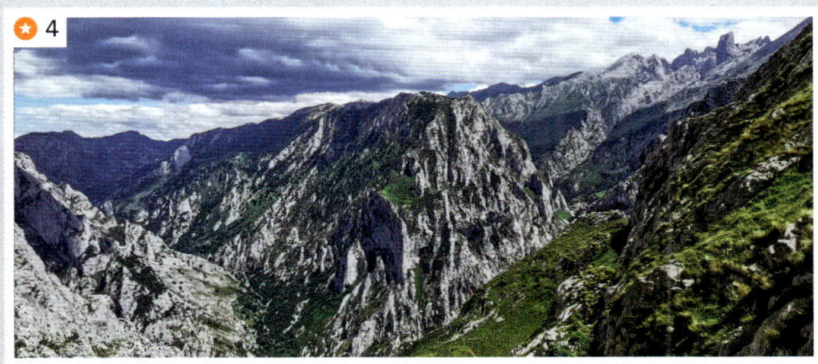

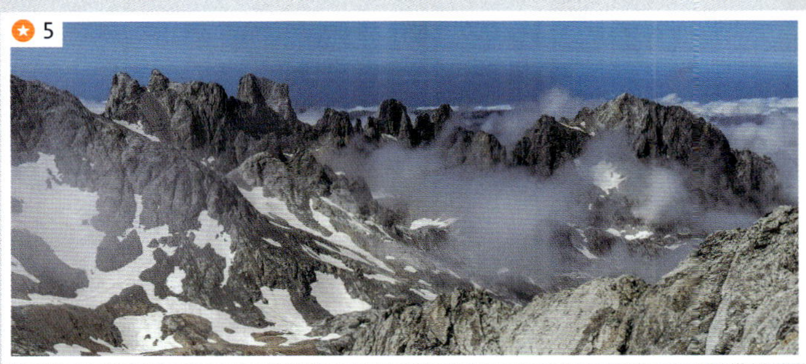

5: Peña Vieja • 2619 m
Die immer faszinierender werdende Aussicht treibt uns auf dem mühsamen Gipfelhang der Peña Vieja nach oben. Y Peña Vieja • 2619 m, Tour 42 Seite 147

MIRADOR DEL FITU – PICO PIENZU • 1161 m

Panoramatour zwischen Bergen und Meer

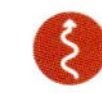 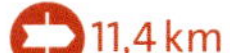 11,4 km 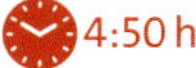 4:50 h 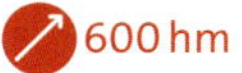 600 hm  600 hm

START | Mirador del Fitu, 591 m. Anfahrt: Über Arriondas oder die Küstenautobahn auf der AS 260 zum Parkplatz am Pass Altu del Fitu.
[GPS: UTM Zone 30T x: 322.505 m, y: 4.811.905 m]
CHARAKTER | Aussichtsreiche Wanderung zwischen Küste und Gebirge. Durch schöne Wälder und freies Gelände erreichen wir auf zwischenzeitlich steilerem Weg einen markanten Gipfel.

Der Mirador del Fitu ist für sich schon ein äußerst lohnendes Ziel. Sein Panorama umfasst die wilde asturische Küste, das Landesinnere und einen großen Teil der Picos de Europa.

▶ Wir starten am Parkplatz bei der architektonisch eigenartigen Plattform des **Mirador del Fitu** 01. Der Ort ist problemlos mit dem Auto von Arriondas oder der Küste aus erreichbar und befindet sich an der östlichen Schulter des Pico Pienzu. Der ist wegen der leichten Zugänglichkeit und des tollen Anstiegs einer der meistbesuchten Berge Asturiens.
Zuerst zieht der Forstweg zwischen knorrigen Kiefern, saftigen Wiesen und rauem Kalkgestein gegenüber vom Parkplatz den

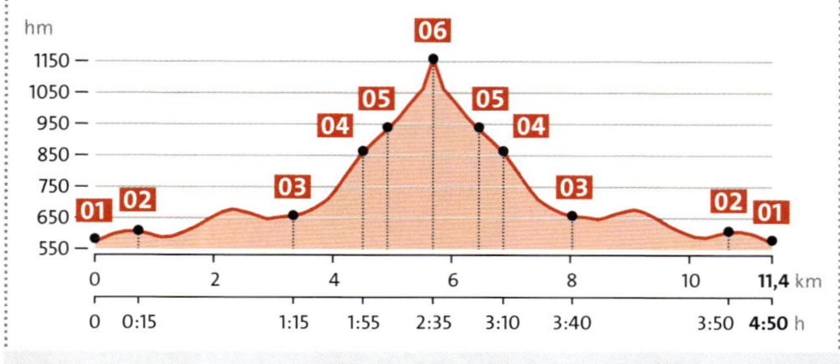

01 Mirador del Fitu, 591 m; 02 Peña Poares, 615 m; 03 Collado del Bustacu, 650 m; 04 Majada de Mergullines, 854 m; 05 Collado Beluenzu, 932 m; 06 Pico Pienzu, 1161 m

Vor der Betonkanzel des Mirador del Fitu breitet sich eine einzigartige Küstenlandschaft aus.

Hang hinauf. Wir umrunden eine kleine, linker Hand liegende Ruine auf einem Hügel. Der kurzzeitig etwas undeutliche Weg setzt sich bald wieder als gut erkennbarer und bequemer Wanderweg fort. Die nun folgende bewaldete Zone ist bekannt für gute Möglichkeiten der Tierbeobachtung. Neben den allgegenwärtigen Geiern und Dohlen lassen sich auch ab und zu Damhirsche blicken. Abwechselnd durch Gebüsch, Farn und Wald wandernd, überschreiten wir nach einem halben Kilometer den Felskopf der **Peña Poares** 02 und gelangen, etwas an Höhe verlierend, in den Viescona-Buchenwald. Der Weg in die kleine Senke eröffnet schöne Blicke auf die asturische Küste. Wir kommen an einem betonierten Wasserbecken vorbei und erreichen bald darauf einen kleinen Sattel mit einigen verfallenden Almhütten **Collado del Bustacu** 03. Am Pass haben wir mit etwa 3,5 Kilometern schon den Großteil der Distanz zurückgelegt, doch die meisten der gut 500 Höhen-

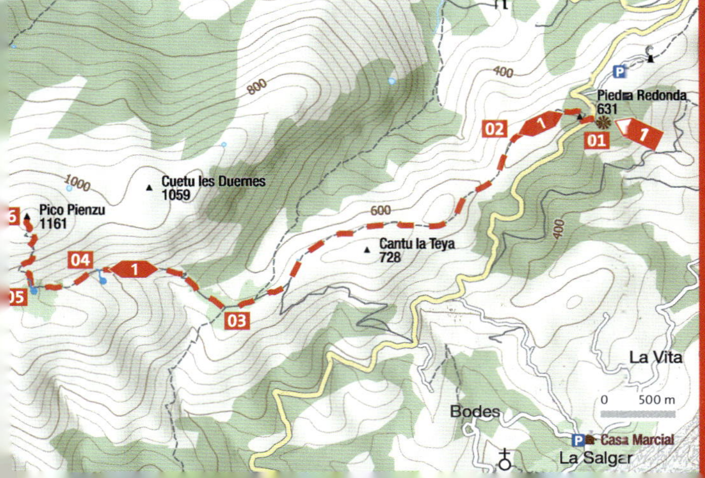

1

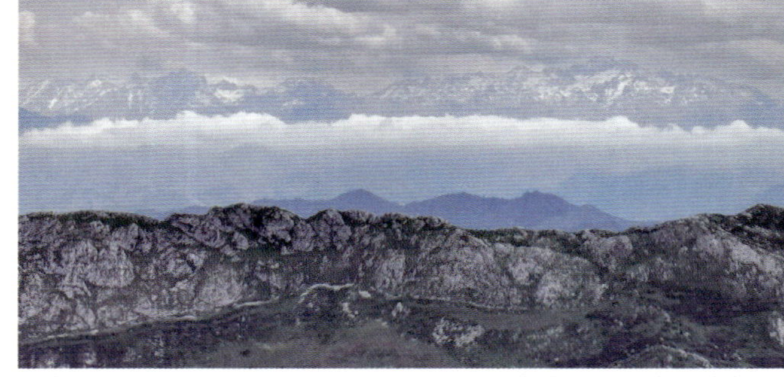

Auf dem Weg zum Pico Pienzu präsentieren sich das Zentral- und das Ostmassiv.

meter stehen uns noch bevor. Wir folgen nun einem rechter Hand steil und direkt den Berg emporziehenden Forstweg, bis wir die Hochweide **Majada de Mergullines** **04** erreichen. Hier endet der Forstweg und wir folgen den Pfadspuren, die durch das kleine Hochtal direkt zu dem vor uns liegenden Sattel **Collado Beluenzu** **05** führen. Dort befindet sich eine Viehtränke nebst weiteren verfallenden Steinhütten. Vom Sattel aus führen zahlreiche Pfadspuren mehr oder weniger direkt zum Gipfel. Wir können uns hier die Steilheit quasi auswählen – je nachdem, wie viele der vorhandenen Serpentinen wir einschlagen. Nach diesen letzten 250 Höhenmetern und 500 Distanz-Metern erreichen wir den mit einem großen Kreuz „ausgestatteten" Gipfel des **Pico Pienzu** **06**. Wir fühlen uns hier weit höher als auf seinen tatsächlichen „nur" 1161 Metern, denn das Meer ist nur gute fünf Kilometer entfernt. Bei guter Sicht überblicken wir hier satte 200 Kilometer Küste. Außerdem liegt uns halb Asturien mit seinen vielen Gebirgs- und Hügelketten zu Füßen. Und natürlich nicht zu vergessen: die Krönung – die Picos de Europa mit ihrem West- und Zentralmassiv.

Der Rückweg zum Parkplatz erfolgt auf dem bekannten Hinweg.

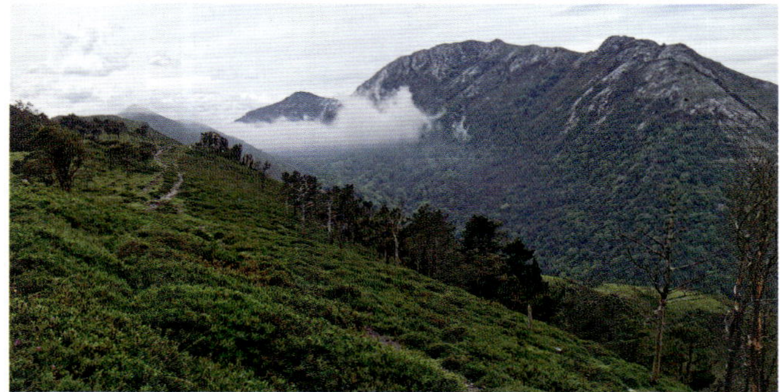

Die Buchenwälder und der Picu Pienzu.

OLLA DE SAN VICENTE

Kinderfreundliche Kurztour am Fluss

 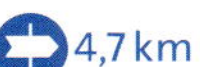 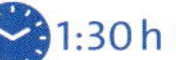 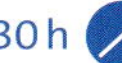 

4,7 km 1:30 h 40 hm 40 hm

START | Zwei Parkplätze beim Restaurant neben der Straßenbrücke an der N-625, 105 m. Anfahrt: Von Cangas de Onís auf der N-625 bis zur Brücke über den Río Dobra.
[GPS: UTM Zone 30T x: 327.242, y: 4.797.109]
CHARAKTER | Entspanntes Lustwandeln am Río Dobra mit einem schönen Ziel. Viel Schatten und Bademöglichkeit für heiße Tage.

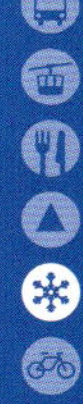

Wir beginnen an dem nicht zum Restaurant gehörenden **Parkplatz an der N-625** 01. Eine etwas mitgenommene Infotafel weist auf die üblichen Verhaltensregeln im Nationalpark hin und kündigt an, dass der Weg zur Olla de San Vicente maximal 40 Minuten dauert. Das kommt auch gut hin, allerdings ohne nennenswerte Pausen. Die Wanderung ist auch für Kinder geeignet und interessant, dann dauert der Hinweg aber eher eine Stunde. Gleich hinter der ersten Rechtskurve des Flusses kommen wir an einer romanischen **Steinbrücke** 02 und an verlassenen Steinhäusern vorbei. Der idyllische Uferwald ist zunächst recht dicht und gibt nur gelegentlich kleine Blicke auf die steilen umliegenden Berge frei. Deshalb spazieren wir überwiegend im Schatten, nur gelegentlich unterbrechen kleine Lichtungen den Wald. Der breite, bequem angelegte Forstweg folgt nun der nächsten Flusskurve nach links, wo sich das Tal öffnet und wir auf Weiden, Wiesen und Stein-

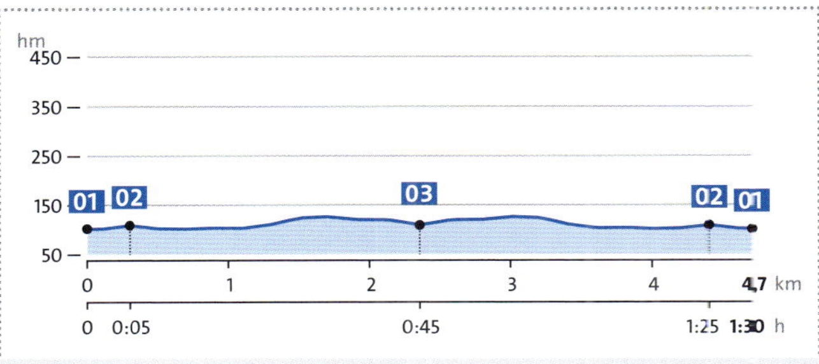

01 Parkplatz an der N-625, 105 m; 02 Steinbrücke, 118 m; 03 San Vicente, 122 m

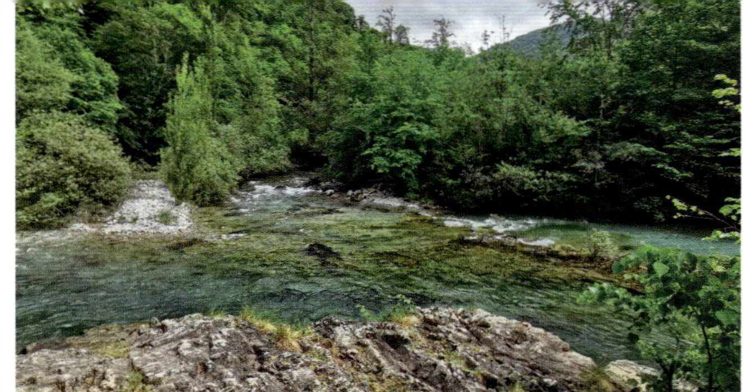

Glasklares Gebirgswasser begleitet uns den gesamten Weg über.

hütten stoßen. Ziemlich genau an der Hälfte des Wegs endet das Forststräßchen und der Weg wird schmaler. Mit kleinen Kindern muss man nun etwas aufpassen, da einige Abschnitte auf leicht abschüssigen Felsen verlaufen, auf denen wir bei nassem Wetter ausrutschen könnten. Für größere Kinder hingegen dürfte dieser Teil des Wegs der unterhaltsamere sein. Nun wandern wir noch durch einen engen Talabschnitt zwischen dicht an den Weg reichenden Felsen und erreichen nach gut 40 Minuten das Ziel: den „Topf" von **San Vicente** **03**. Das Tal weitet sich hier und lädt mit seinen Wiesen und Lichtungen, dem kleinen Wasserfall und den schönen Blicken zum Verweilen ein. Und dank des Naturstrands natürlich auch zu einem erfrischenden Bad im Fluss!

Zurück zum **Parkplatz an der N-625** **01** wandern wir auf dem gleichen Weg.

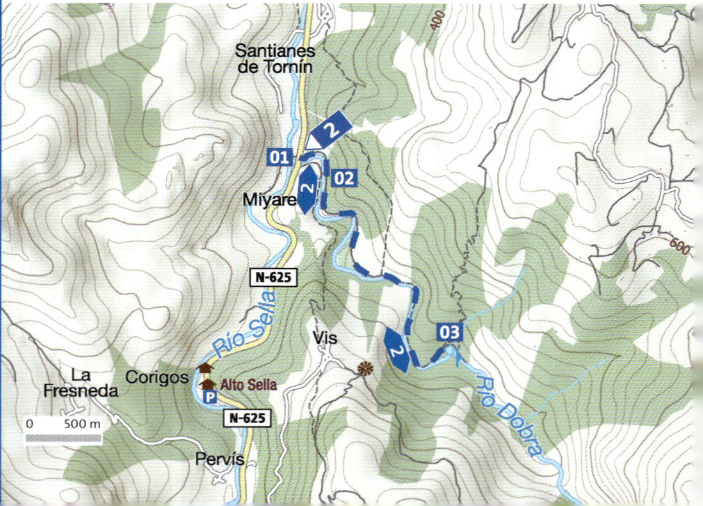

GEISTERDORF RUBRIELLOS

Kinderfreundliche Kurztour durch Wald und Wiesen

 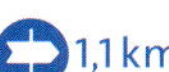 1,1 km 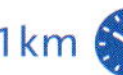 0:50 h  200 hm 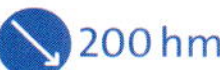 200 hm

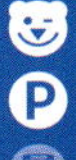

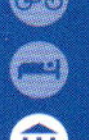

START | Restaurant und Hotel in Puente Vidosa, 292 m. Am Restaurant gibt es einen Parkplatz, der allerdings Gästen vorbehalten ist. Ansonsten kann man einige hundert Meter entfernt an der Seitenstraße Richtung Beleño parken.
[GPS: UTM Zone 30T x: 330.182 m, y: 4.786.226 m]
CHARAKTER | Kurze Wanderung mit unterhaltsamen Steintreppen und Hohlwegen. Abwechslungsreicher, in die steilen Hänge gehauener Aufstiegsweg mit vielen schattenspendenden Bäumen.

Rubriellos ist eine Tour, die Familien und Kinder begeistern wird. Nicht nur wegen des interessanten Ziels, ein waschechtes Geisterdorf, sondern auch wegen des Ausgangspunkts Puente Vidosa, der ein regelrechter kleiner Freizeitpark ist. Wer Zeit hat und bereit ist, Eintritt zu zahlen, kann auf den zahlreichen Kletterinstallationen rund um den Eingang der Schlucht einen netten Tag verbringen. Das hat den Vorteil, die knappen Parkplätze des Hotels und Restaurants „legal" nutzen zu dürfen.

▶ Wir wandern direkt vor dem **Restaurant in Puenta Vidosa** 01 auf dem breiten Fußweg an mehreren Hängebrücken und Installationen vorbei in die Schlucht. Wer nicht mitten durch dieses Getümmel möchte, kann vom Parkplatz vor dem Restaurant aus links oben durch den Wald drum herum wandern. Auf beiden

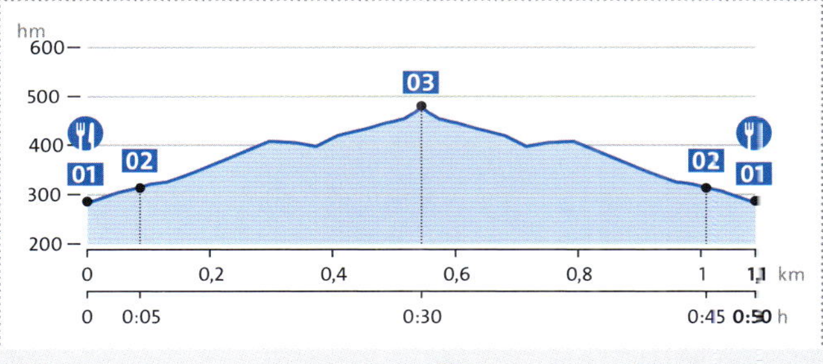

01 Restaurant in Puente Vidosa, 292 m; 02 Brücke, 305 m; 03 Rubriellos, 480 m

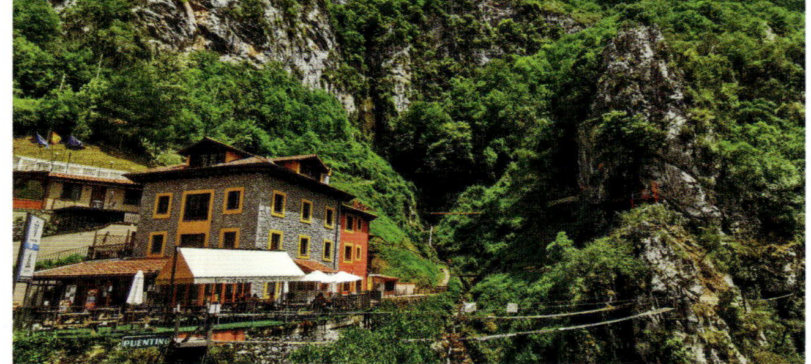

Die Hotels und die Schlucht von Puente Vidosa vereinigen sich zu einem Mini-Freizeitpark.

Wegvarianten gelangt man über ein-zwei Serpentinen hinauf zu einem kleinen Wasserfall – über dem sich ein weiterer, größerer Wasserfall befindet. Sofern der Bach genug Wasser führt, bietet sich hier ein ansehnliches Naturschauspiel. Wir überqueren den Bach auf einer **Brücke** 02 unter den Wasserfällen und gelangen in den dichten Wald, wo uns der schön angelegte, kurvenreiche Weg kontinuierlich höher führt. Rechts und links zweigen Zugänge zu mehreren durch die Schlucht gespannten Seilrutschen („Tirolinas") ab, die nur mit entsprechender Ausrüstung und in Begleitung von geschultem Personal benutzt werden dürfen. Die Vegetation spendet durchgehend Schatten und die Steilheit des Wegs bleibt moderat, sodass der Aufstieg nie schweißtreibend wird.

Wir passieren schöne Lichtungen und ein großes, verlassenes Steinhaus mit Speicher und Stall. Es ist der erste Vorposten von **Rubriellos** 03, dessen Ruinen nach weiteren 200 Metern im dichten Wald auftauchen. Nur noch wenige ehemalige Getreidespeicher und Ställe stehen frei, die meisten der Gebäude sind vom dschungelartigen Unterholz schon regelrecht verschluckt.

Schaut man in die dunklen Ecken und Innenräume, stellt sich ein leichtes Gruseln ein, sobald man an die Gespenster denkt, die hier nachts womöglich umherspuken.

Der Rückweg erfolgt auf dem Hinweg.

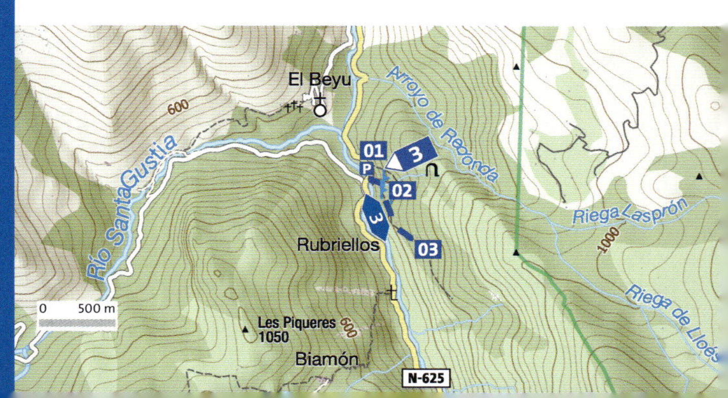

CRUZ DE PRIENA • 725 m

Markanter Gipfel über dem Nationalheiligtum

 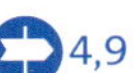 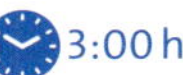 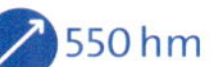 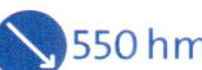

4,9 km 3:00 h 550 hm 550 hm

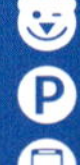

START | Abzweig vor der Spitzkehre unterhalb der Basilica de Covadonga, 200 m. Er befindet sich gegenüber von zwei Landgasthäusern an der AS-262 (Zufahrtsstraße nach Covadonga und zu den Lagos de Covadonga). Sollten beide umliegenden Parkplätze voll sein, muss man zurück in Richtung Cangas und weiter entfernt parken. Hinweis: Direkt bei der Basilica darf man nur maximal 2 Stunden parken.
[GPS: UTM Zone 30T x: 333.624 m, y: 4.797.285 m]
CHARAKTER | Kurze und technisch einfache, dafür aber ge egentlich steile und schattenarme Bergtour.

Vom **Abzweig** 01 an der Straße führen uns breite Wegspuren steil und direkt in den Wald hinauf. Leicht rechts haltend gelangen wir anschließend auf den nun gleichmäßig und weniger steil aufsteigenden Wanderpfad. Der Wald lichtet sich nach und nach und gibt immer weitere Blicke auf die Umgebung frei. Auf der gegenüberliegenden Talseite präsentiert sich das Heiligtum von Covadonga, umrahmt von üppigen Wäldern und steilen Hängen. Nachdem der Weg etwas weiter nach rechts ausgeholt hat, erreichen wir nach knapp 100 Höhenmetern die erste Spitzkehre. Ihr folgen fünf weitere, die uns nun direkt und schnell Höhe gewinnen lassen (die abzweigenden Wege an der zweiten und dritten Kehre ignorieren wir).

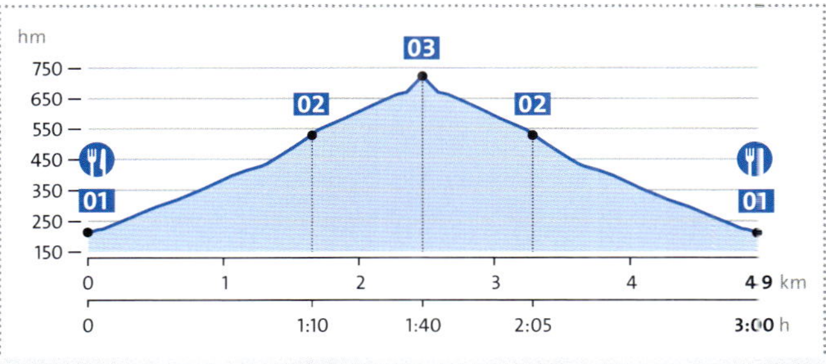

01 Abzweig, 200 m; 02 Wasserquelle Fuente Ginés, 512 m; 03 Cruz de Priena, 725 m

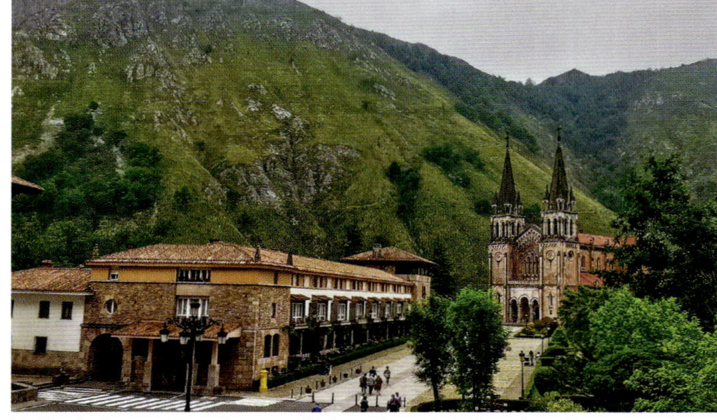
Kathedrale von Covadonga mit dem Cruz de Priena im Hintergrund.

Das Gelände ist mittlerweile kahl und bietet vorerst keinen Schatten mehr. Der Weg ist etwas steinig und nicht markiert, aber dennoch ohne nennenswerte Mühen und Probleme begehbar.
Hinter der letzten der sechs Kehren erreichen wir wieder ein kleines Waldstück und eine im Felsgestein eingebettete **Wasserquelle Fuente Ginés** 02.
Hinter der Quelle geht es mit der nächsten Serpentine weiter, der Weg wendet sich zunächst durch das Wäldchen direkt unserem Gipfel zu. Kurz unterhalb desselben steilt es nochmal deutlich auf und wir werden im Zickzack die letzten 100 Höhenmeter hinauf zum **Cruz de Priena** 03 geführt. Oben erwarten uns eine Vermessungssäule und ein filigranes Gipfelkreuz aus Metallröhren. Wir befinden uns hier zwar nur auf gut 700 Metern Höhe, davon aber immerhin gut 400 über dem Talboden. Das reicht, um uns eine tolle Aussicht über das gesamte Westmassiv der Picos, den Cornión sowie die Vorberge bis zur Küste zu bescheren.
Der Rückweg erfolgt auf dem Hinweg.

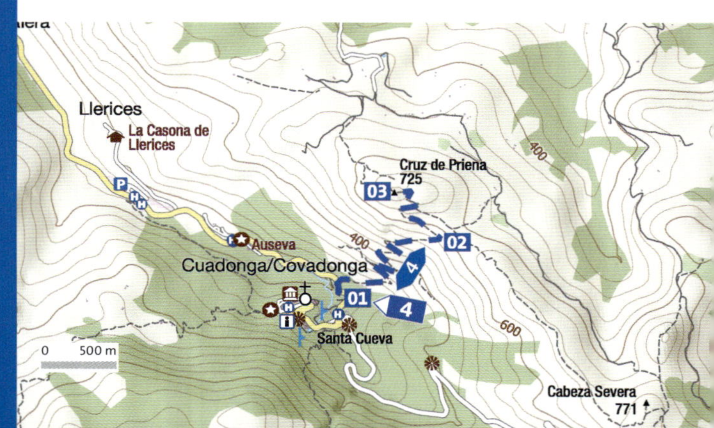

CABEZA DEL COVU • 1710 M UND CABEZA LA VERDE • 1719 m

Durchs Hochplateau und über zwei Gipfel

 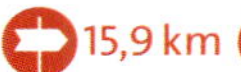 15,9 km 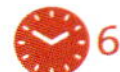 6:15 h  730 hm 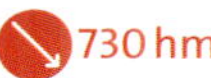 730 hm

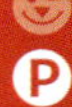

START | Parkplatz am Lago Ercina, 1125 m, bei der Bar Maria Rosa. Sollte dieser Parkplatz im Laufe des Morgens voll sein, muss deutlich weiter unten am Parkplatz Buferrera geparkt werden. [GPS: UTM Zone 30T x: 339.121 m, y: 4.792.912 m]
CHARAKTER | Doppel-Gipfeltour mit langem, zwischenzeit ich je nach persönlicher Wertung meditativem oder monotonem Zustieg. Das Finish ist dafür umso spannender und sehr aussichtsreich.

Nach dem Start am **Parkplatz am Lago Ercina** 01 passieren wir den wunderschönen aber selten einsamen Lago Ercina auf dem Wanderweg an seiner von uns aus linken Seite. Unser Weg, der PR-PNPE-04 Vega de Ario, führt uns in ein Seitental links hinauf. Über weitläufiges, mit Gras und Büschen bewachsenes Karstgelände geht es zunächst über einen **Sattel** 02 immer geradeaus Richtung Südosten. Entlang der großen Weiden von Las Bobias verlieren wir knapp 100 Meter an Höhe, bevor es an den langen, kontinuierlichen Aufstieg Richtung Refugio Vega de Ario geht. Ein **Hinweisschild** 03 sowie zahlreiche mit gelb-weißen Markierungen bemalte Holzpfosten und Steine leiten uns durch

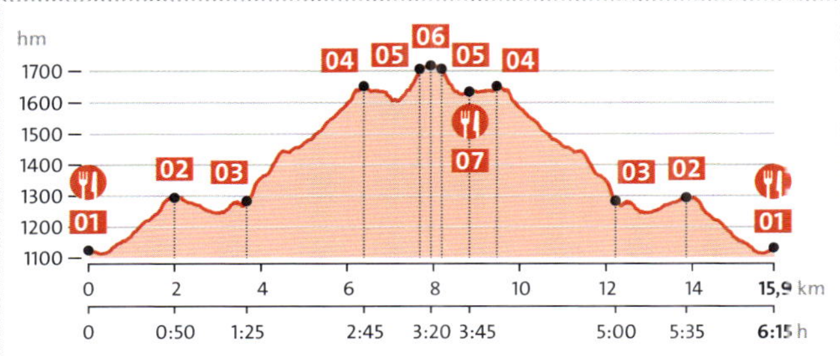

01 Parkplatz am Lago Ercina, 1125 m; 02 Sattel, 1291 m; 03 Hinweisschild, 1280 m; 04 Panoramatafel, 1650 m; 05 Cabeza del Covu, 1710 m; 06 Cabeza La Verde, 1719 m; 07 Refugio Vega de Ario, 1630 m

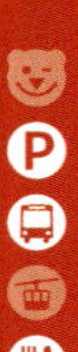

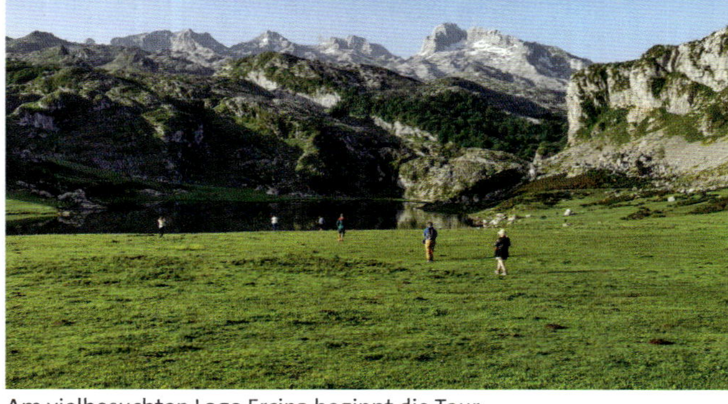

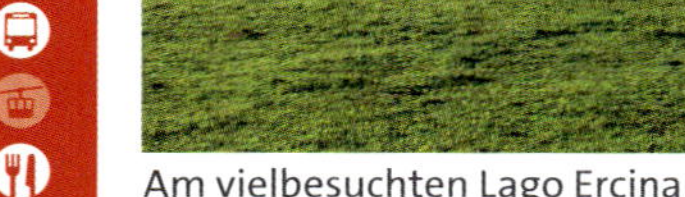

Am vielbesuchten Lago Ercina beginnt die Tour.

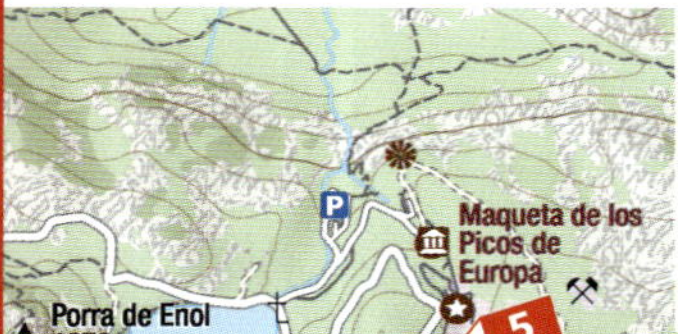

das stellenweise unübersichtliche Gelände. Der meistens erdige und komfortable Weg ist mit zunehmender Höhe gelegentlich mit Steinen durchsetzt. Die Weite und

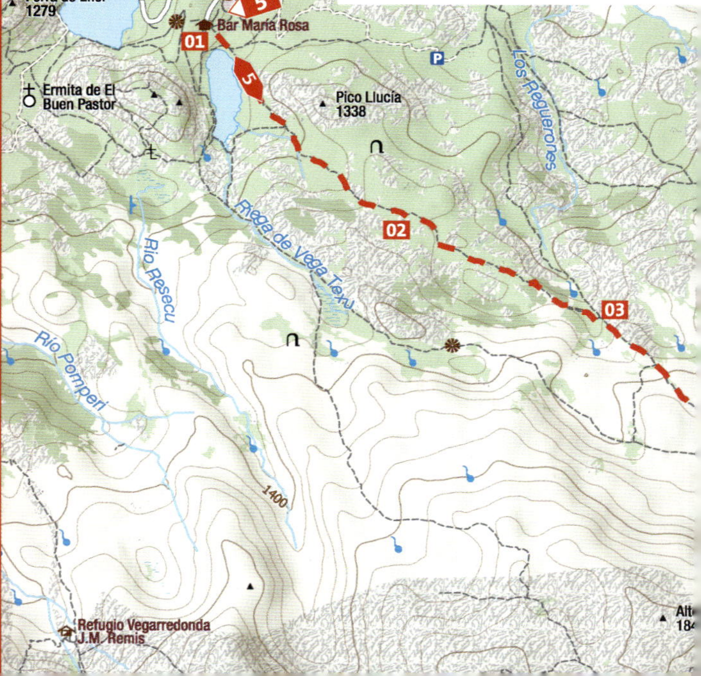

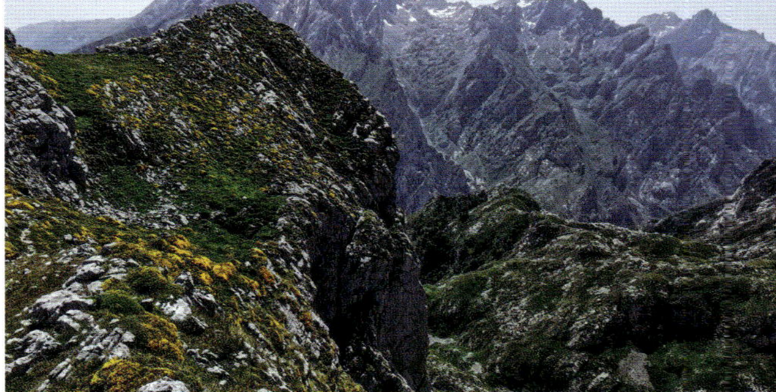
Vor dem Zentralmassiv ragt der Cabeza La Verde ins Bild. Der letzte Wegabschnitt führt über den Grat hinüber.

die herbe Schönheit der Karstlandschaft wird bei manchem Wanderer auch die Gedanken weiten.

Zuletzt führt uns ein etwas steilerer Hang auf ein aussichtsreiches Hochplateau, an dem wir eine steinerne **Panoramatafel** 04 finden. Wir halten uns leicht links und folgen dem Weg in Richtung der kleinen Hütte. Dort, wo das steinige Plateau großen Weideflächen Platz macht, verlassen wir den Weg und halten uns geradeaus auf die große Ansammlung von verfallenden Steinhütten zu. Direkt oberhalb dieser Hütten ist unser erster Gipfel, der Cabeza del Covu, auszumachen. Wir ersteigen ihn weglos aber unschwierig über ein markantes Grasband, das zu seinem Gipfelgrat führt. Dem Grat folgen wir dann etwas links unterhalb haltend zum Gipfel **Cabeza del Covu** 05.

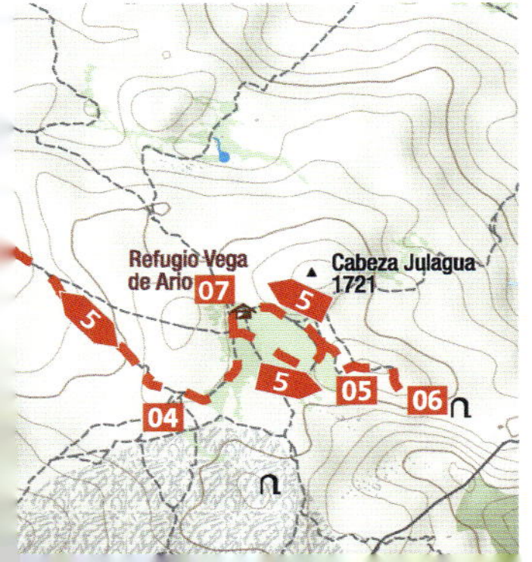

Wir können hier bei toller Aussicht verweilen. Wenn wir noch tiefer in die Caresschlucht und genauer auf das Urrielles-Zentralmassiv schauen wollen, gehen wir weiter zum Cabeza la Verde. Dafür steigen wir Wegspuren folgend hinab in den kleinen Sattel zwischen den Gipfeln. Dann steuern wir etwas links vom Grat haltend den nächsten kleinen Sattel an, der wir übersteigen, um von hier in wenigen Minuten den **Cabeza La Verde** 06 zu erreichen. Die tolle Aussicht dort ähnelt der von Tour 28 (Majada de Ostón), wobei wir hier nicht ganz so nah an der Schlucht sind, dafür aber in fast alle Richtungen weit schauen können.

Auf dem Rückweg gehen wir zur Hütte **Refugio Vega de Ario** 07 und von dort aus folgen wir dem Aufstiegsweg zurück zum Parkplatz. Wer nicht einkehren möchte, kann sich den Umweg zur Hütte sparen.

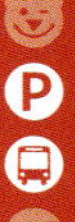

6

VEGA COMEYU – MINAS DE BUFERRERA

Natur, Geschichte und sattes Grün

 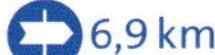 6,9 km 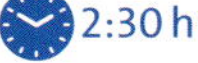 2:30 h 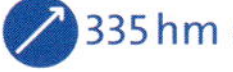 335 hm 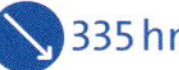 335 hm

START | Parkplatz La Buferrera, 1044 m. Dieser Parkplatz ist der untere der beiden Parkplätze an den Lagos. Bei ihm befindet sich auch die Busstation.
[GPS: UTM Zone 30T x: 338.882 m, y: 4.793.423 m]
CHARAKTER | Abwechslungsreiche Rundtour mit überschaubaren Entfernungen und Höhenmetern. Wenig Schatten.

Ist die Vega Comeyu die schönste Weide der Picos de Europa? Nun, die Konkurrenz ist stark, aber sie ist auf jeden Fall eine der größten und mächtigsten. Sie erinnert mit ihrer Felsumrahmung an ein Fußballstadion, nur dass in ihr ungefähr ein Dutzend Fußballfelder Platz hätte.

▶ Vom **Parkplatz La Buferrera** 01 folgen wir dem Wegweiser zum Mirador de Principe hinauf. Nach 50 Metern zweigt links der Wanderweg hinunter in Richtung El Escaleru ab. Wir folgen dem Weg und gelangen über eine spannende **Tunnelpassage** 02 mit toller Aussicht über die Vega Comeyu.
Im Talbecken angekommen, kann man links einen Abstecher direkt auf die Weide machen. Unser Rundweg führt rechts in das Tal hinein, wo wir dem Pfad in Richtung Jorcaín de Cantón folgen. Das sich verengende Tal entlang wan-

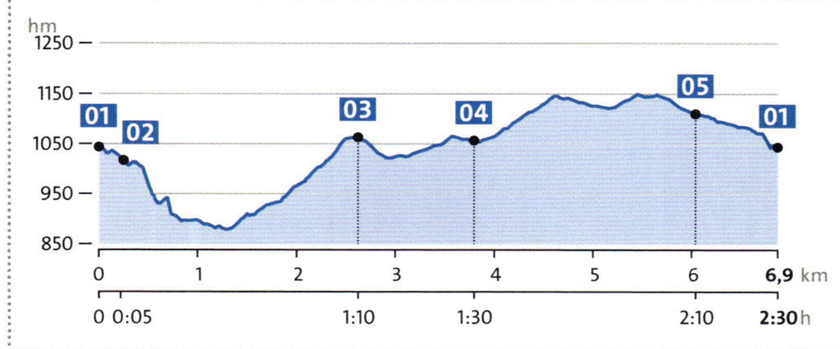

01 Parkplatz La Buferrera, 1044 m; 02 Tunnelpassage, 1018 m; 03 Passübergang, 1057 m; 04 Belbín, 1052 m; 05 Minas de Buferrera, 1109 m

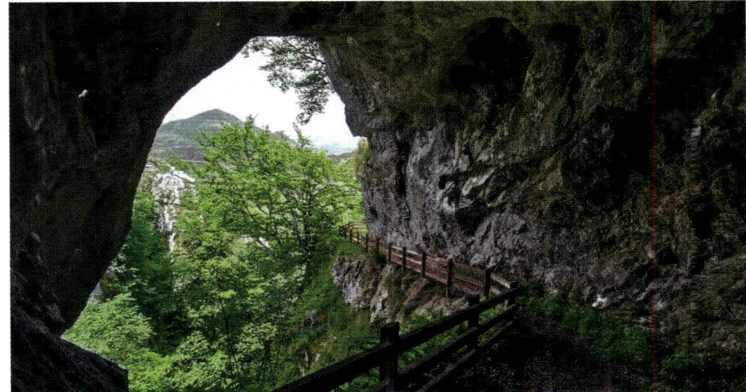

Der Tunnel El Escaleru.

dernd, gelangen wir zuletzt über weitläufige, flache Hänge hinauf zu diesem **Passübergang** 03. Wir stoßen hier auf eine unbefestigte Fahrstraße, der wir nach rechts in Richtung **Belbín** 04 folgen. Durch ein weiteres kleines Tal hindurch gelangen wir zu dieser schön gelegenen kleinen Ortschaft mit ihren zahlreichen Steinhäuschen. Die weite, karge Umgebung mit ihren Felsen, Hügeln und Wiesen hat ihren ganz eigenen Charme und bietet uns besondere Eindrücke.

Der Weg selbst bietet hinter dem Ort vorerst nicht viel Abwechs-

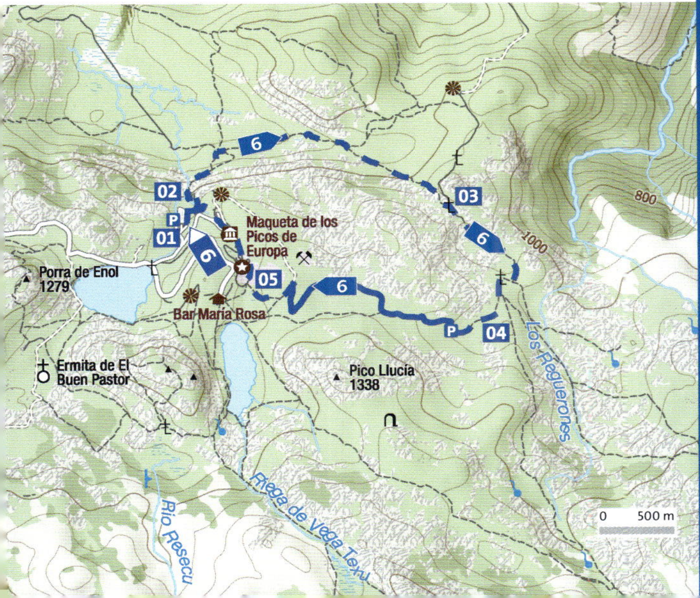

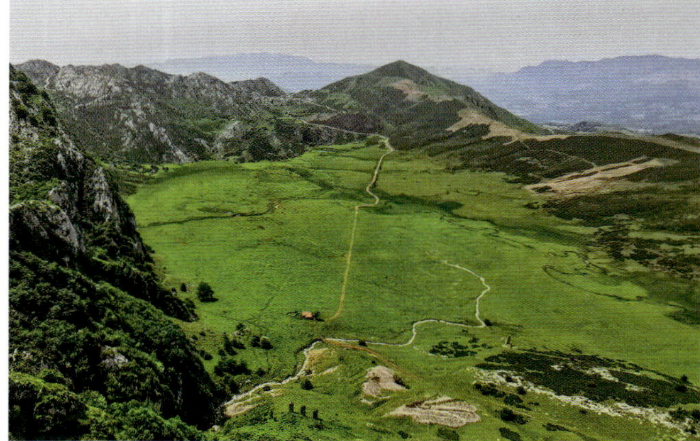
Wie viele Fußballfelder passen in die Vega Comeyu hinein?

lung: Er führt nun als breite Fahrstraße rechts um den weitläufigen Höhenrücken herum wieder in Richtung der Lagos zurück. Dabei geht es zunächst ein kleines Stück bergauf in ein weitläufiges Hochtal, an dessen Ausgang wir den Lago Ercina links vor uns haben. Wir überqueren hier die Weiden geradeaus haltend, um gegenüber in das ehemalige Bergwerk der **Minas de Buferrera** 05 zu gelangen. Wir durchqueren eine bizarre Landschaft mit vielen Felstürmchen und Bergwerksartefakten und erreichen so das Besucherzentrum Pedro Pidal. An diesem direkt links vorbei gelangen wir in wenigen Minuten zurück zum **Parkplatz La Buferrera** 01.

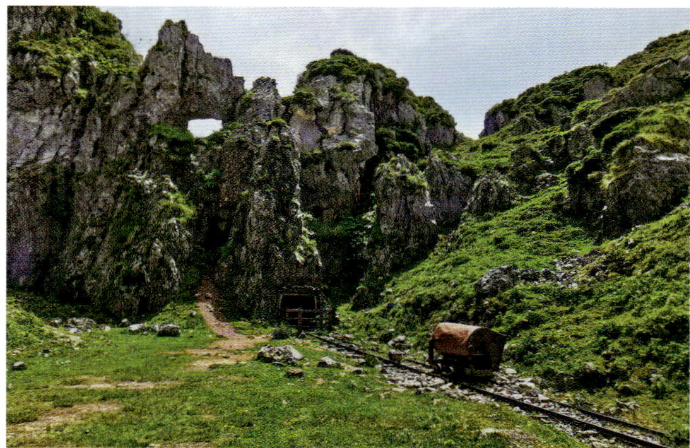
Bergbau-Artefakte und bizarre Landschaft in den Minas de Bufferera.

LOS LAGOS – ZWEISEENRUNDE

7

Spannende Kurztour bei den ikonischen Seen

 5 km  1:30 h  110 hm  110 hm

START | Parkplatz am Lago Ercina, 1125 m, bei der Bar Maria Rosa. Sollte dieser Parkplatz im Laufe des Morgens voll sein, muss deutlich weiter unten am Parkplatz Buferrera geparkt werden. [GPS: UTM Zone 30T x: 339.121 m, y: 4.792.912 m]
CHARAKTER | Überwiegend gemütliche Rundtour, bei der wir schnell aus dem Massenbetrieb in eine überraschend vielfältige Natur eintauchen.

Nach dem Start am **Parkplatz am Lago Ercina** 01 passieren wir den wunderschönen aber selten einsamen Lago Ercina auf dem Wanderweg an seiner von uns aus rechten Seite. Unser Weg ist als PR-PNPE-2 ausgeschildert. Am gegenüberliegenden Ende des Sees zweigt der Pfad nach rechts oben ab, begleitet von gelb-weißen Markierungen. Die sind hier im kurzzeitig etwas unübersichtlichen Gelände durchaus nützlich. Wir gelangen zu einer kleinen **Passhöhe** 02, die uns nach und nach sehr schöne Blicke auf das von hellen Kalkwänden umringte Becken des Lago Bricial eröffnet. Dieser See führt nur nach der Schneeschmelze Wasser, im Sommer ist sein Grund eine üppige grüne Wiese.
Nach gut 10 Minuten in leichtem Bergab stoßen wir auf eine **Weggabelung** 03, die links in einen Wald (Bosque Palombero) hinein und über einen kleinen Umweg zum Refugio Vega de

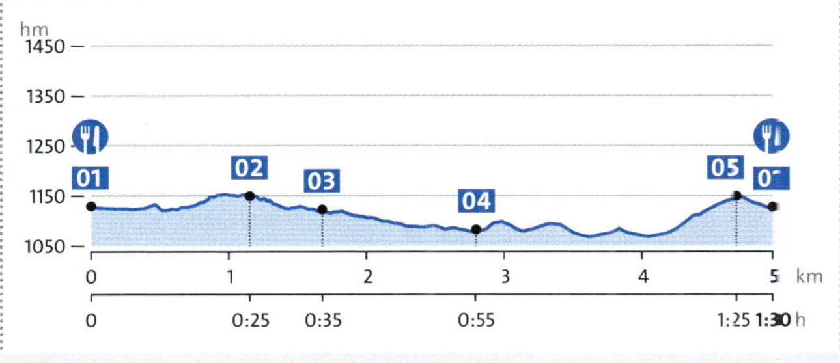

01 Parkplatz am Lago Ercina, 1125 m; 02 Passhöhe, 1149 m; 03 Weggabelung, 1116 m; 04 Lago Enol, 1080 m; 05 Mirador Entrelagos, 1149 m

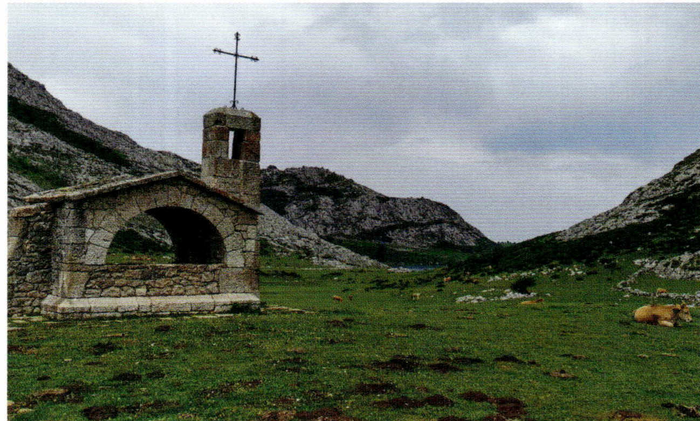
Die Kapelle Ermita de El Buen Pastor fügt sich in die umgebende Landschaft ein.

Enol führt. Wir gehen weiter geradeaus, bleiben dabei am Fuß des Berghangs und erreichen so in etwa 15 Minuten das weitläufige Tal mit den Weiden der Vega de Enol. Links sehen wir die Hütte Refugio Vega de Enol und die schöne **Kapelle Ermita de El Buen Pastor**.

Wir gehen jedoch rechts zum **Lago Enol** **04**, den wir links umrunden (oder in einer Abkürzung rechts passieren können, um direkt zum Aussichtspunkt Mirador Entrelagos zu gelangen). An einem idyllischen Uferabschnitt vorbeiwandernd treffen wir auf die Straße, der wir ein Stück folgen, bis wir auf den gepflasterten Bürgersteig zum **Mirador Entrelagos** **05** gelangen. Oben genießen wir die Aussicht über die beiden Covadonga-Seen und die malerische Umgebung.

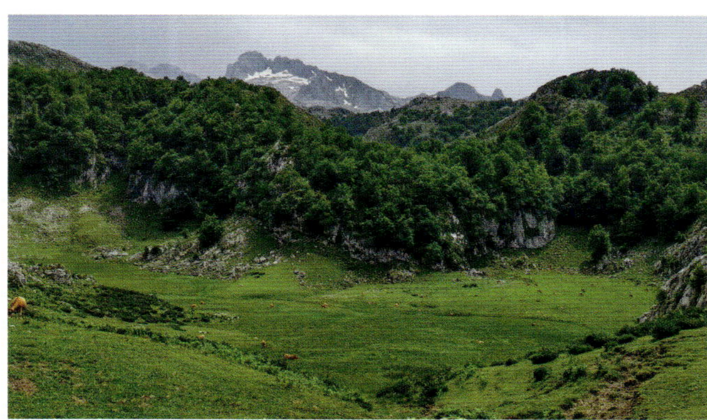
Das trockene Bett des Lago Bricial

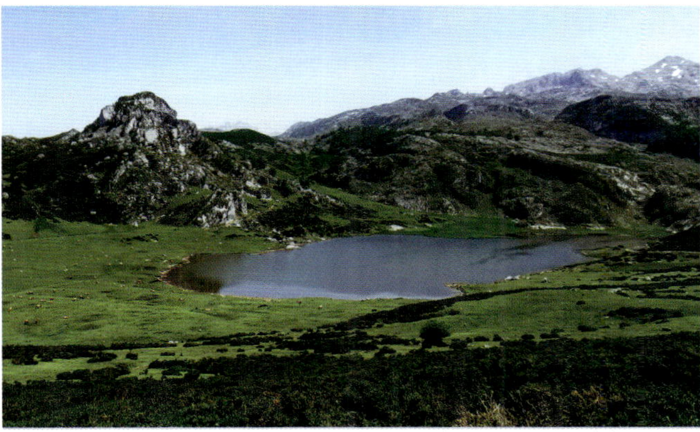

Beim Mirador Entrelagos liegen uns die Covadonga-Seen und ihre Umgebung zu Füßen.

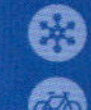
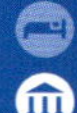

Auf der anderen Seite führt der hier ebenfalls befestigte und mit Treppenstufen ausgebaute Weg in wenigen Minuten zum **Parkplatz am Lago Ernica** 01 zurück.

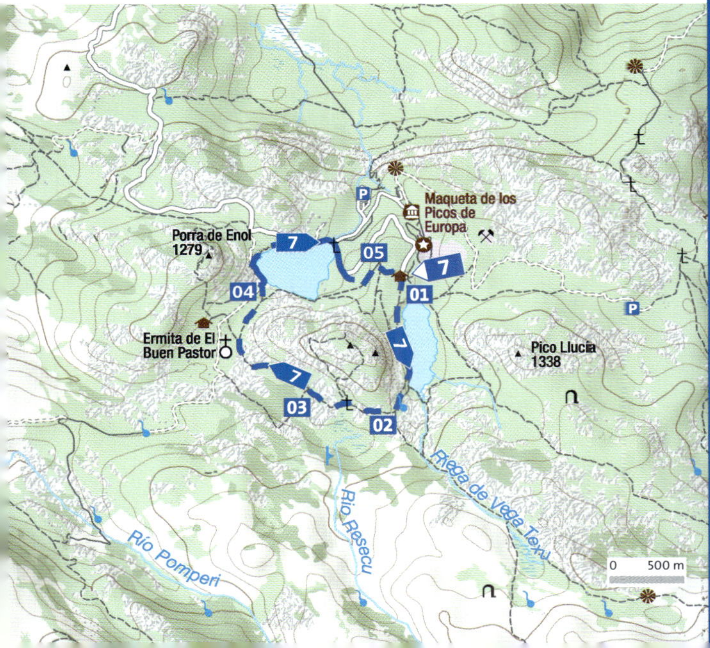

Maqueta de los Picos de Europa
Porra de Enol 1279
Ermita de El Buen Pastor
Pico Llucia 1338
Río Pomperi
Río Resecu
Riega de Vega Texu
7
01
02
03
04
05
P
0 500 m

8

MIRADOR DE ORDIALES UND PICO COTALBA • 2026 m

Tief hinein und hoch hinaus im Cornión

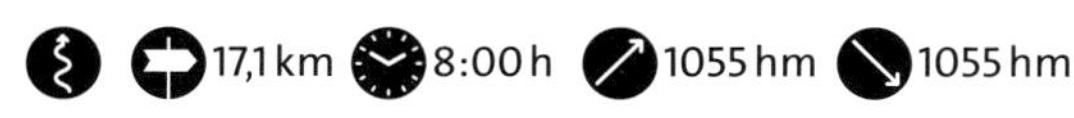

START | Parkplatz Pandecarmen, 1070 m. Anfahrt: Der Parkplatz befindet sich etwa 3 Kilometer westlich der Lagos de Covadonga. Wer die Schotterpiste nicht fahren kann oder möchte, startet bei den Lagos und benötigt hin und zurück je eine knappe Stunde länger.
[GPS: UTM Zone 30T x: 336.921 m, y: 4.791.731 m]
CHARAKTER | Lange Bergtour durch karge und wildromantische Landschaften. In Gipfelnähe steile Passagen mit kaum vorhandenem Weg. Hinweis: Macht man nur den Mirador de Ordiales, ist die Tour leichter und kürzer.

Vom **Parkplatz Pandecarmen** 01 führt uns der Weg zunächst als Forstpiste in ein schönes Tal vor der Kulisse der hohen Cornión-Gipfel hinein. Wir überqueren den Bach und gewinnen in einer ausholenden Kehre auf der rechten Talseite an Höhe. An Weiden und Waldstücken vorbei erreichen wir das Ende der Piste und den Beginn des Wanderpfads, der uns nun immer weiter und höher bis zum Ende des Tals führt. Über zwei steile Geländestufen und ein scheinbar endlos in die Länge gezogenes Wiesen- und Schro-

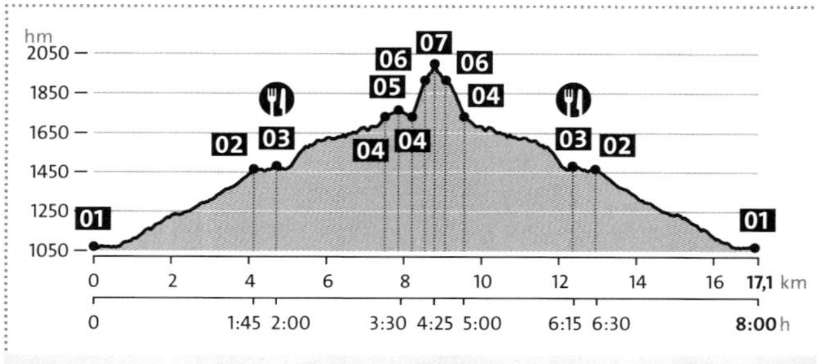

01 Parkplatz Pandecarmen, 1070 m; 02 Colláu Gamonal, 1458 m; 03 Refugio Vegarredonda, 1460 m; 04 Steinhaus, 1717 m; 05 Mirador de Ordiales, 1764 m; 06 Doline, 1919 m; 07 Pico Cotalba, 2026 m

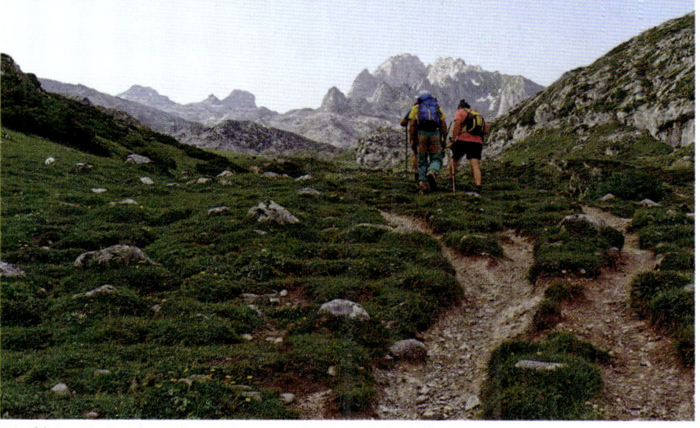

Tief hinein in den Cornión wandern wir bei dieser Tour.

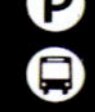
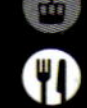
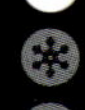

fengelände erreichen wir am Pass **Colláu Gamonal** 02 den Übergang in ein rechter Hand parallel verlaufendes Tal. Wir queren in das Tal hinein und erreichen die Hütte **Refugio Vegarredonda** 03. Sie ist im zerklüfteten Karstgelände erst unmittelbar vor der Ankunft zu sehen.

Der Weg zum Mirador de Ordiales führt links vorbei und in einer Rechtskurve oben um die Hütte herum. Der Weg ist kurzzeitig schlecht zu sehen, dafür aber das Hinweisschild zum Mirador de Ordiales umso besser. Der Weg führt bald wieder klar erkennbar Richtung Osten zwischen zerklüfteten Bergflanken aufwärts. Danach wird das Gelände flacher und übersichtlicher und die beachtlichen Distanzen werden sichtbar. Wir queren weite Hänge und umkurven mehrere Felsschultern, bevor wir nach dem markanten **Steinhaus** 04 südwestlich in das Seitental einbiegen, dessen Ende vom **Mirador de Ordiales** 05 markiert wird. Das letzte Stück dorthin verläuft über einen steilen Schrofenhang. Wir erreichen beschriftete Steinplatten, die das Grab des Nationalparkgründers Pedro Pidal bilden. Die schöne Aussicht wird von einem direkten Tiefblick geprägt.

Der Weg zum Pico Cotalba zweigt bei dem **Steinhaus** 04 ab. Wir steigen von diesem Richtung Südosten den steilen Hang hinauf (Wegspuren und Steinmänner) und umgehen die rechts aufragende Felskuppe in einem Linksbogen. Die Hänge dahinter führen

Tipp

Das Refugio Vegarredonda hat im „Vorhof“ eine frei verfügbare Wasserquelle – eine der wenigen verlässlich wasserführenden in der Karst-Hochebene des Cornión.

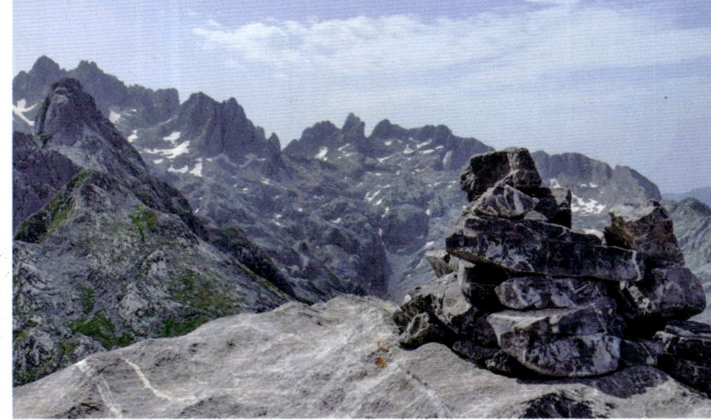

Der Steinmann ist eine gute Alternative fürs Gipfelkreuz auf dem Pico Cotalba.

uns über Schrofengelände und felsige Abschnitte nach rechts oben. Dort erreichen wir eine flache Wiese, die uns zu einem kleinen Plateau führt, wo die Felsen eine **Doline** **06** (auf 1919 m Höhe), also eine Art Schüssel von etwa 50 Metern Durchmesser bilden, die am besten rechts oben umgangen wird (oder mit etwas abwärts-Kra-

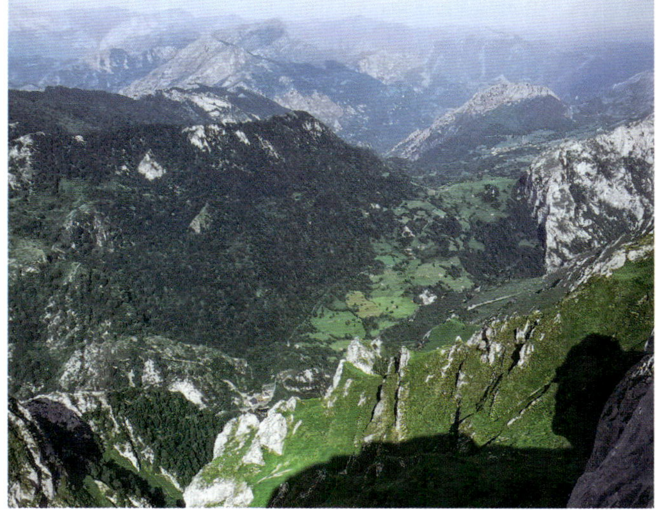

Diesen Ausblick vom Mirador de Ordiales hat sich Pedro Pidal, der Gründer des Nationalparks, als letzte Ruhestätte ausgesucht.

xelei auch mittig durchquert werden kann). Am gegenüberliegenden Ende der Doline setzt der Gipfelgrat an, durch dessen Schrofengelände ein schmaler Pfad führt. Den Doppelfelsen des Gipfels **Pico Cotalba** **07** können wir direkt erklettern oder von vorne-links in einer kleinen Rinne ohne Kletterei erreichen.

Zurück wandern wir auf demselben Weg, lassen jedoch den Abstecher zum Aussichtspunkt **Mirador de Ordiales** **05** aus.

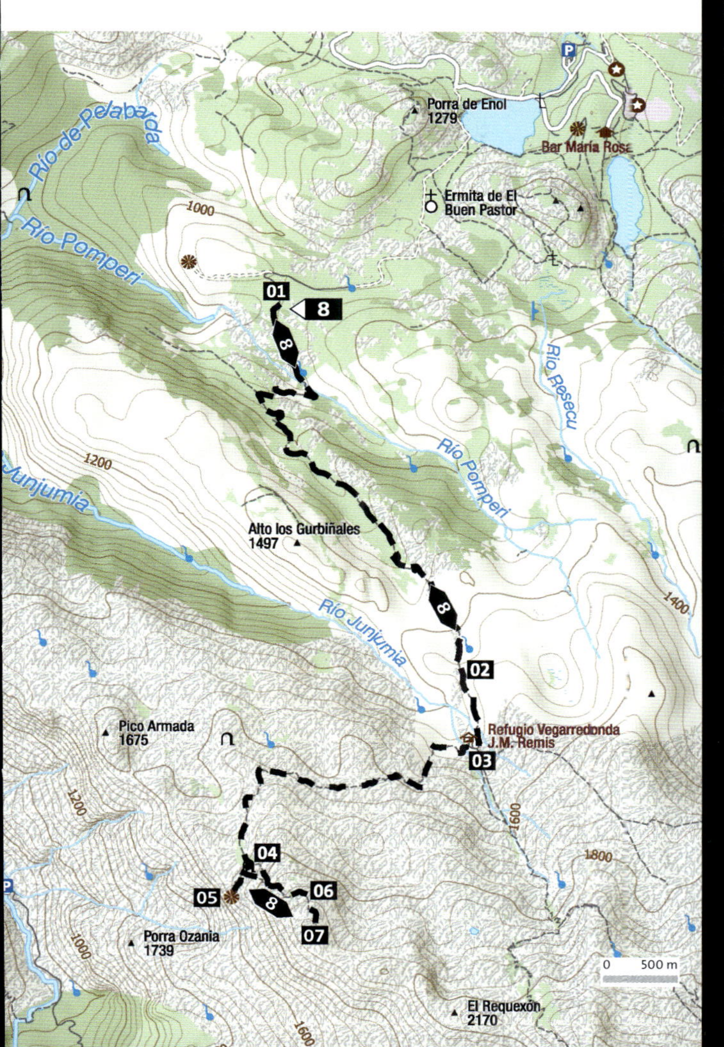

BERGUMRUNDUNG VALLE ANGÓN – LA JOCICA

Große Landschaftsvielfalt im Westen

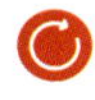
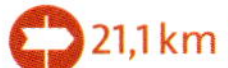

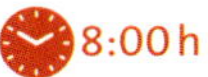

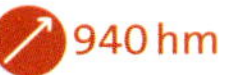

START | Collado Angón, 815 m. Der Wanderweg zweigt bei einer Infotafel, einigen Parkplätzen und großen Mülltonnen rechts ab. Anfahrt: Vom Dorf Amieva führen mehrere steile und enge Sträßchen in Richtung Collado Angón. An Kreuzungen finden sich Wegweiser dorthin.
[GPS: UTM Zone 30T x: 333415 m, y: 4788854 m]
CHARAKTER | Eindrucksvolle, abwechslungsreiche und recht lange Umrundung des Massivs von Cantu Cabroneru und Peña Beza (Tour 12, Seite 54).

Vom Startpunkt am **Collado Angón** 01 führt der steindurchsetzte Weg anhaltend steil in den Wald hinein. Es wird vermutet, dass die Steine einst das Pflaster einer Römerstraße waren. Wir wandern unter dem dichten Blätterdach eines prachtvollen Walds aus Buchen, Eichen, Haselnussbäumen und vielen anderen Arten gleichmäßig bergan. Erst nach gut 40 Minuten öffnet sich bei der Quelle **Fuente la Galmeda** 02 der erste unverstellte Ausblick auf das Tal des Dobra-Flusses und den schroff dahinter aufragenden Cornión. Kurz darauf folgt ein weiterer Brunnen und der nun sanft

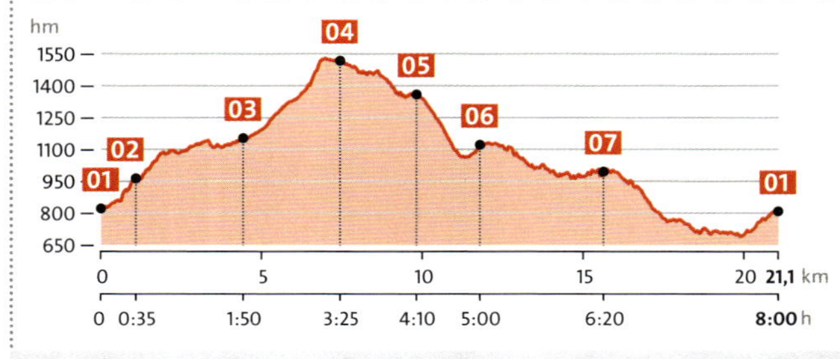

01 Collado Angón, 815 m; 02 Fuente la Galmeda, 951 m; 03 Majada Sabugo/Saugu, 1146 m; 04 Collado de Beza, 1521 m; 05 Puerto de Barcinera, 1345 m; 06 El Chamozo, 1124 m; 07 La Jocica, 998 m

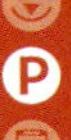
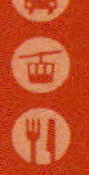
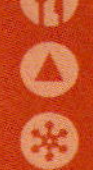
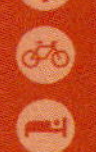

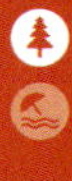

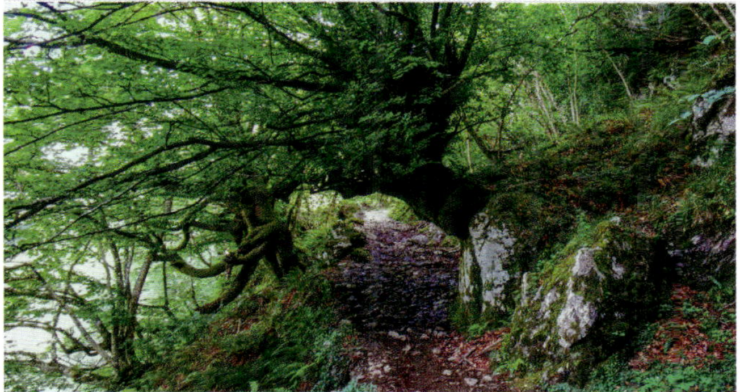

Nicht nur im Valle Angón nehmen die Bäume der Picos de Europa fantasieanregende Gestalten an.

ansteigende Weg schwenkt leicht rechts in das Tal des Toneyo-Bächleins ein. Dort folgt er einigen Hangkurven und legt bei der **Majada Sabugo/Saugu** **03** wieder an Steilheit zu. Eine Stromleitung bietet uns neben den rot-weißen Markierungen eine Orientierungshilfe von zweifelhafter Ästhetik. Hinter der kleinen Ebene der Majada Toneyo entfernt sich ihre Trasse langsam nach rechts. Bald erreichen wir den höchsten Punkt der Tour, eine kleine Felspforte vor der nächsten Hochebene, auf deren gegenüberliegender Seite wir den Sattel **Collado de Beza** **04** erreichen.

Wir folgen dem Schild nach Carombo/La Jocica und den jetzt weiß-gelben Markierungen. Gegen den Uhrzeigersinn umwandern wir die Peña Beza (Tour 12).

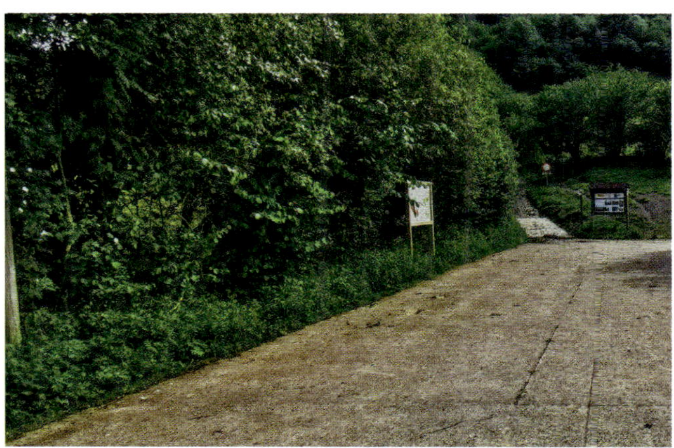

Zwischen den Schildern am Collado Angón verschwindet der Wanderweg im Wald.

Der schmale Pfad führt in kaum merklichem Abstieg durch stellenweise dichtes Buschwerk, dessen Widerspenstigkeit durch tolle Aussicht wettgemacht wird. Nach etwa 15–20 Minuten erreichen wir eine felsige Geländeschulter, an der der Weg links vorbei ins Geröllgelände und den Wald führt. Knorrige Bäume schlingen sich um große Felsblöcke und schaffen eine gute Kulisse für einen Fantasyfilm. Der Abstieg durch den Wunderwald legt an Steilheit zu, bevor wir auf zunehmend breitem Weg und schließlich einem kurzen Stück Forststraße wieder „gewöhnlichen" Wald erreichen. Wir stoßen auf eine große Wegkreuzung **Puerto de Barcinera** 05, an wir uns halblinks in Richtung Carombo halten.

Der Waldweg führt uns teils steil hinab zu einer Brücke über den Río Dobra, wo uns ein Gegenanstieg in ein gegenüberliegendes kleines Seitental knapp 100 Höhenmeter hinauf führt. Bei den verfallenen Häusern der Alm **El Chamozo** 06 zweigt der nun wieder deutlichere Weg nach links ab und folgt fortan dem Verlauf des Río Dobra flussabwärts.

Nach etwa einer Stunde erreichen wir den kleinen Stausee **La Jocica** 07. An dessen Staumauer wird der Weg hinter alten Verwaltungs- und Almgebäuden bald zur Forststraße, die zuletzt als Betonpiste durch das zunehmend breite und besiedelte Valle Dobra/Valle Angón zurück zum **Collado Angón** 01 führt.

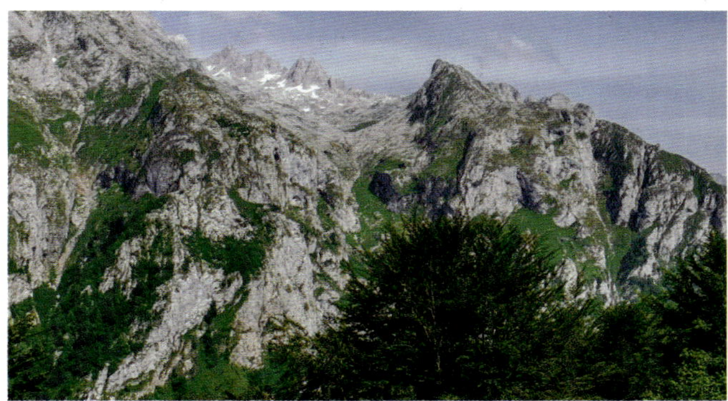

Der Cornión zeigt sich bei dieser Wanderung als beeindruckende Mauer.

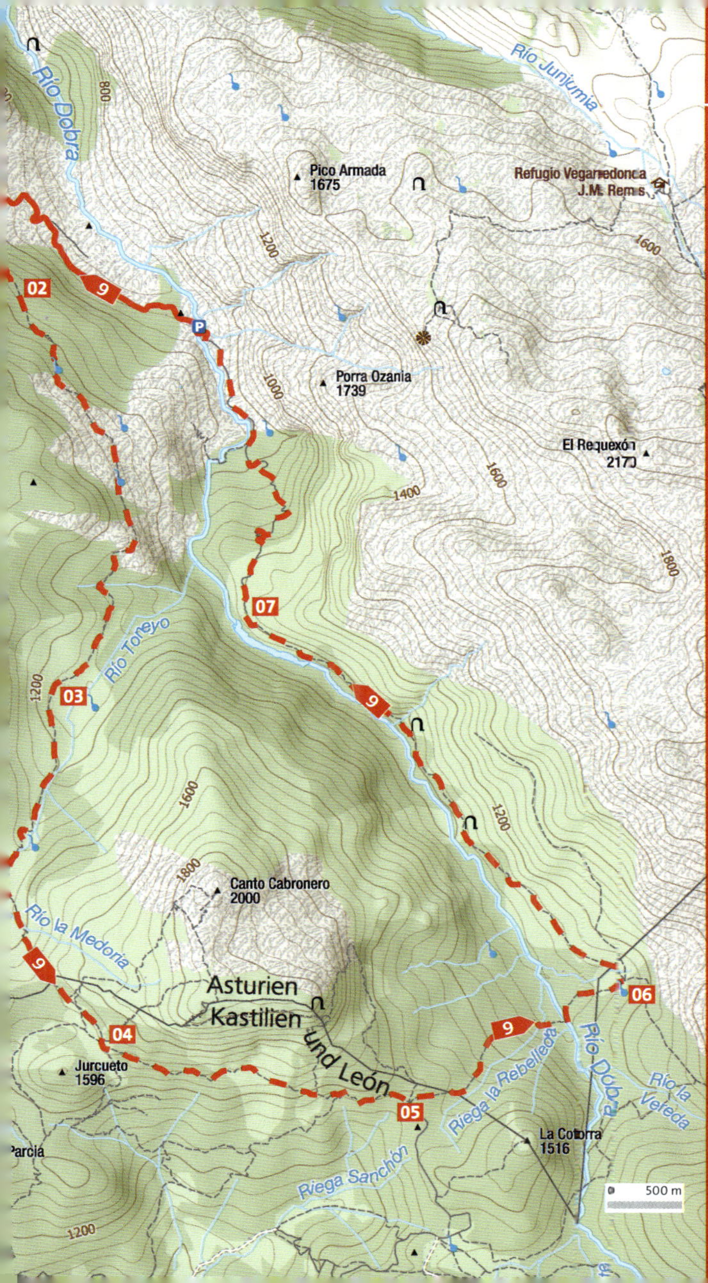

9

Río Dobra
Río Junjumia
Pico Armada
1675
Porra Ozania
1739
Río Toreyo
Canto Cabronero
2000
Río la Medoria
Asturien
Kastilien und León
Jurcueto
1596
Riega la Rebelleda
Río la Vereda
La Cotorra
1516
Riega Sanchón
Parcía
500 m

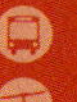
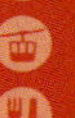

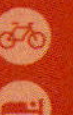

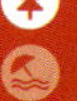

10

SENDA DEL ARCEDIANO

Auf den Spuren von Antike und Mittelalter

   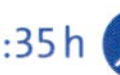 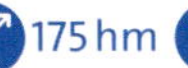 

7,7 km | 2:35 h | 175 hm | 640 hm

START | Parkplatz am Puerto del Pontón, 1291 m. [GPS: UTM Zone 30T x: 335.725 m, y: 4.773.897 m]
CHARAKTER | Überwiegend gut ausgebaute Waldwege in gemäßigter Steilheit. Zwar meist in der Nähe der Landstraße, doch deren Einfluss reicht in den Wäldern nicht weit. Hinweis: Die Rückkehr zum Ausgangspunkt erfolgt auf demselben Weg, entweder am gleichen Tag oder nach einer Übernachtung in Oseja de Sajambre. Oder man nimmt ein Taxi zurück zum Puerto del Pontón.

Der Senda del Arcediano ist ein mehrtägiger Fernwanderweg auf den Spuren einer mittelalterlichen Handelsroute. Der hier gewählte Abschnitt zwischen dem Puerto del Pontón und der schönen Ortschaft Oseja de Sajambre ist eine Art Konzentrat, das einen guten Eindruck verschafft. Natur, kulturelle Schätze und überraschende Perspektiven wechseln sich ab. Die verwunschenen Bäume, alten Brücken und mysteriösen Felsen haben zu jeder Jahreszeit ihre ganz eigenen Reize.

Am **Parkplatz am Puerto del Pontón** 01 zweigt der gut sichtbare, mit Wegweiser und Informationstafel ausgewiesene Weg in den Wald rechts unterhalb der Passstraße ab. Der Senda del Arcediano ist nach Don Pedro Díaz de Oseja, dem Erzdiakon (Arcediano)

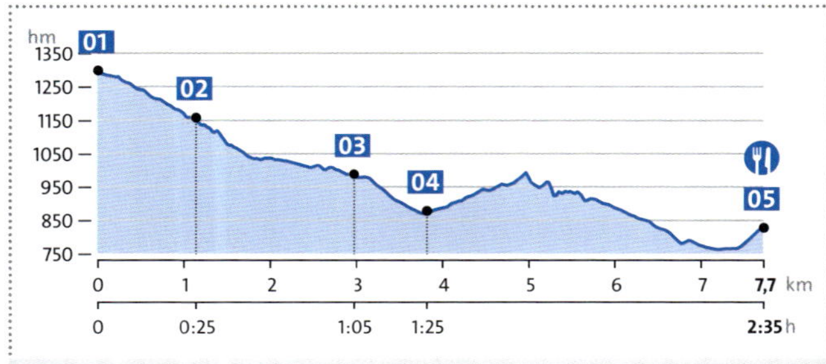

01 Parkplatz am Puerto del Pontón, 1291 m; 02 erste Straßenquerung, 1153 m; 03 Wanderparkplatz der Pica de Ten, 983 m; 04 letzte Straßenquerung, 869 m; 05 Oseja de Sajambre, 830 m

von Villaviciosa, benannt, der im 17. Jahrhundert einen Teil seines Vermögens für die Wiederherstellung und Erhaltung dieses alten Wegs verwendete, der die kantabrische Küste mit der Hochebene von León verbindet.

Kontinuierlich wandern wir durch den schönen Wald bergab bis zur **ersten Straßenquerung 02**.

Dort folgen wir dem weiterhin gut ausgebauten und markierten Weg durch etwas lichteren Wald kurvenreich bergab, bis wir erneut auf die Straße treffen. Nun wandern wir etwa einen Kilometer an ihrer Seite, bis wir an dem **Wanderparkplatz der Pica de Ten 03** wieder links ausscheren.

Das nächste Stück entschädigt mit idyllischer Umgebung und schönen Blicken für den Straßenabschnitt. Wir bringen die **letzte Straßenquerung 04** hinter uns, bevor wir mit einem leichten Anstieg durch Wald und wunder-

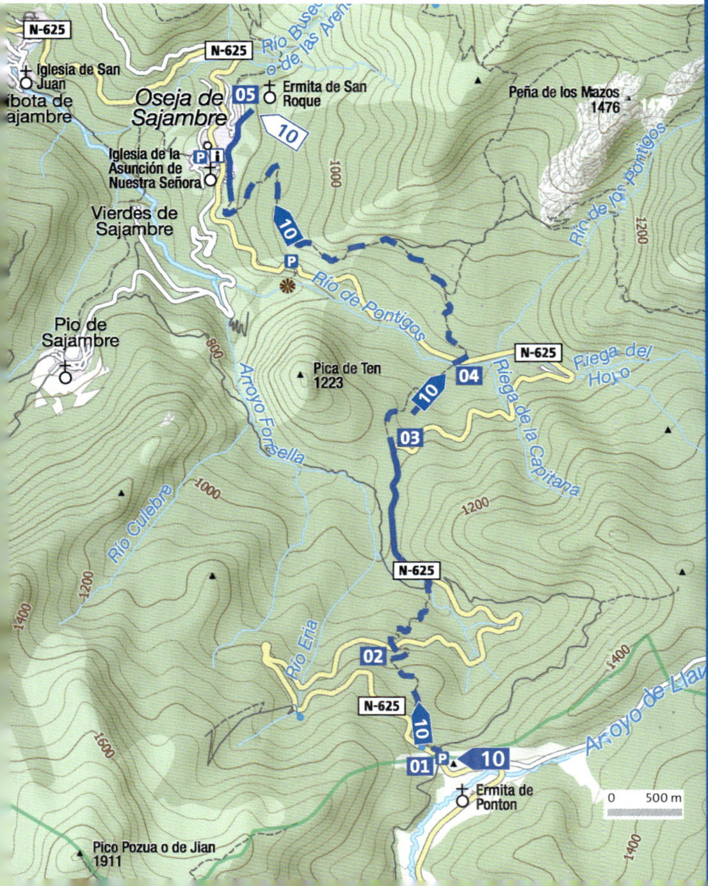

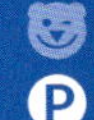
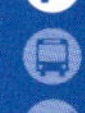
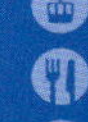
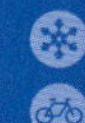

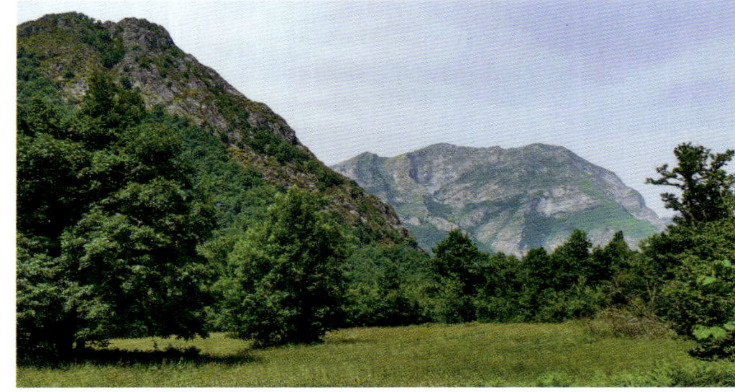

Die Lichtung gibt den Blick frei auf das Massiv von Pozalón und Peña Niajo (Tour 13).

schöne Lichtungen das große Finale der Tour in Angriff nehmen. Dieses führt uns an der östlichen Flanke des weitläufigen Tals von Sajambre immer aussichtsreicher in Richtung Oseja de Sajambre. Besonders die Blicke auf den Beyos-Canyon (Desfiladero de los Beyos) und die gegenüberliegende Peña Niajo (Tour 13, Seite 57) sind imposant.

Kurz vor Oseja verengt sich das Tal fast zu einer Schlucht und wir schreiten auf einem schmalen Balkon in spektakulärer Umgebung hoch über dem Talgrund entlang. In zwei letzten, weit ausholenden Serpentinen steigen wir hinab in das sehenswerte und für ein Gebirgsdorf erstaunlich quirlige Örtchen **Oseja de Sajambre** 05. Wir können im Ortszentrum bleiben und einkehren oder noch die **Ermita de San Roque** als „offiziellen" Endpunkt der Etappe besuchen.

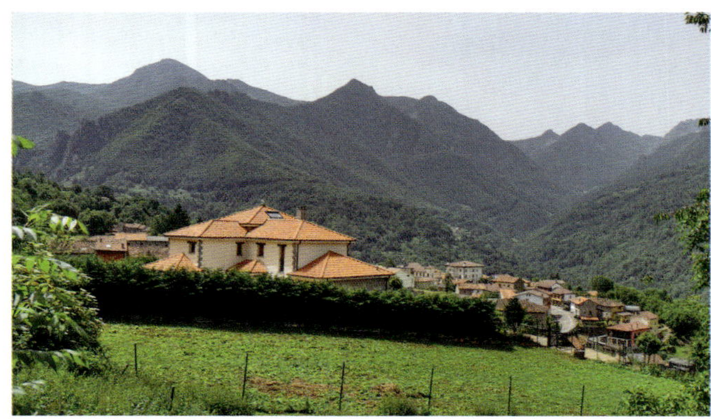

Das von grüner Wildnis umgebene Oseja de Sajambre ist das Ziel dieser Tour.

PICA DE TEN • 1223 m

Knackige Kurztour mit viel Eisen

  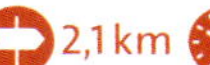 2,1 km 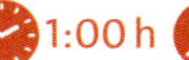 1:00 h  250 hm 250 hm

 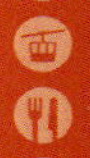  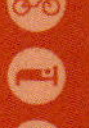 

START | Großer Wanderparkplatz an der N-625, 984 m. Anfahrt: Er befindet an einer scharfen Kurve der N-625 zwischen Oseja de Sajambre und Puerto del Ponton.
[GPS: UTM Zone 30T x: 335.376 m, y: 4.776.051 m]
CHARAKTER | Kurze Tour zu einer von allen Seiten betrachtet ebenmäßigen Bergpyramide. Ihr aussichtsreicher Gipfel ist etwas übererschlossen, dafür ist die teils klettersteigartig präparierte Route sehr unterhaltsam.

Vom **Wanderparkplatz** 01 leiten uns die gelb-weißen Markierungen und Schilder sogleich zum Gipfel, dem „Mirador de Pica de Ten". Der breite geschotterte Weg führt in den verwunschenen, schönen Wald hinein. Hölzerne Stufen erleichtern uns die Überwindung von einigen etwas steileren Passagen. Der Weg ist begleitet von Informationstafeln, die den Wald und die Landschaft erklären. Auf halbem Weg stoßen wir auf eine Lichtung, in der zwei **Sitzgruppen unter großen Bäumen** 02 zum Picknick einladen. Ein sehr schöner Platz, an dem es sich bestens verweilen und genießen lässt.
Bald stoßen wir auf steileres Gelände und die ersten metallenen Stangen mit eingehängten Geländerketten. Drahtseile und Treppenstufen kommen bald als weitere Aufstiegshilfen hinzu. Das mag nach wildem, Experten

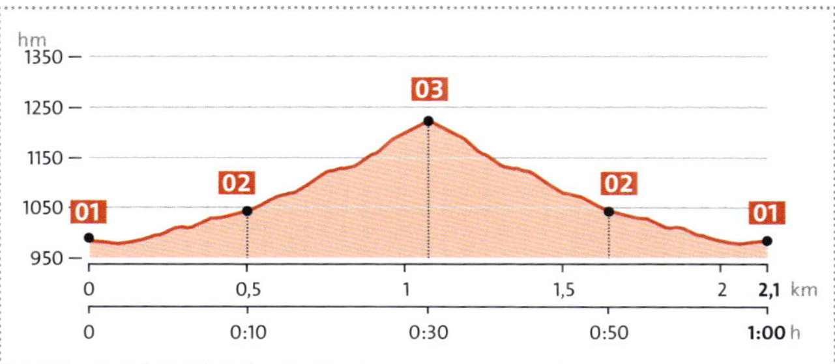

01 Wanderparkplatz an der N-625, 984 m; 02 Sitzgruppen unter Bäumen, 1040 m; 03 Pica de Ten, 1223 m

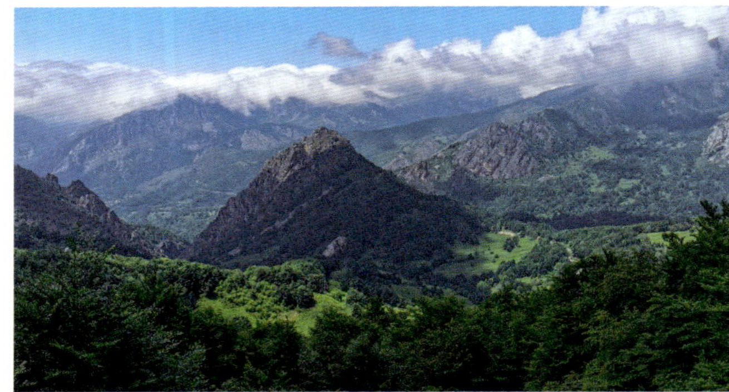

Von der Straße zum Puerto del Pontón gesehen kommt die perfekte Bergform der Pica de Ten voll zur Geltung.

vorbehaltenem Gelände klingen, ist aber alles „halb so wild". Den Erbauern ging es wohl eher darum, mit dieser Installation auch wenig erfahrenen und geübten Wanderern etwas Nervenkitzel in steilerem Gelände, gewürzt mit Klettersteigambiente, zu bieten.
Wir überschreiten auf dem mit Geländer gesicherten Steig kurz den Grat, der zum Gipfel hinüber führt. Hier wird es etwas ausgesetzt, wobei der Weg jedoch wie erwähnt regelrecht eingegattert ist. Wir folgen dem letzten Stück des Grats hinüber zum Gipfel **Pica de Ten** 03 und finden dort alles vor, was ein Gipfel so bieten kann: Gipfelkreuz, Aussichtsplattform und Panoramatafel mit Beschriftung der zu sehenden Berge. Und nicht zu vergessen die schöne Rundumsicht auf die wilde, von dschungelartigen Wäldern bewachsene Bergumgebung und die portalartige Öffnung des

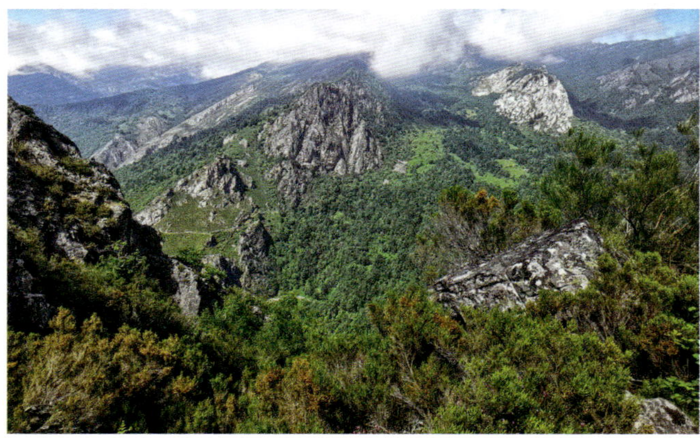

Die Wolken geben den Blick auf die Picos nur teilweise frei.

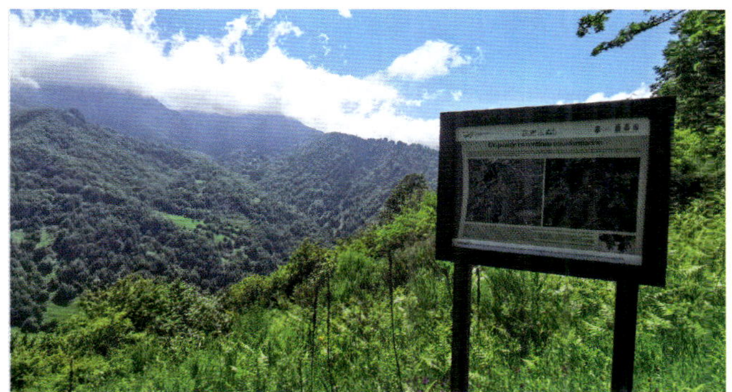

Die Hinweistafeln am Weg geben umfassende Einblicke in die Landschaft und die Region.

gewaltigen Beyos-Canyons (dem wir uns in den Touren 13 und 14 annähern). Zurück wandern wir auf dem gleichen Weg und achten in den Steilstufen und im oberen Bereich der Tour auf lose Steine und womöglich rutschigen Untergrund.

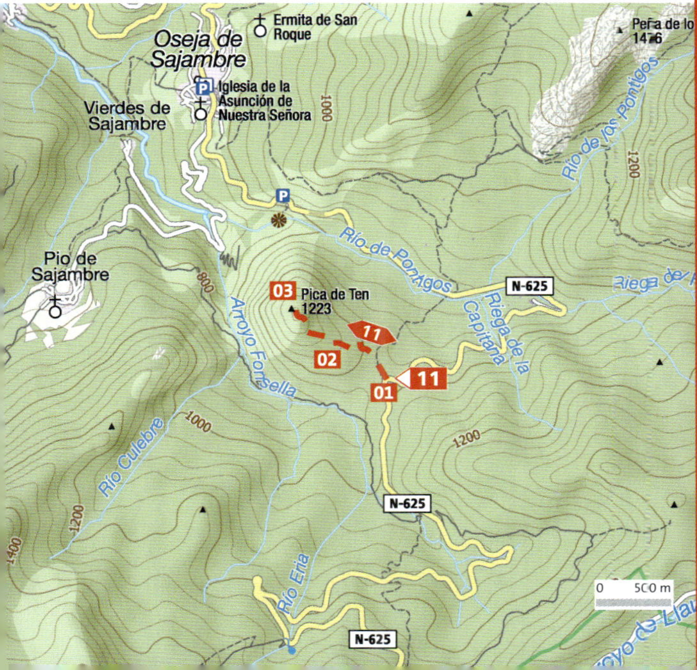

PEÑA BEZA • 1963 m

Spannende Gipfeltour mit weglosem Finale

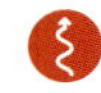  12,5 km  6:30 h  1065 hm  1065 hm

START | Großer Wanderparkplatz vor Soto de Sajambre, 905 m. [GPS: UTM Zone 30T x: 334.277 m, y: 4.780.678 m]
CHARAKTER | Die Peña Beza ist das stillere Gegenüber des leichteren und häufiger bestiegenen Pico Jario. Der etwas anspruchsvollere Aufstieg auf diesen exponierten Eckpfeiler des Westmassivs bietet viel Abwechslung und Aussichten mit besonderen Perspektiven.

Vom **Wanderparkplatz** 01 aus durchqueren wir das autofreie Bergdorf **Soto de Sajambre** 02. In der Ortsmitte halten wir links auf die letzten Häuser vor dem Wald zu. Die leicht verschlafene Atmosphäre hat idyllischen Charme. Rot-weiße Markierungen und ein Schild Richtung Amieva weisen uns den Weg.
Eine Forststraße führt in den Wald hinauf, vorbei an den letzten Häusern. In einer weit ausholenden Kehre und vorbei an zwei Gabelungen, wo wir uns jeweils rechts halten, gewinnt der breite Weg an Höhe. Wir kommen an verlassenen Steinhütten und einem weiteren Schild Richtung Amieva vorbei, dem wir folgen. Links und rechts ist der Weg von Wald und dichter Vegetation gesäumt.
Bald erblicken wir links oben einen markanten Felskopf, den wir auf unserem Weg in einem wei-

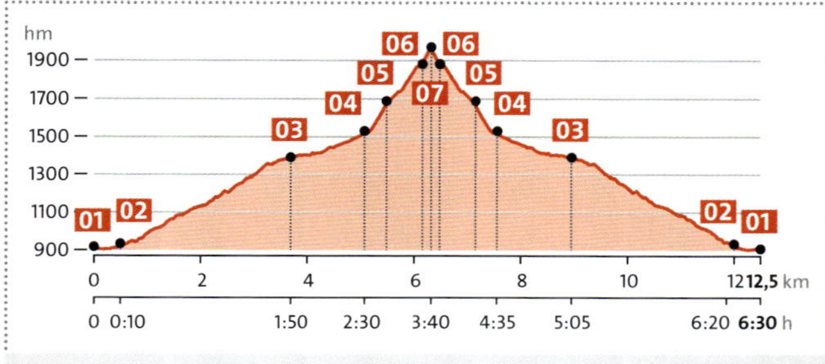

01 Wanderparkplatz, 905 m; 02 Soto de Sajambre, 925 m; 03 Wegweiser, 1388 m; 04 Puerto/Collado de Beza, 1522 m; 05 Canal de Misa, 1683 m; 06 Collado Llano, 1876 m; 07 Peña Beza, 1963 m

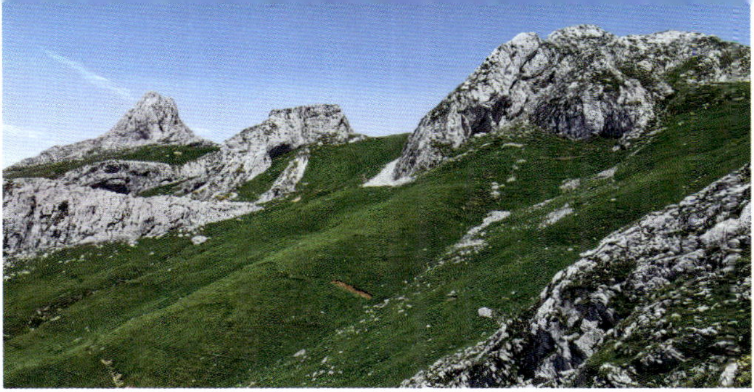

Vom Ausstieg aus dem Canal de Misa aus zeigen sich rechts der Gipfel und der weitere Wegverlauf.

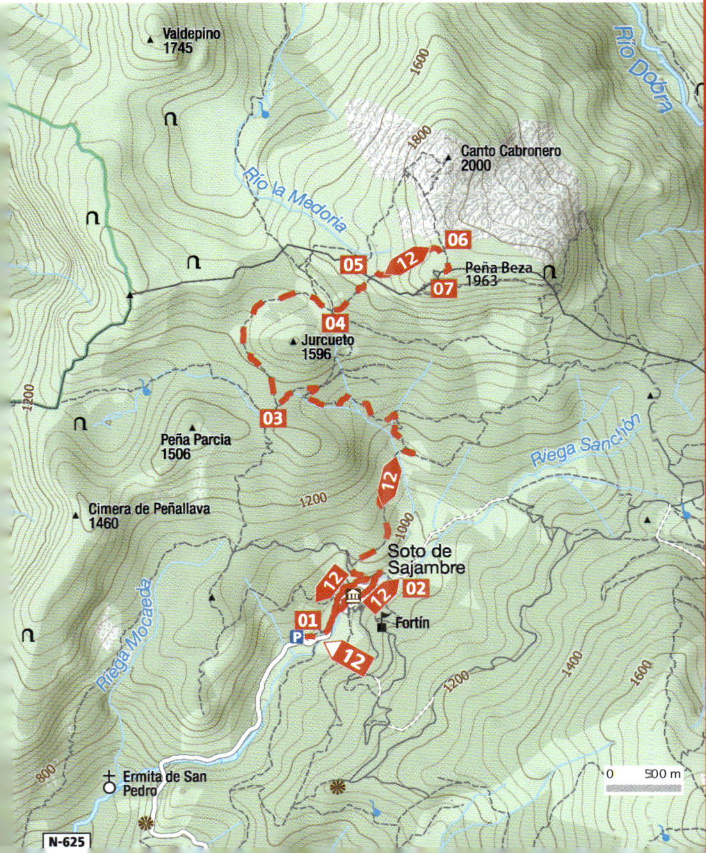

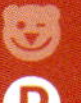

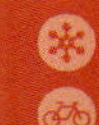
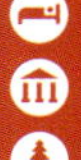

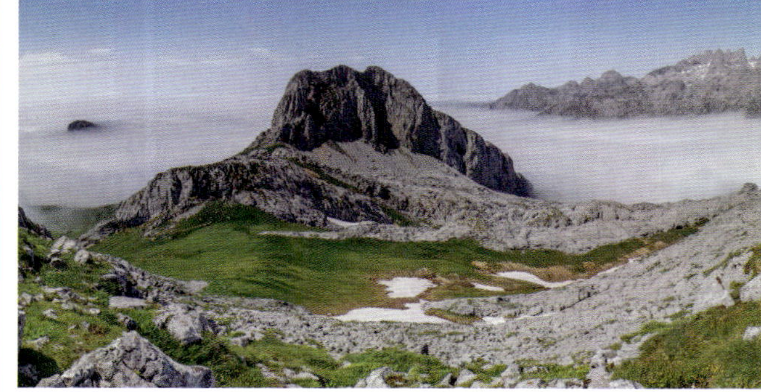

Der Canto Cabronero, das Nebelmeer und die Spitzen des Cornión vom Gipfel aus.

ten Rechtsbogen umrunden und unter uns lassen.

Wir erreichen eine letzte Serpentine und eine letzte Baumgruppe, bevor wir auf einer kleinen Hochebene mit einem zwischen Felsblöcken eingefassten **Wegweiser** 03 ankommen. Dort folgen wir weiterhin dem Schild nach Amieva, das uns rechter Hand um den runden Gras- und Felsbuckel des Jurcueto herumführt. Zunächst als Fahrspur über die Wiese, dann als klassischer Wanderweg. Links sehen wir kurz eine Hochspannungsleitung, bevor wir rechts, den Jurcueto umrundend, in ein unverbautes Seitental gelangen. Dort führt uns der Weg im Talgrund vorbei an einer großen Viehtränke und Wasserquelle zum Passübergang **Puerto/Collado de Beza** 04.

Dort folgen wir der links steil nach oben führenden Erosionsrinne die Bergflanke hinauf. An ihrem Ende führen uns die Markierungen und Wegspuren wahlweise links oder rechts ausholend weiter hinauf in die zunehmend felsdurchsetzte Flanke. Immer direkt geradeaus und steil geht es zu einer sich verengenden Rinne **Canal de Misa** 05, die uns zu einem Sattel führt. Hier sehen wir den Gipfel der Peña Beza und die vor ihm ausgebreiteten, steilen Grasflanken direkt gegenüber. Auf gleicher Höhe bleibend im Rechtsbogen peilen wir ein kleines Geröllfeld an, unter dem wir in einem Linksbogen durch das steile Gras auf Pfadspuren zum nächsten Pass **Collado Llano** 06 aufsteigen.

Nach diesem mühsamen Abschnitt müssen wir nur noch den breit und behäbig vor uns liegenden Gipfelaufbau meistern. Die schlechte Nachricht ist, dass kein Weg durch das Karst- und Schrofengelände vorzufinden ist. Die Gute ist, dass die Steilaufschwünge auch ohne Weg einfach umgangen werden können und das Kalkgestein sich als zugänglich und nicht zu scharfkantig erweist.

Der Gipfel **Peña Beza** 07 ist ein typischer Picos-de-Europa-Vertreter: wilder, widerspenstiger und wohl auch beeindruckender als viele ähnlich „niedrige" Alpengipfel.

Der Rückweg erfolgt auf dem Hinweg.

POZALÓN • 1743 M UND PEÑA NIAJO • 1739 m

Unbekannter und spektakulärer Gipfelgrat

 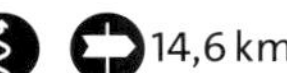 14,6 km 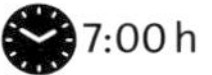 7:00 h 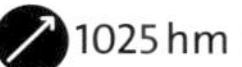 1025 hm 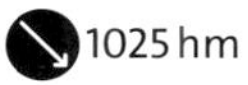 1025 hm

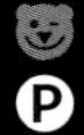
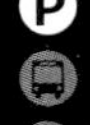
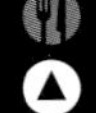
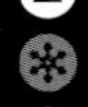
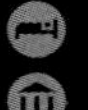

START | Wanderparkplatz in Pio de Sajambre, 758 m.
[GPS: UTM Zone 30T x: 333.351 m, y: 4.776.607 m]
CHARAKTER | Vielseitige und einsame Bergtour mit Waldweg, weglosem Gipfelhang und spannendem Finale auf dem schmalen Gipfelgrat der Peña Niajo. Man scheint dort über der tiefen und steilen Beyos-Schlucht zu schweben. Hinweis: Geht man nur bis zum Pozalón ist die Tour kürzer und leichter.

Im kleinen Dorf Pio spürt man den herben Charme von Sajambre, der abgelegensten Gegend der Picos de Europa. Ihre Abgeschiedenheit geht mit Unberührtheit einher.

Vom **Wanderparkplatz in Pio de Sajambre** 01 folgen wir der Dorfstraße zu den letzten Häusern rechts hinten im Tal und von dort dem Forstweg hinunter zu einer **Brücke** 02 über den Fluss. Jenseits des Flusses wandern wir rechts den Hang hinauf und bewundern ein urwaldartiges Waldstück voller hoher und ausladender Bäume. Ein Schild mit der Beschriftung „Collada de Llaete" weist uns den richtigen Weg.
Der breite Weg zieht kontinuierlich in Kehren aufwärts. Nachdem wir gut Höhe gewonnen haben,

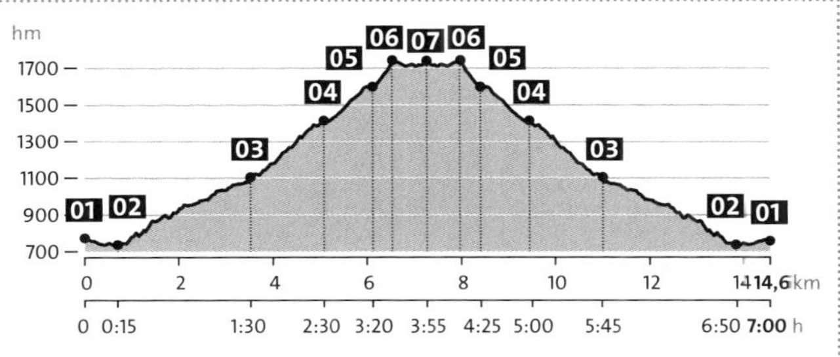

01 Wanderparkplatz in Pio de Sajambre, 758 m; 02 Brücke, 729 m; 03 Viehtränke/Wasserquelle, 1092 m; 04 Collada Llaete, 1394 m; 05 Collado Porru Llagu, 1585 m; 06 Pozalón, 1743 m; 07 Peña Niajo, 1739 m

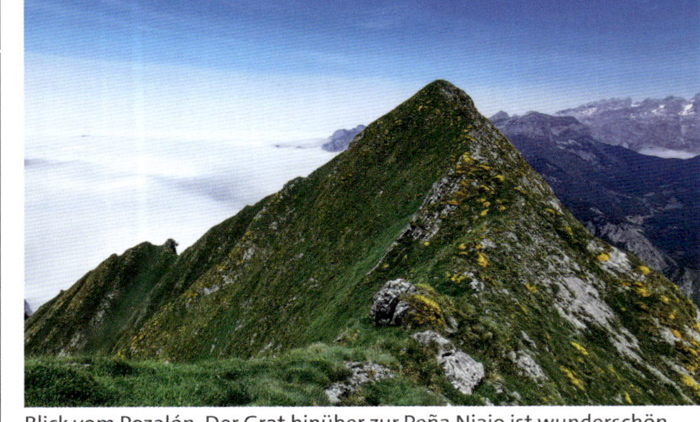

Blick vom Pozalón. Der Grat hinüber zur Peña Niajo ist wunderschön, erfordert aber Trittsicherheit und Schwindelfreiheit.

folgen wir dem Talverlauf etwas flacher Richtung West-Südwest auf besagten Pass Collada Llaete zu. Kurz vor diesem sehen wir links eine **Viehtränke/Wasserquelle 03** und den letzten bewaldeten Steilhang vor uns. Nach einer letzten Spitzkehre treten wir

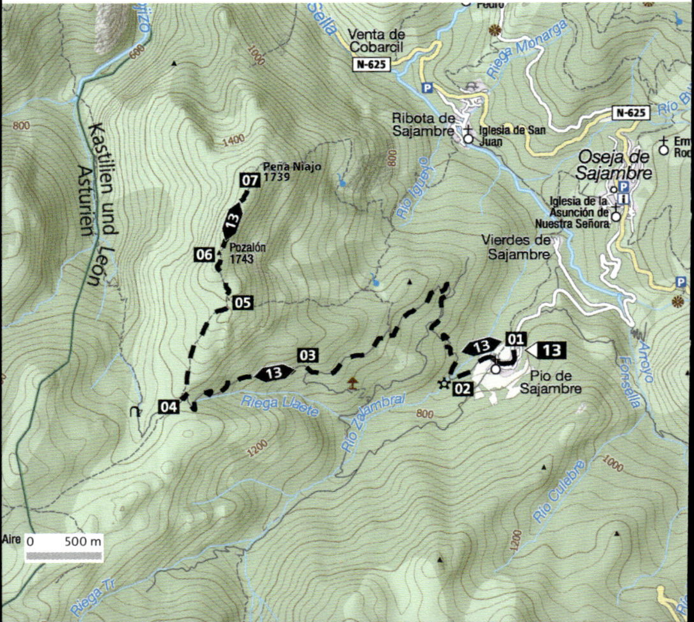

aus dem Wald hervor und finden uns am **Collada Llaete** **04** in einer wildromantischen grünen Berglandschaft wieder.
Rechter Hand erblicken wir den weiteren Weg, der nun als schmale Pfadspur in nördliche Richtung durch die Hochweiden führt. Es geht in gleichmäßig leichter Steigung links unterhalb eines Grasgipfels auf ein lichtes Waldstück zu. An diesem rechts oberhalb vorbei gelangen wir zu dem Sattel **Collado Porru Llagu** **05** direkt unterhalb des Pozalón, dem Nachbargipfel der Peña Niajo. Nun beginnt das anstrengendste Stück, denn der Pozalón muss weglos von dieser Senke aus angegangen werden. Am besten halten wir uns leicht rechts unterhalb des Gipfels, an der Grenze zwischen den Gratfelsen und den Ginsterbüschen. Durch Kies, Gras und Geröll arbeiten wir uns die letzten 100 Höhenmeter hinauf. Leider ist es am Gipfel des **Pozalón** **06** „dank" der Funkanlage nicht weit her mit der Unberührtheit. Doch in einer so tollen Umgebung kann man über einen kleinen Schandfleck hinwegsehen.
Sofern wir nun den Grat hinüber zur Peña Niajo begehen, sind wir schnell wieder von wilder Ursprünglichkeit umgeben. Wer trittsicher, schwindelfrei und etwas klettergewandt ist, wird hier ein tolles Bergerlebnis haben. Es warten leichte, aber ausgesetzte Kraxelstellen, die keine allzu groben Fehler erlauben. Die ersten beiden Höcker werden überschritten, der letzte rechts, etwa 10 m unterhalb umgangen. Auf der **Peña Niajo** **07** genießen wir unverstellte Weit- und Tiefblicke erster Güte. Wir überblicken nicht nur den gewaltigen Beyos-Canyon, sondern auch die ursprüngliche Sajambre-Region mit den umrahmenden Gipfel der Picos de Europa.
Die Tiefblicke lassen sich noch „optimieren", indem wir dem unschwierigen, aber ausgesetzten Grat vorsichtig noch ein Stück abwärts folgen, bis zu einem kleinen Plateau, bevor er direkt in den schwindelerregenden Abgrund des Beyos-Canyons abfällt.
Der Rückweg erfolgt auf dem Hinweg.

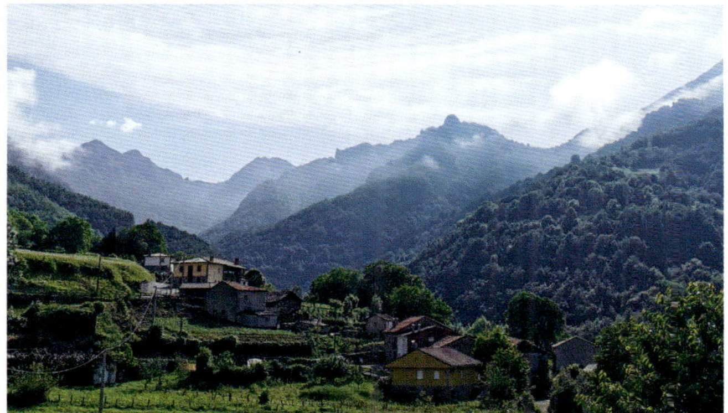

In der Hitze eines späten Sommernachmittags könnte Pio de Sajambre auch ein Bergdorf in Kolumbien oder Peru sein.

COLLADO VALDELILLO UND COLLADO ROXENA

Kurztrip in eine andere Welt

 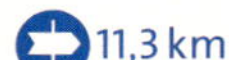 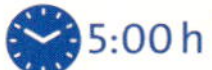 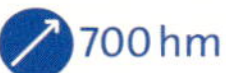 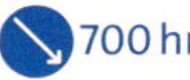

START | Großer Wanderparkplatz kurz vor Soto de Sajambre, 905 m. [GPS: UTM Zone 30T x: 334.277 m, y: 4.780.678 m]
CHARAKTER | Dieser „Doppelpass" ist eines der Ziele dieses Buchs, dessen Unbekanntheit im Widerspruch zu seiner Schönheit steht. Auf der kurzen und einfachen Wanderung erkunden wir ein kleines, abgelegenes und wie verzaubertes Hochtal, dessen Wasser durch das „Portal" der Cueva El Barro abfließt.

Vom **Wanderparkplatz** 01 gehen wir durch die Ortsmitte von **Soto de Sajambre** 02 und halten uns links, den rot-weißen Markierungen des Senda del Arcediano folgend, zu den letzten Häusern. An diesen führt uns das Forststräßchen links vorbei und in den Wald hinauf. Gut beschildert und markiert gewinnt der Weg in einigen Kehren zügig an Höhe. Vorbei an Weiden, Wald und üppiger Vegetation umrunden wir das links von uns befindliche, bewaldete Bergmassiv. Dessen vorgelagerter Felskopf begleitet uns eine ganze Weile als Orientierungsmarke, bis wir auf dem Pass und der kleinen Hochebene ankommen, auf der wir einen zwischen Felsblöcken eingefassten **Wegweiser** 03 sehen.
Hier halten wir uns geradeaus (Richtung Westen) und wandern

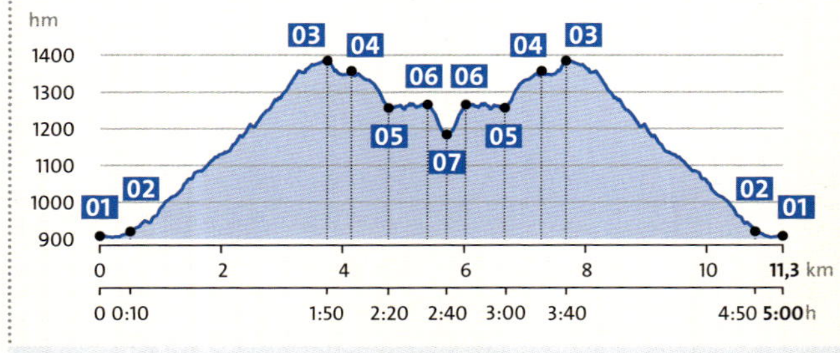

01 Wanderparkplatz, 905 m; 02 Soto de Sajambre, 925 m; 03 Wegweiser, 1388 m; 04 Weidegatter, 1341 m; 05 Felsriegel, 1255 m; 06 Collado Valdelillo, 1252 m; 07 Collado Roxena, 1176 m

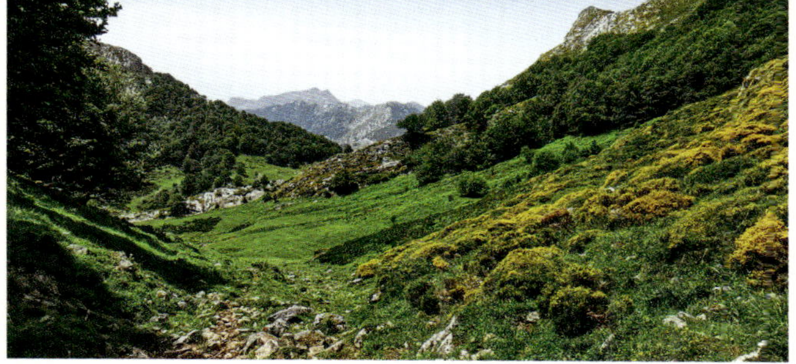

Das verschwiegene kleine Tal führt uns zum Collado Valdelillo.

Fahr- und Wegspuren folgend rechts hinab in ein kleines Seitental. Dessen Verlauf folgen wir nun, immer am Talgrund entlang. Das Tal verengt sich, macht eine Linkskurve und wir stoßen auf ein **Weidegatter** 04. Dort gehen wir direkt geradeaus vorbei und wandern auf einer Art Hohlweg über Weiden und zwischen kleinen Felsen hindurch, die wiederum von großen, dunklen Bäumen eingefasst werden. Eine verwinkelte kleine Märchenwelt.

Bald weitet sich das Tal wieder und wir folgen Pfadspuren auf seiner rechten Seite hinab zu einem kleinen **Felsriegel** 05, den wir mittig überschreiten oder links umgehen können. Hinter ihm gelangen wir in den letzten kleinen Talkessel vor dem Collado Valdelillo. Hier sehen wir auch das „Portal" der Höhle Cueva El Barro. Ihr Eingang erinnert an eine gotische Kathedrale, ihre Umgebung an König-Artus-Filme.

Den **Collado Valdelillo** 05 erreichen wir in wenigen Minuten über den gut ausgetretenen Wiesenpfad.

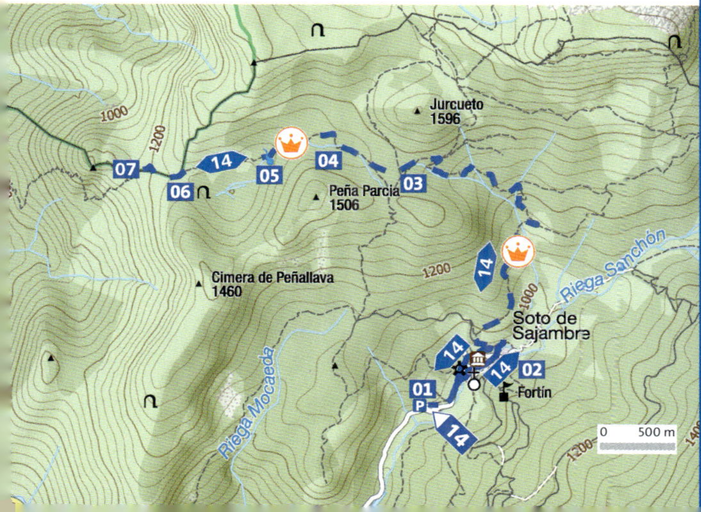

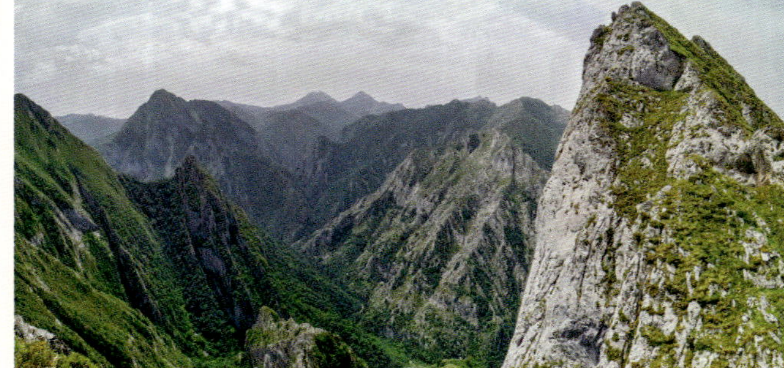

Blick vom Collado Roxena in den Beyos-Canyon. Rechts das schroffe Riff des Frailón.

Hier genießen wir das Ambiente einer „entrückten“ Umgebung hoch über der spektakulären Beyos-Schlucht. Besonders auffallend ist das kühne Horn des El Frailón direkt gegenüber. Sein Gipfel ist schwer zu erreichen, doch wir können uns der vor uns liegenden Welt der vertikalen Abgründe noch ein Stück nähern. Dafür folgen wir den Pfadspuren abwärts und rechts um den kleinen Waldgürtel herum und gelangen hinüber auf die kleine Hochebene des **Collado Roxena** **07**.

Der Rückweg erfolgt auf dem Hinweg.

Tipp (schwer): Wer hier nochmals eine Schippe drauflegen will, kann den nun direkt vor uns aufragenden **El Frailón** in Angriff nehmen – soweit es Können und Schwindelfreiheit zulassen.
Hier sei nur so viel gesagt, dass die ohnehin schon gigantischen Blicke in den Beyos-Canyon und auf die Umgebung mit jedem einzelnen Schritt noch besser werden!

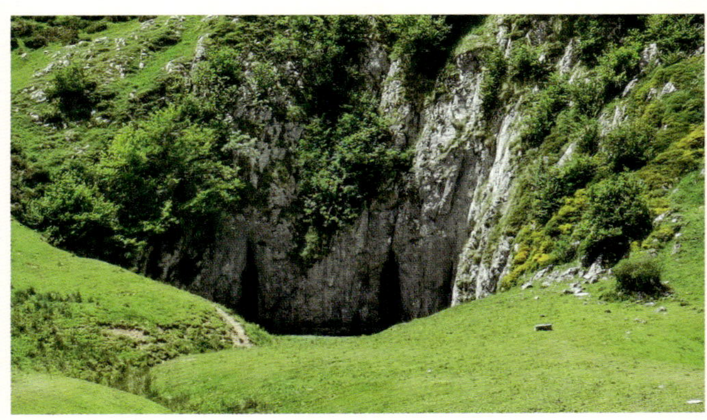

Cueva El Barro.

VEGABAÑO-RUNDWEG

Die schönste Weide der Picos de Europa?

 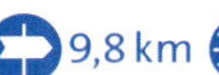 9,8 km  3:30 h 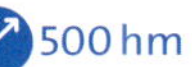 500 hm 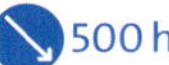 500 hm

START | Großer Wanderparkplatz kurz vor Soto de Sajambre, 905 m. [GPS: UTM Zone 30T x: 334.277 m, y: 4.780.678 m]
CHARAKTER | Die Tour erinnert mit stimmungsvollen, parkartigen Wäldern an mitteleuropäische Breiten. Bis kurz vor Ankunft ahnt man nicht, was für eine wunderbare, paradiesische Umgebung sich auf dem weiten Grün von Vegabaño eröffnet.

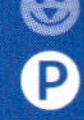

Vom **Wanderparkplatz** 01 starten wir die Route, den Schildern Richtung Vegabaño folgend. Nach ca. 10 Minuten kommen wir in **Soto de Sajambre** 02 zu einem Abzweig und überqueren rechts den Fluss. Der erste Kilometer verläuft entlang des Flüsschens Agüera auf der alten Straße, die einst zu dieser großen Weide führte. Am **Endpunkt der Straße** 03 biegt der Weg nach rechts oben in den Wald ab. Ab hier gewinnen wir schnell an Höhe und folgen in vielen Kurven dem schönen Wegverlauf, der sich im Laufe der Jahre perfekt in den Buchenwald integriert hat. In einer Rechtskurve zweigt links eine Abkürzung in den Wald hinauf ab. Bleiben wir auf dem „Normalweg“, mündet der Waldweg kurz später in die neue Forstpiste ein, wo uns ein **Schild** 04 nach links zur „Majada de Vegabaño“ weist.

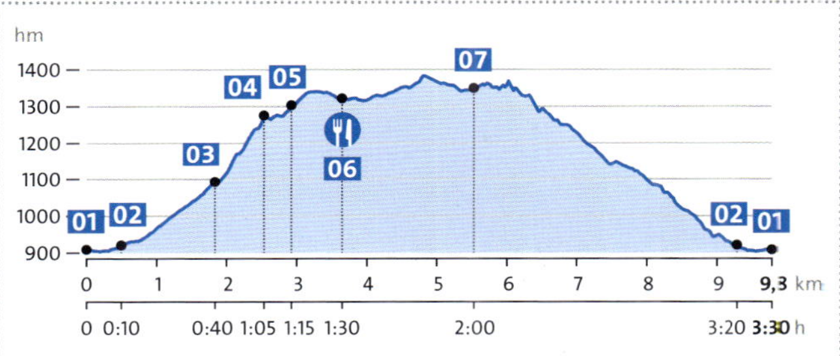

01 Wanderparkplatz, 905 m; 02 Soto de Sajambre, 925 m; 03 Endpunkt Straße, 1090 m; 04 Schild, 1272 m; 05 Abzweig, 1295 m; 06 Refugio de Vegabaño, 1332 m; 07 Puerto de Barcinera, 1346 m

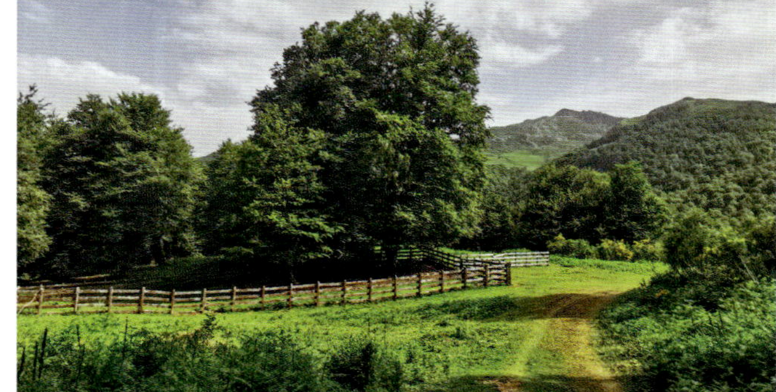
Die Umgebung der Vegabaño ist ein Mix aus texanischer Ranch und Mittelerde.

Der Piste folgen wir nur kurz, bis wir vor einer Infotafel und einem Gatter den unauffälligen **Abzweig** 05 rechts hinauf in den Wald nehmen. Nun wieder auf einem Wanderweg nehmen wir das letzte Stück in Angriff, bevor wir unmittelbar am Rand der Weide wieder auf die Forstpiste stoßen. Wir überqueren sie und wandern das letzte Stück zum **Refugio de Vegabaño** 06 links von der Piste am idyllischen Waldrand entlang.

Die weite, offene und von Wäldern umgebene Ebene, die sich hier auftut, ist ein wahrlich privilegierter Ort. Den kontrastierenden Rahmen dieses Landschaftsgemäldes bilden die mächtigen Kalkriffe des Cornion-Massivs. Besonders im Herbst, wenn sich die Blätter verfärben, ist dieses Szenario an Schönheit kaum zu überbieten. Die hiesigen Buchenwälder gelten als die vielfältigsten und am besten ausgeprägten auf der Iberischen Halbinsel.

Auch die Vielfalt der Pflanzen ist enorm, wie wir auf dem folgenden Spaziergang über die Majada de Vegabaño feststellen. Wir überqueren die Weide von der Hütte aus schräg rechts, um dort dem breiten Wanderweg an schönen

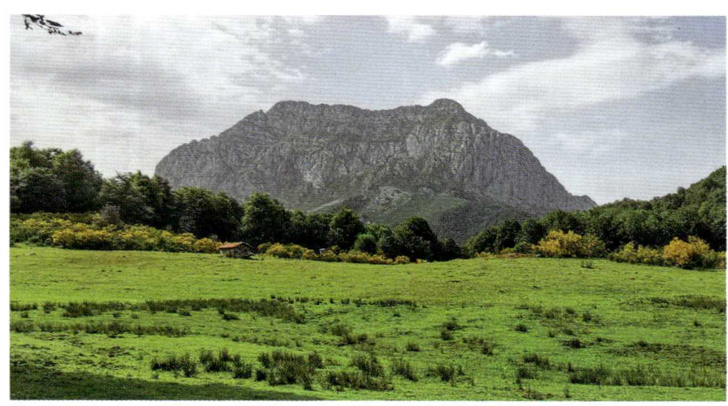
Die Peña Beza (Tour 12) lugt hinter den Wäldern hervor.

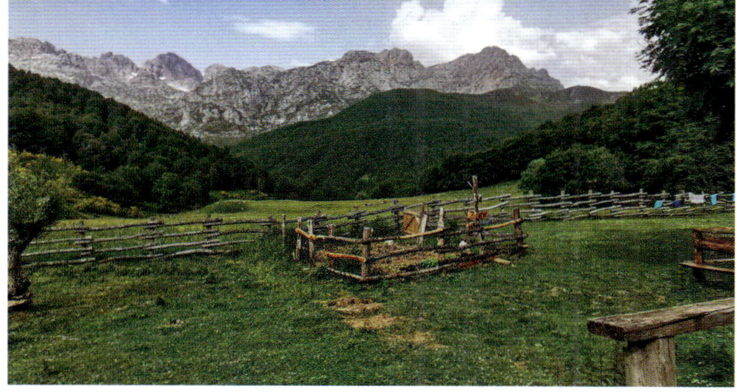

Der Blick vom Refugio Vegabaño zum Cornión ruft Erinnerungen an Märchenbücher wach.

Steinhäusern vorbei in den gegenüberliegenden Wald hinein zu folgen. Wir schlagen nun, immer auf gleicher Höhe und dem Hauptweg bleibend, einen Rechtsbogen um das Tal von Soto de Sajambre herum. An der großen Wegkreuzung **Puerto de Barcinera** 07 halten wir uns links/geradeaus in Richtung Soto, bis wir an der nächsten Abzweigung nach links unten, erneut dem Schild Richtung Soto folgend, abbiegen. Hier wird der Weg nicht nur steiler, sondern auch schmaler und steiniger. Nach etwa 15 Minuten auf diesem Abschnitt stoßen wir auf den breiten GR-201, dem wir nach links abwärts folgen. Wir gelangen so in weiteren gut 20 Minuten zurück nach **Soto de Sajambre** 02 und zum bekannten Abzweig.

Ab hier folgen wir dem Hinweg zurück zum **Wanderparkplatz** 01.

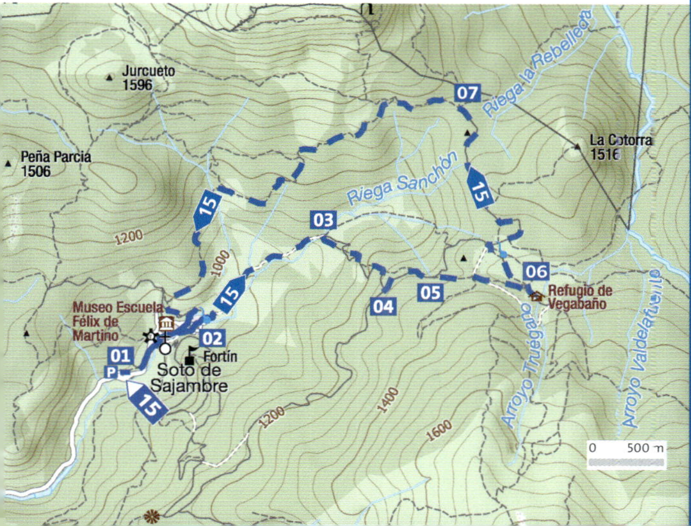

16

CERRA DOBRES • 1798 m

Vielseitige Gipfeltour in wilder Landschaft

START | Parkplatz am Passübergang Puerto de Panderruedas, 1462 m. [GPS: UTM Zone 30T x: 338.794 m, y: 4.776.593 m]
CHARAKTER | Einfache Bergtour mit viel Abwechslung und immer neue Aussichten auf relativ kurzer Strecke.

Vom **Parkplatz am Puerto den Panderra** 01 aus überqueren wir die große Wiese mit ihren Sitzgruppen, die Richtung Norden auf die Hügel zu und in den Wald hinein führt. Hier beginnt ein breiter Waldweg, der uns gemütlich hinüber zum **Mirador de Piedrashitas** 02 führt. Dieser Aussichtspunkt ist mit einer massiven Betonplattform und mehreren Skulpturen von zweifelhafter Ästhetik ausgebaut. Der wunderschönen Aussicht über die Gegend von Valdeón und die südlichen Picos tut diese etwas übertriebene Befestigung keinen Abbruch.
Der weitere Weg führt links an der klobigen Betonskulptur vorbei in den Wald hinein. Auf dem nun schmaler werdenden Waldpfad durchwandern wir in einem Linksbogen ein wildromantisches Waldstück mit schönen kleinen Lichtungen. Nach einer lang gezogenen Linkskurve erreichen wir einen Sattel auf einer schönen, weitläufigen Lichtung **Collado Majada Piedrashitas** 03. Hier wenden wir uns nach links und stoßen

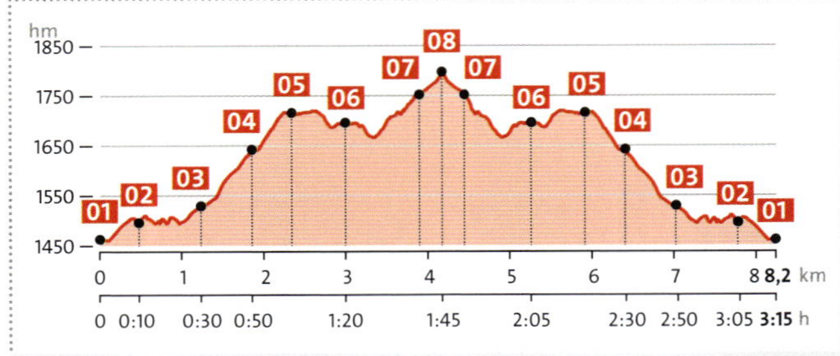

01 Parkplatz am Puerto de Panderra, 1462 m; 02 Mirador de Piedrashitas, 1497 m; 03 Collado Majada Piedrashitas, 1524 m; 04 Collado Viejo, 1637 m; 05 Felsgürtel, 1720 m; 06 unterhalb Pico Guadañas, 1694 m; 07 Collada de Dobres, 1756 m; 08 Cerra Dobres, 1798 m

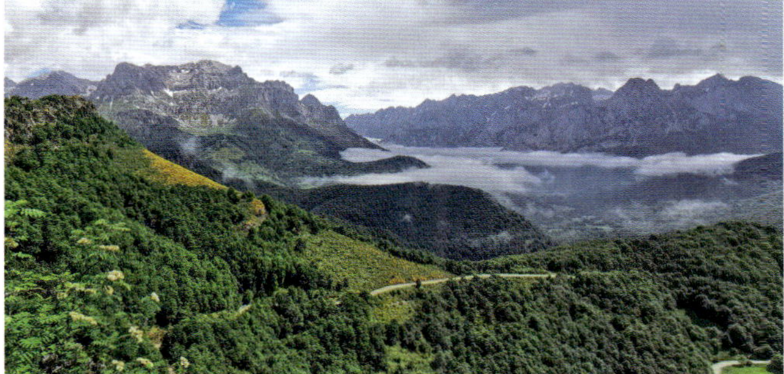

Die Südseite der Picos de Europa lässt sich vom Mirador de Piedrashitas aus in allen Einzelheiten studieren.

auf ein Schild, dem wir Richtung Vegabaño bis hinauf zum nächsthöheren, bewaldeten Sattel **Collado Viejo** 04 folgen. Dort eröffnen sich schöne Panoramablicke auf das Tal von Sajambre und die rechts von uns liegende, zu überschreitende Bergkette.

Wir folgen dem Weg auf den nördlich gelegenen Bergrücken hinauf. Hinter einer scharfen Linkskurve führt uns der mit einem gelben Pfeil markierte Weg auf der linken Seite unter einem **Felsgürtel** 05 vorbei am ersten Gipfel (Cerra Centenal) des Bergrückens.

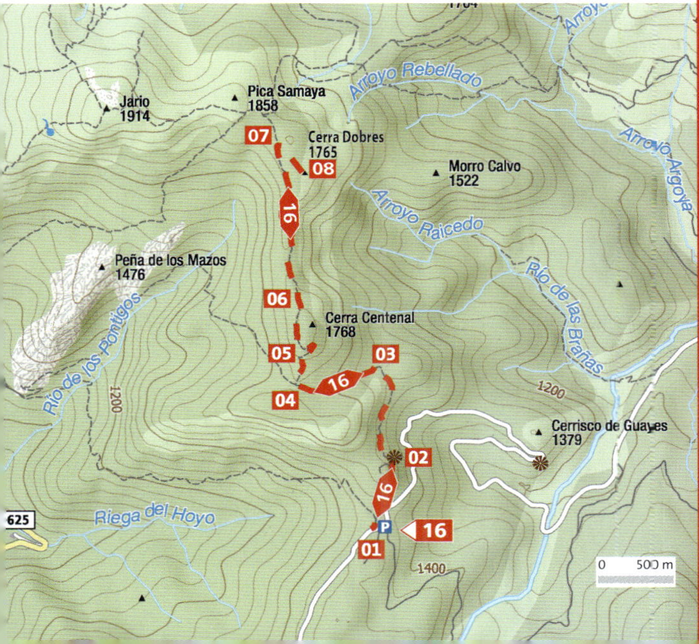

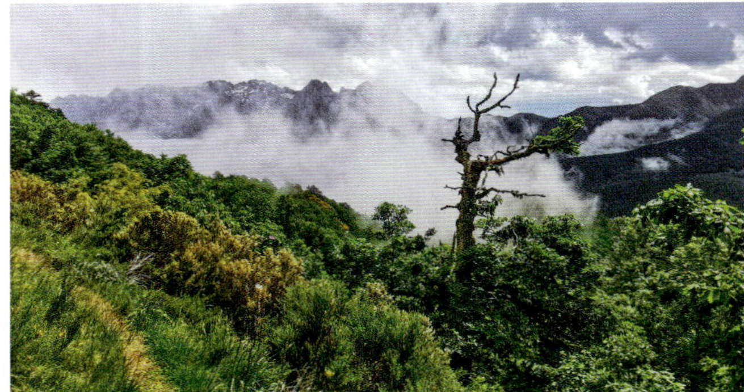

In den Wäldern von Valdeón und Sajambre fühlt man sich wie in den Dschungel versetzt.

Auf dem aussichtsreichen, mit viel Gebüsch bewachsenen Rücken geht es weiter zum nächsten Gipfel, der Weg führt **unterhalb** des **Pico Guadañas** 06 vorbei. Er ist gut markiert und durchgehend deutlich sichtbar. Kurzzeitig kann die üppige Vegetation das Vorwärtskommen etwas erschweren, jedoch nicht ernsthaft behindern. Wir überschreiten einen weiteren kleinen Gipfel und passieren den Felskopf der Cerra Dobres zunächst links, um auf der anderen Seite zum Pass **Collada de Dobres** 07 zu gelangen. Dort schon zeigt sich ein tolles Panorama. Ein flacher, kurzer Rücken führt uns in wenigen Minuten auf den Gipfel des **Cerra Dobres** 08. Dort ist die Sicht auf das Cornión-Massiv und die fast ebenso beeindruckende Umgebung der südlichen Picos nicht mehr zu toppen.
Der Rückweg erfolgt auf dem Hinweg.

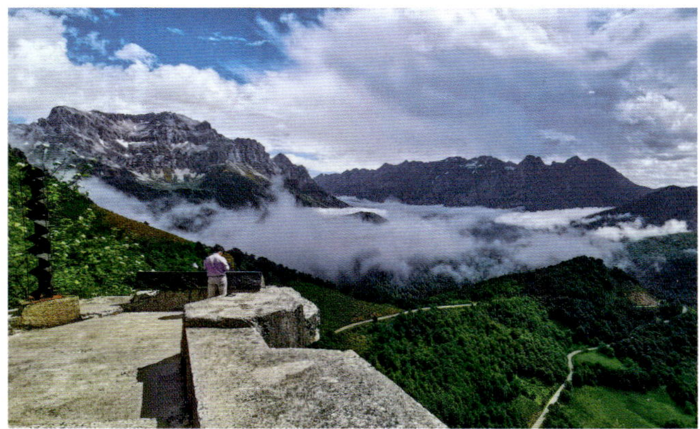

Das Plateau des Mirador Piedrashitas ist festungsartig ausgebaut.

AUSSICHTSRUNDE BEI CAÍN DE VALDEÓN

Unterwegs über der göttlichen Schlucht

 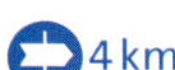 4 km  2:00 h  400 hm 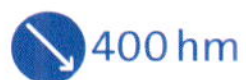 400 hm

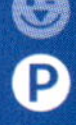
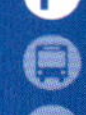
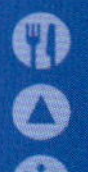

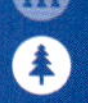

START | Parkplatz am Dorfplatz neben dem Kirchlein in Caín de Valdeón, 461 m.
[GPS: UTM Zone 30T x: 345.242 m, y: 4.786.270 m]
CHARAKTER | Die Umgebung von Caín wird neben der Ruta del Cares durch die „göttliche Schlucht" wenig wahrgenommen. Das ist verständlich, aber schade, denn die Besucher verpassen so zum Beispiel diese Wanderung, die uns auf kürzester Strecke viel Abwechslung und ständig neue, tolle Aussichten bietet.

Vom Dorfplatz in **Caín de Valdeón** 01 folgen wir der gepflasterten Seitenstraße zu den letzten Häusern empor. Dort führt zwischen zwei Häusern der Wan-derweg zu einer Brücke hinunter und auf der gegenüberliegenden Seite des Bachs wieder hinauf. Zwischen Steinhäusern, die sich im Wald ducken, gelangen wir an eine **Wegkreuzung** 02, an der unser Weiterweg rechts hinauf nach Caín de Arriba ausgeschildert ist. Wir passieren eine kleine Felswand und haben schon die ersten schönen Aussichten auf Caín und seine Umgebung. Das größtenteils verlassene Dorf **Caín de Arriba** 03 erreichen wir kurz darauf. Hier schnuppern wir ein wenig Lost-Place-Atmosphäre. Am Dorfplatz weisen uns die

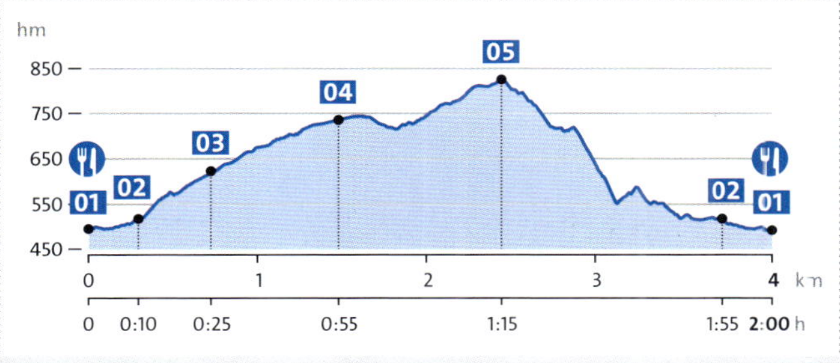

01 Caín de Valdeón, 461 m; 02 Wegkreuzung, 515 m; 03 Caín de Arriba, 629 m; 04 Wegkreuzung, 729 m; 05 Abzweig, 832 m

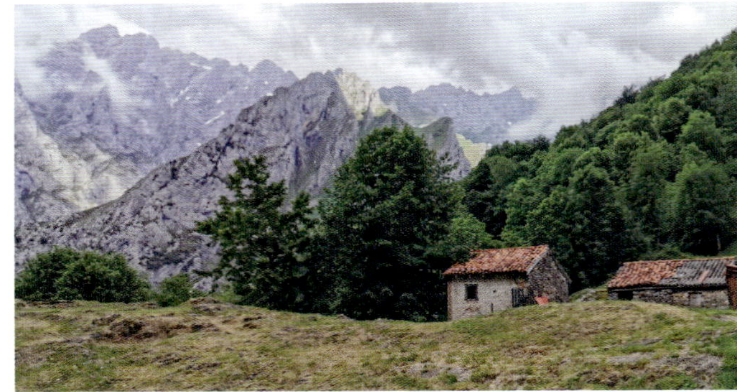

Verlassene Häuser in Caín de Arriba.

nächsten Schilder nun in Richtung Canal de Mesones und Cueva de Santibaña. Der Canal de Mesones ist ein spektakuläres Seitental der Caresschlucht, das wir nun ein wenig erkunden. Wir nähern uns seinen rundherum dramatisch in die Höhe schießenden Felsflanken, bis wir auf die nächste **Wegkreuzung** **04** treffen und dort dem Schild nach links in Richtung Cueva de Santibana folgen. Rechts vom nun wieder talauswärts führenden Weg erblicken wir einen Wasserfall, der zwar nur wenig Wasser führt, dieses aber immerhin 20 bis 30 Meter in die Tiefe schickt. Auf der anderen Seite wird die Caresschlucht und ihre umgebende Bergwelt immer besser sichtbar.

Die Aussicht wird kurzzeitig durch einen schönen Wald ersetzt, den wir auf einigen hundert Metern durchschreiten. Beim Heraustreten aus dem Wald stellen wir fest, dass die Aussicht nochmals besser geworden ist. Wir müssen uns aber kurz auf den Weg konzentrieren, denn wir gelangen zu einem

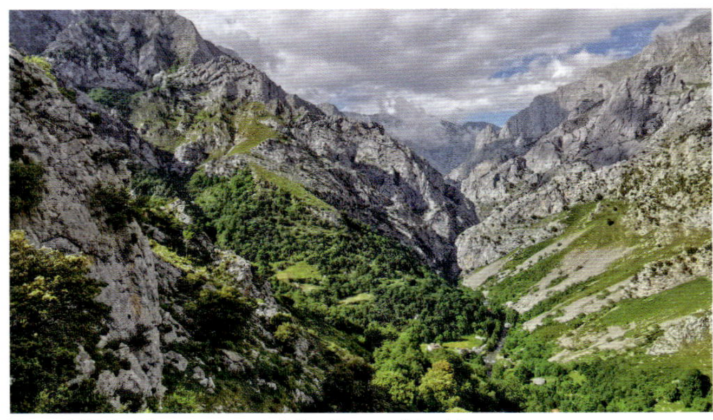

Das südliche Eingangsportal der Caresschlucht.

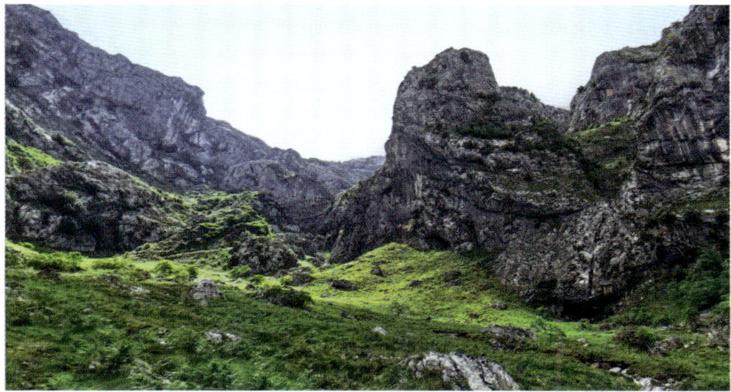

Der Canal de Mesones ist einer der beeindruckenden Seitenarme der Caresschlucht.

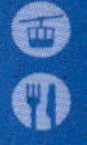

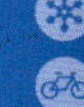

Abzweig 05, an dem es rechts zur Höhle Santibaña geht. Sie befindet sich 150 Höhenmeter oberhalb von uns. Wer kein Höhlenfan oder Speleologe ist, peilt eher die Rückkehr nach Caín an und behält geradeaus auf gleicher Höhe bleibend die Richtung bei. Ein etwas irreführender Markierungspfosten weist uns womöglich zu weit links abwärts. Hier gilt es genau auf die Wegspuren zu achten und zunächst geradeaus und dann in einem leichten Rechtsbogen nach Caín abzusteigen. Der Weg führt uns nun zwischen Steilwänden durch wunderschöne Landschaft, in der die Eichen und Buchen regelrecht an den Felsen kleben. Der Verlauf des Wegs ist nun bis hinunter nach Caín problemlos zu erkennen und gut gangbar. Kurz oberhalb von Caín stoßen wir wieder auf die vom Hinweg bekannte **Wegkreuzung** 02 und erreichen bald wieder die bekannte Brücke und die Pflasterstraße Richtung Dorfplatz in **Caín de Valdeón** 01.

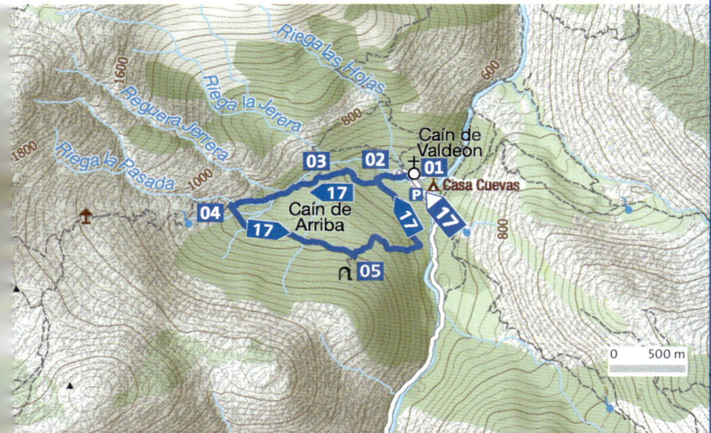

VEGA HUERTA

Der perfekte Ort für Sonnenuntergänge

   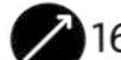 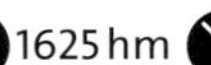 

16,4 km 8:30 h 1625 hm 1625 hm

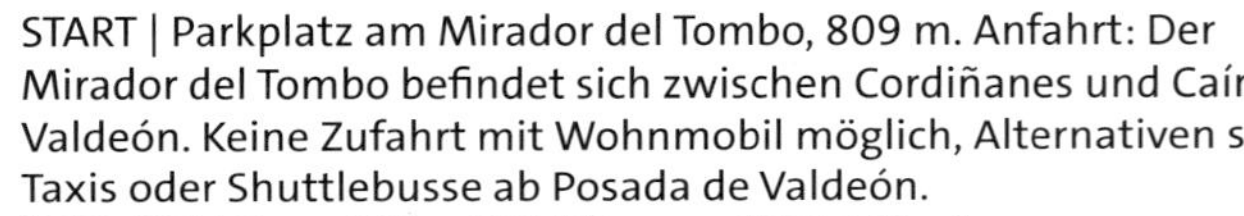

START | Parkplatz am Mirador del Tombo, 809 m. Anfahrt: Der Mirador del Tombo befindet sich zwischen Cordiñanes und Caín de Valdeón. Keine Zufahrt mit Wohnmobil möglich, Alternativen sind Taxis oder Shuttlebusse ab Posada de Valdeón.
[GPS: UTM Zone 30T x: 345.252 m, y: 4.781.443 m]
CHARAKTER | Lange und lohnende Bergtour durch alle Arten von Gebirgslandschaft zu einem abgeschiedenen und weltentrückten Platz. Hier wirkt eine besondere Mischung aus körperlicher Anstrengung und geistiger Erholung.

Trotz ihrer geringen Größe bergen die Picos de Europa einige unberührt wirkende Orte, nach denen zivilisationsmüde Mitteleuropäer in den Alpen oft vergeblich suchen. Die Vega Huerta ist einer davon.

▶ Wir starten am **Parkplatz am Mirador del Tombo 01**, wo wir der Beschilderung nach „La Farfada" folgen (gelb-weiße Markierungen, PR-PNPE-35). An der linken Flanke des Tals des Río Cares in leichtem Auf und Ab wandernd genießen wir die Blicke zu den steil und hoch aufragenden Gipfeln und auf die vor uns ausgebreitete Caresschlucht. Eine kleine Geröllhalde querend erreichen wir nach und nach immer stärker bewaldetes Terrain. Es geht stetig zunächst

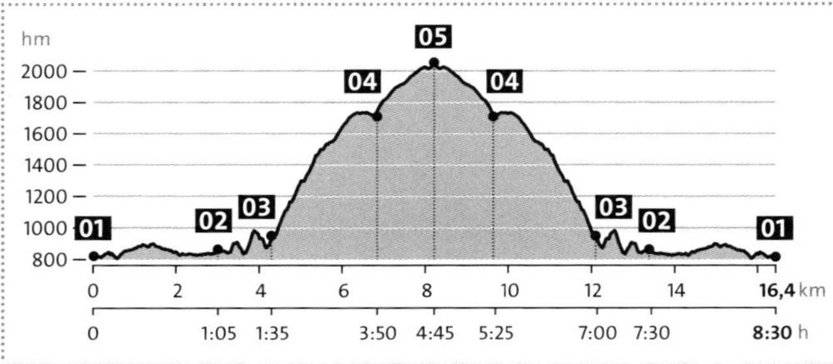

01 Parkplatz am Mirador del Tombo, 809 m; **02** Schild „La Farfada, Fin de Ruta", 861 m; **03** Canal del Capozo, 994 m; **04** Hou Cabrero, 1718 m; **05** Refugio de Vega Huerta, 2040 m

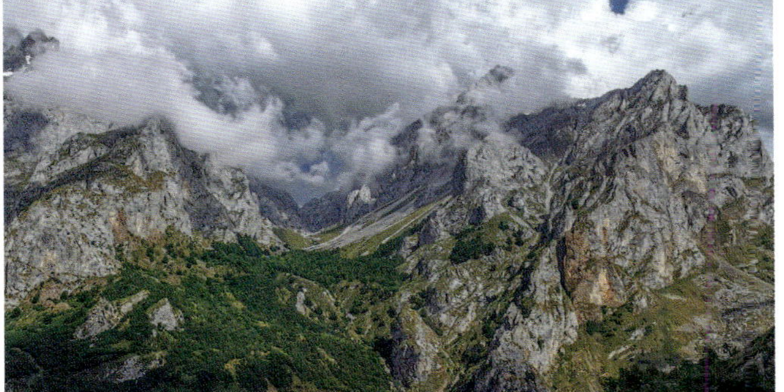

Gegenüber hüllt sich das Zentralmassiv um den Collado Jermoso (Tour 35) in Wolken.

in leichtem Bergab und dann auf gleicher Höhe links in das Seitental hinein, das uns in Richtung des Canal del Capozo führt. Wir gelangen in einen Wald, der sagen- und märchenhafte Baumgestalten jeder Form und jeden Alters beherbergt. Ein rauschender Wildbach, der in keiner Karte eingezeichnet, dafür aber mit einer bequemen Brücke ausgestattet ist, kreuzt den Weg.

Am Ende des breiten Talkessels treten wir aus dem Wald heraus und stoßen auf das **Schild „La Farfada, Fin de Ruta“ 02**, das uns auf das Ende der Wanderroute 35 hinweist. Unser Weg zur Vega Huerta fängt hier jedoch erst richtig an, fast alle Höhenmeter liegen noch vor uns. Der Weiterweg führt uns zunächst auch in einer Rechtskurve steil nach oben, bleibt dann aber wieder ein langes Stück auf gleicher Höhe, um den Talkessel zu queren und uns an den Fuß des **Canal del Capozo 03** zu führen. Dort beginnt endlich der eigentliche Aufstieg, und zwar kompromisslos.

Kontinuierlich steil auf erdigem bis schottrigem Pfad schlängeln wir uns durch den nach wie vor zauberhaften Wald, der nur ganz

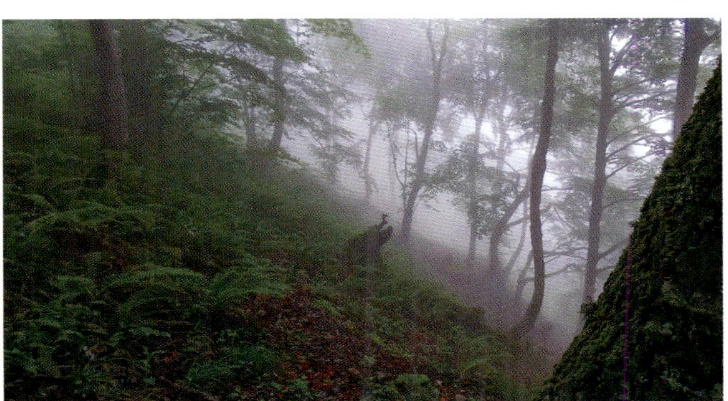

Oberhalb von La Farfada führt der Weg durch einen Märchenwald.

allmählich den Büschen und dem hohen Gras Platz macht.
Er verschwindet schließlich ganz und weicht einem flachen, subalpinen Wiesengelände. Der Weg ist gut erkennbar und wird unter anderem durch an Bäume geknotete Fetzen von rot-weißem Absperrband markiert. Er führt genau auf das westlich zwischen den Felswänden gelegene Hochtal zu, das das Bermeja-Massiv vom Rest des Cornion trennt.
Dort angekommen wandern wir an dessen rechter Flanke stetig sanft aufwärts, die beeindruckenden Felsflanken und Plattenfluchten der gegenüberliegenden Tal-seite stets im Blick. Eine schrofige Steilstufe erfordert Konzentration und vielleicht auch einen kurzen Einsatz der Hände. Dann erreichen wir den **Hou Cabrero** **04**, einen wilden Talkessel aus Fels und Karst, zu dessen Füßen sich eine sattgrüne Weide ausbreitet. Wir durchschreiten ihn bis zur Mitte, um dann scharf rechts abzubiegen und den Wegspuren durch eine Grasrinne in den steilen Schrofenhängen zu folgen. So erreichen wir die nächsthöhere Geländeebene, der wir links, Richtung Westen zu einer markanten, runden Felskuppe folgen. Zunächst rechts und dann direkt auf dem Rücken dieser Kuppe entlang wandernd stoßen wir kurz darauf auf die Steinhütte **Refugio de Vega Huerta** **05**. Sie ist bekannt für stimmungsvolle Sonnenauf- und -untergänge, weshalb hier auch öfter übernachtet wird.
Der Rückweg erfolgt auf dem Hinweg.

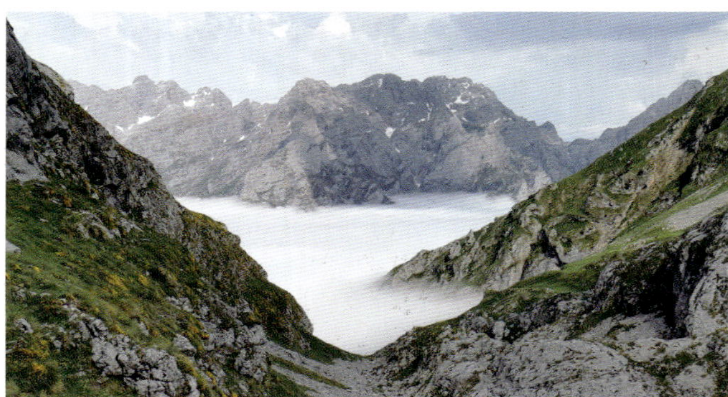
Klassische Picos-Szenerie etwa eine Wegstunde vor der Vega Huerta.

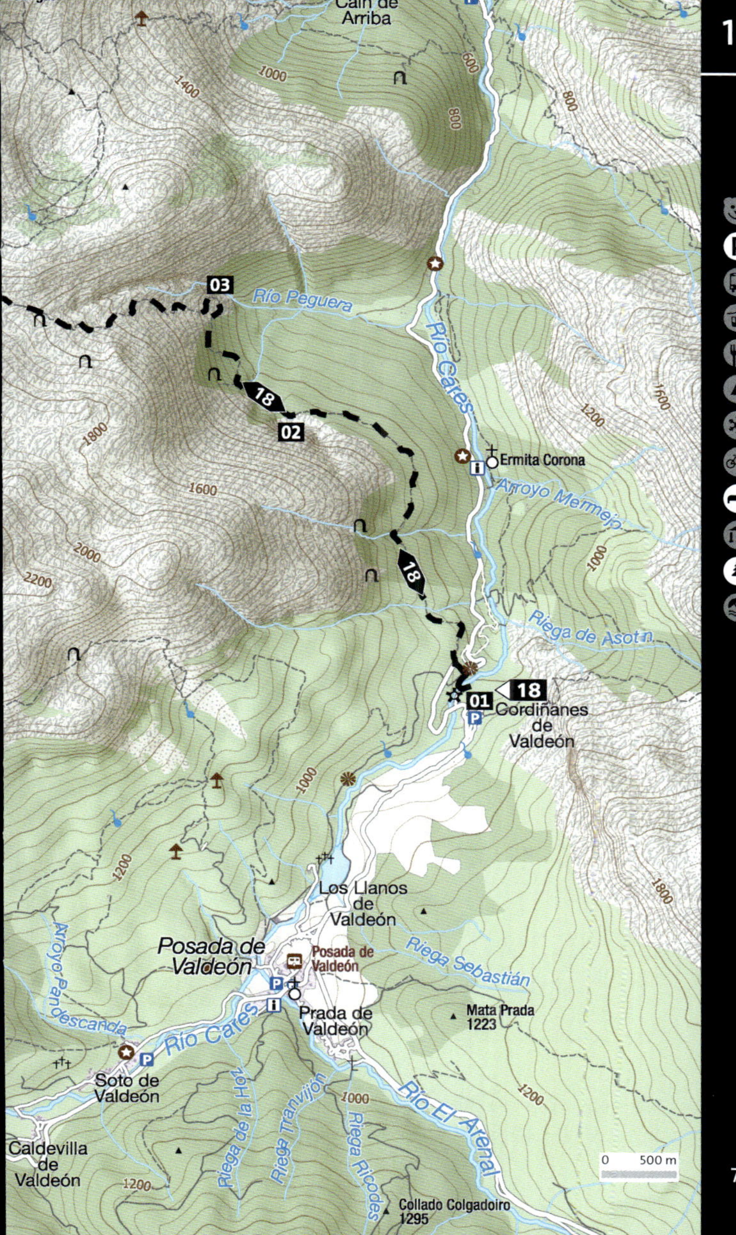
Lluengas
Caín de Arriba
Casa Cuevas
Río Peguera
Río Cares
Ermita Corona
Arroyo Mermejo
Riega de Asotín
Cordiñanes de Valdeón
Los Llanos de Valdeón
Posada de Valdeón
Posada de Valdeón
Riega Sebastián
Prada de Valdeón
Mata Prada 1223
Arroyo Pandescanda
Río Cares
Soto de Valdeón
Caldevilla de Valdeón
Riega de la Hoz
Riega Tranvijón
Riega Ricodes
Río El Arenal
Collado Colgadoiro 1295
0 500 m

19

VEGA DE LLOS

Die Alm am Fuß der Felsen

 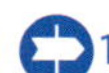 10,7 km  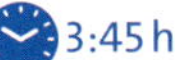 3:45 h  595 hm  595 hm

START | Brücke über den Río Cares in Caldevilla de Valdeón, 967 m. Knapp bemessene Parkmöglichkeiten in den umliegenden Seitensträßchen.
[GPS: UTM Zone 30T x: 342.272 m, y: 4.778.520 m]
CHARAKTER | Die romantische Hochweide der Vega de Llos ist ein beliebtes, aber nicht überlaufenes Wanderziel. Das satte Grün der Wälder und Wiesen prägt den Aufstieg, bis wir ganz oben am Ziel die Berührung von lieblicher Kulturlandschaft und rauer Hochgebirgswelt erleben.

Von der Brücke in **Caldevilla de Valdeón** 01 folgen wir am Waldrand dem Forstweg nach links, Richtung Westen. Entlang des Flusses wandernd stoßen wir an einem Viehgatter auf gelb-weiße Markierungen, die das unbefestigte Sträßchen als Wanderroute PR-PNPE-12 ausweisen. Bald verlassen wir den Fluss und biegen an der **ersten Weggabelung** 02 rechts in ein schönes Seitental ein. Hier folgen wir dem weiterhin breiten Weg rechts oberhalb des Talgrunds mit dem Bächlein. Ringsum sind wir von üppig bewaldeten und bewachsenen Bergkuppen umgeben. Nur von rechts oben schaut ab und zu eine mächtige Felsburg zu uns herunter, der Torre Bermeja. Am Ende des Tals passieren wir eine idyllische

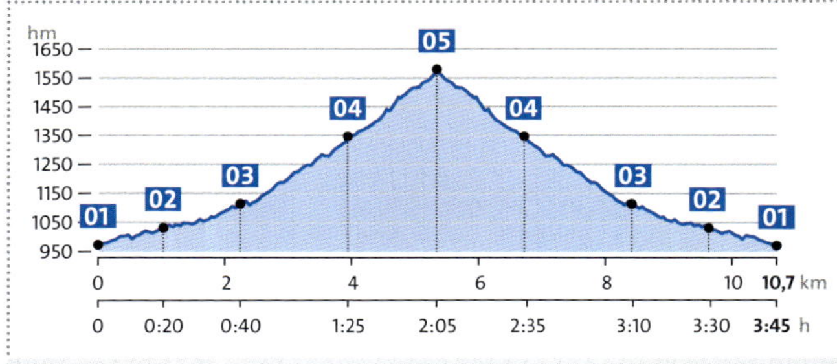

01 Caldevilla de Valdeón, 967 m; 02 erste Weggabelung, 1020 m; 03 Majada de Argoya, 1111 m; 04 Quelle Fuente Oscura mit Viehtränke, 1337 m; 05 Vega de Llos/Chozo de Llos, 1550 m

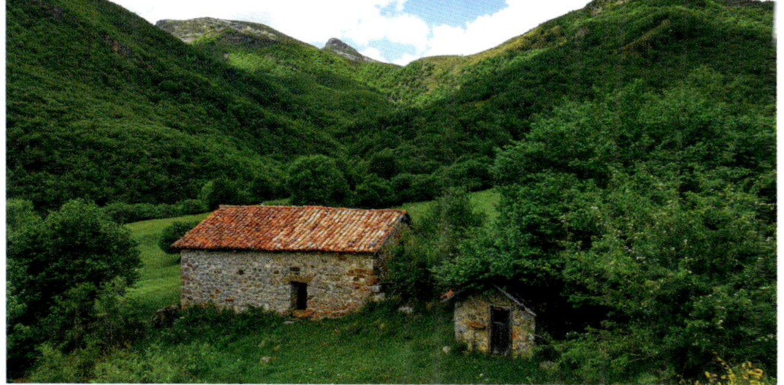

Die Majada de Argoya zwischen den grünen Vorbergen des Cornión.

Weide **Majada de Argoya** 03 und der Weg zweigt deutlich markiert nach rechts ab, nun die Wald- und Wiesenhänge hinaufführend.
Bald erreichen wir einen Abzweig mit einem Schild nach Caldevilla. Dort halten wir uns rechts, dem flacheren Weg durch bewaldetes Gelände aufwärts folgend. Wenig später folgt der Weg dem Hang um eine Rechtskurve, in der ein Wasserlauf den Weg kreuzt.
An der nächsten Weggabelung weist uns ein Schild links hinauf zur Vega de Llos. Rechts erblicken wir die **Quelle Fuente Oscura mit Viehtränke** 04, an der sich auch Wanderer erfrischen können. Das letzte Wegstück führt teilweise steil den Wald hinauf und erreicht nach

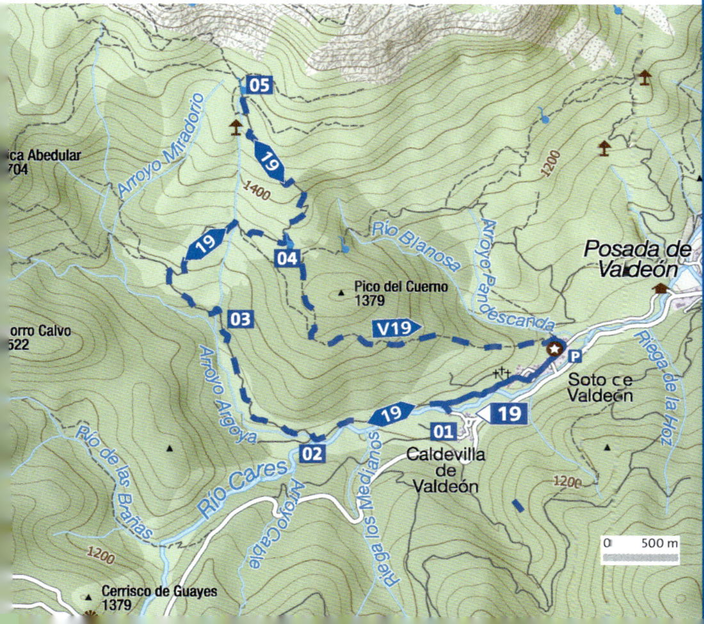

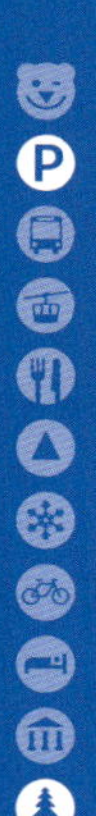

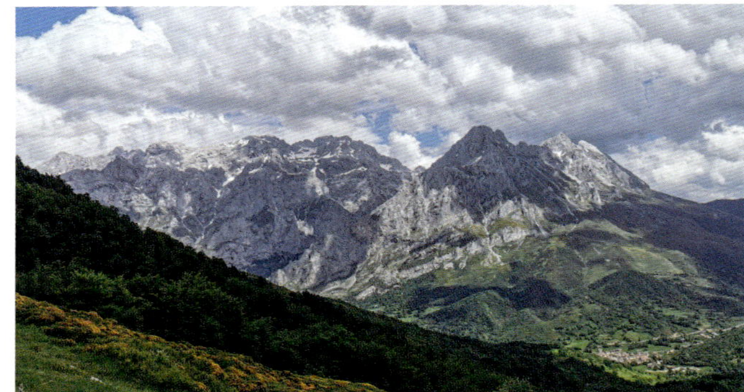

Gegenüber grüßt das Zentralmassiv, rechts flankiert von Torre del Friero und Torre Salinas.

zahlreichen Kurven schließlich das freie Gelände der **Vega de Llos** **05**. Dort beeindrucken die zum Greifen nahen Südwände des Torre Bermeja ebenso wie der Panoramablick auf die dschungelartigen Wälder und Berge. Das idyllische Gelände lädt zu einem ausgiebigen Picknick ein. An einen Felsen duckt sich die Steinhütte **Chozo de Llos**, in der (im Notfall) auch übernachtet werden kann.

Je nach Wetter, Fitness und verfügbarer Zeit kehren wir auf dem gleichen Weg zurück oder nehmen die Variante nach Soto de Valdeón.

Variante: Wir gehen zurück zur **Quelle Fuente Oscura mit Viehtränke** **04** und folgen dort dem Schild nach **Soto de Valdeón**, dem Nachbarort von **Caldevilla de Valdeón** **01**.

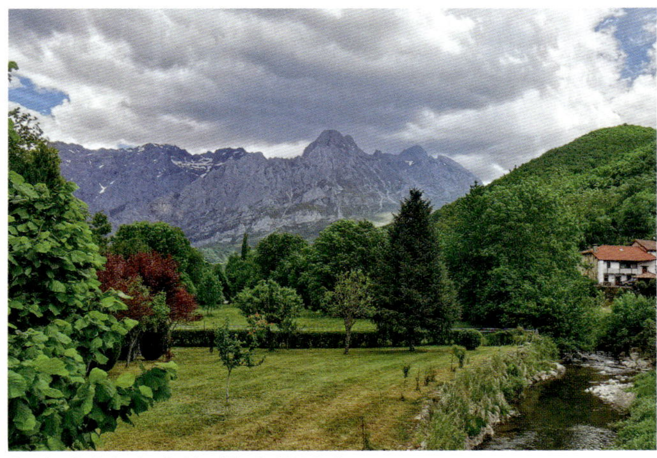

An der Brücke in Caldevilla de Valdeón.

CAMIN ENCANTAU

Wald, Wiesen und fantastische Wesen

  5,5 km 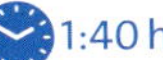 1:40 h 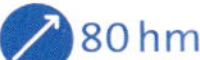 80 hm 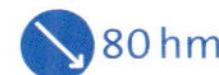 80 hm

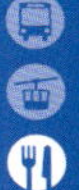

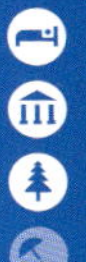

START | Dorfkirche in La Malatería, 195 m. Einige wenige Parkmöglichkeiten in den kleinen Nebenstraßen. Anfahrt: Aus Richtung der Picos-de-Europa-Kernzone über Ortiguero auf der AS 115. [GPS: UTM Zone 30T x: 344.377 m, y: 4.805.403 m]
CHARAKTER | Idyllischer Themenweg für Kinder, Familien und Junggebliebene. Überwiegend breite, gut begehbare Forst- und Waldwege, kaum Höhenmeter.

Camin Encantau, der „verzauberte Weg", ist ein Themen-Rundweg im lieblichen Valle Ardisana. Dieses Tal ist zwischen Küstenbergen eingebettet und beherbergt neben saftigen Weiden, tiefen Wäldern und malerischen Dörfchen auch eine Reihe von Fabelwesen aus der asturischen Mythologie. Wir erwandern hier einen 2,75 km langen Teil des insgesamt 9 km langen Rundwegs (hin und zurück sind es 5,5 km). Der Abschnitt ist flach, gilt als besonders schön und zeigt uns einige Fabelwesen am Wegrand. Er entfaltet seinen Zauber auch bei mäßigem Wetter und wird vor allem, aber nicht nur, Kindern gut gefallen.

An der Dorfkirche in **La Malatería** 01 stoßen wir schon gleich auf den „Hombre del Saco", einer Figur aus der Kinderfolklore. Der „Sackmann" soll Kinder, die nicht schlafen wollen und sich schlecht verhalten, in einen Sack stecken und verschwinden lassen.

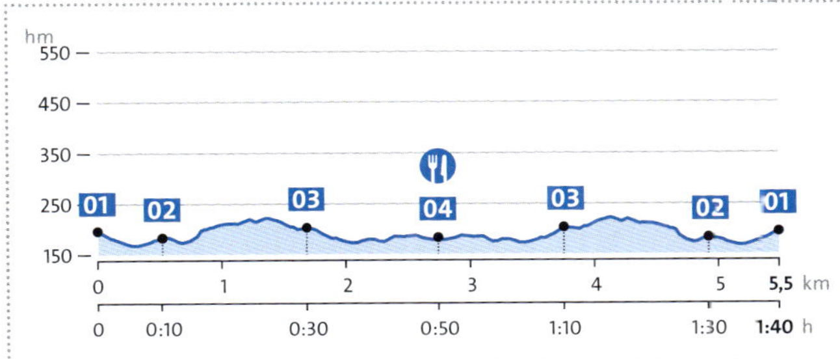

01 La Malatería, 195 m; 02 Abzweig, 181 m; 03 Ilesia de Santolaya, 200 m; 04 Ardisana/Meson Las Cuevas, 181 m

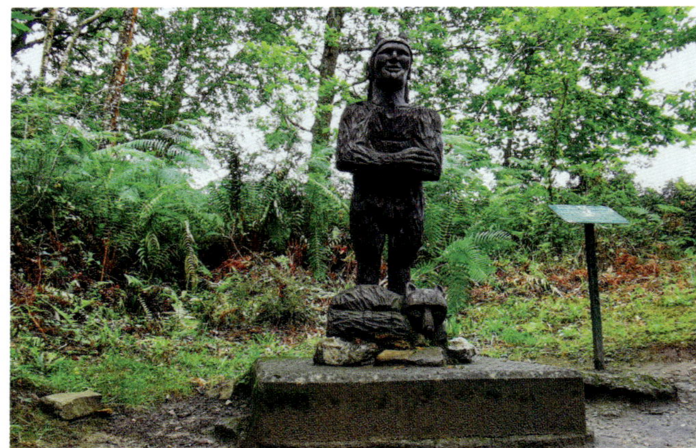

Der unbesiegbare Diañu Burlón amüsiert sich über die Schwächen der Menschen.

Vorbei an traditionellen Getreidespeichern folgen wir nun den orange bemalten Pfosten, die den Camin Encantau ausweisen. Sie führen uns an einer Straßengabelung aus dem Dorf hinaus und zunächst ein Stück der Straße entlang durch die Felder.

Nach einigen hundert Metern kommt ein **Abzweig** **02** nach links auf den Feldweg, der uns in einen schönen Wald hinein führt. In diesem Wald wartet der „Pataricu", ein grober Kerl mit nur einem Auge, der über die Kinder wacht und gelegentlich eines verspeist.

Dichter Wald mit kleinen Lichtungen und Weiden schafft den mystischen Hintergrund für die bald folgende Begegnung mit dem „Diañu Burlón". Dieser kleine Spottteufel kann sich in andere Wesen verwandeln und ist den Menschen in jeder Hinsicht überlegen. Deshalb erfreut er sich bei jeder Gelegenheit an ihrer Dummheit.

Über eine schöne Allee führt uns der Weg nun wieder zwischen Feldern und Baumreihen weiter. Wir bewundern den „Niberu", einen Wettermacher mit Bart und Hut, und das schöne Kirchlein **Ilesia de Santolaya** **03**. Kurz darauf erreichen wir Palaciu und Ardisana, zwei weitere idyllische Ortschaften.

Am Ziel in **Ardisana** **04** können wir uns im Gasthaus **Meson Las Cuevas** für den Rückweg stärken, den wir auf demselben Weg wandern.

Tipp

Plant man von vornherein den kompletten 9 km langen Rundgang, empfiehlt es sich, in der Ortschaft La Puentenueva mit ihrem großen Parkplatz und Gasthaus zu starten.

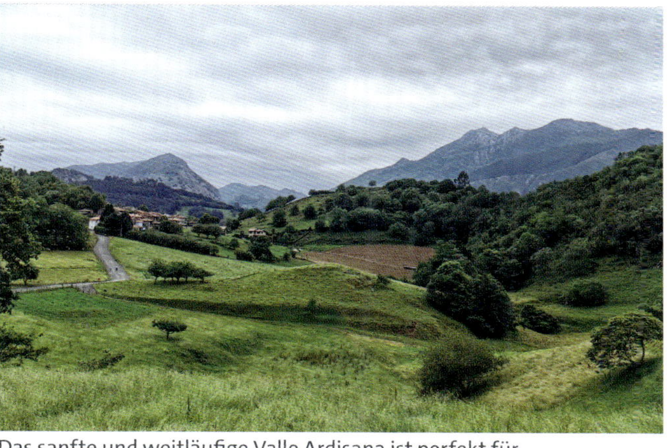

Das sanfte und weitläufige Valle Ardisana ist perfekt für Familienwanderungen.

Variante: Alternativ können wir den verzauberten Weg mit weiteren Fabelwesen komplettieren und über die gegenüberliegende Seite des Valle Ardisana nach **La Malateria** 01 zurückkehren. Für kleinere Kinder womöglich etwas lang.

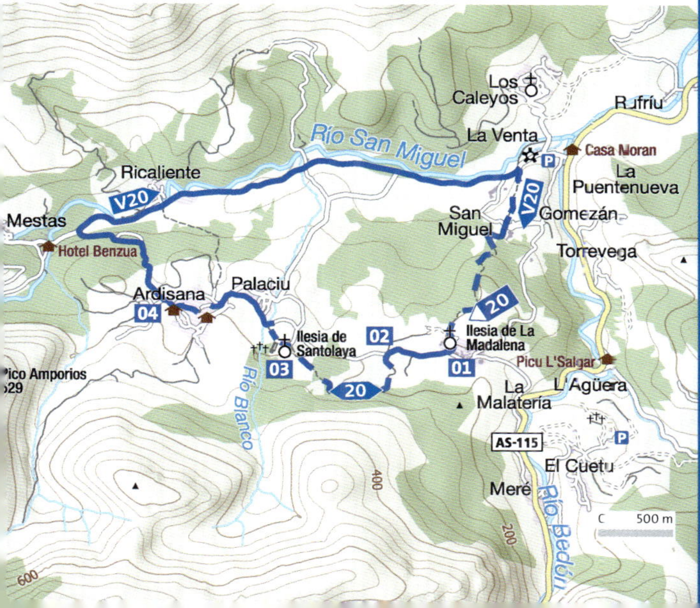

21

RUNDTOUR CABEZA JUAN ROBRE • 876 m

Karge Gipfel, romantische Weiden

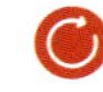 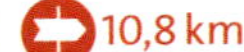 10,8 km 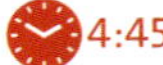 4:45 h 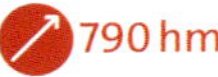 790 hm  790 hm

START | Am Abzweig der AS-345 Richtung Norden bei der BBVA-Bank im Ortszentrum von Las Arenas (Cabrales), 144 m. Mehrere Parkplätze im Ort.
[GPS: UTM Zone 30T x: 352.707 m, y: 4.796.015 m]
CHARAKTER | Vielseitige Rundtour mit Gipfeloption, die aber kein Muss ist. Der Weg ist streckenweise steinig und schlecht zu erkennen.

Von der zentralen Kreuzung in **Las Arenas (Cabrales)** 01 folgen wir der Straße nach Arangas, bis sie eine Linkskurve Richtung Kirche und Ortsausgang macht. Bei der Kurve halten wir weiter geradeaus durch enge Gassen auf den Ortsrand zu, wo wir ein markantes Trafo-Häuschen sehen. An diesem Trafo-Turm vorbei folgen wir dem Sträßchen, bis wir an der ersten Weggabelung links abbiegen. Gelbe Markierungen führen uns hinauf zur Alm **Charás** 02, wo wir nicht die erste, sondern die zweite Abzweigung nach links nehmen. Auf dem nun schmaleren und unbefestigten Weg geht es an einem Steinhaus und einem kleinen Steinbruch vorbei den Bergrücken hinauf, der in einem weiten Bogen zum Cabeza Juan Robre hinauf-

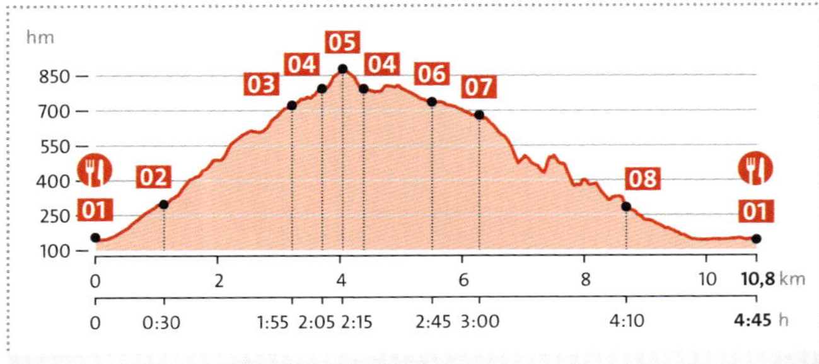

01 Las Arenas (Cabrales), 144 m; 02 Charás, 294 m; 03 Collada Cima, 730 m; 04 Almhütten, 791 m; 05 Cabeza Juan Robre, 876 m; 06 La Razuca, 735 m; 07 Colláu la Trema, 671 m; 08 Weggabelung, 292 m

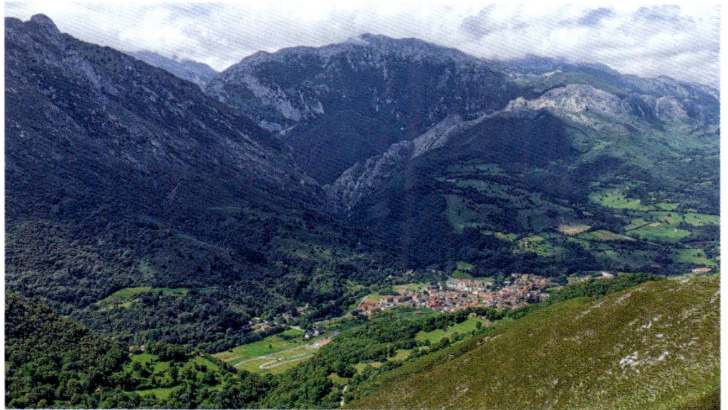

Am Grat zum Cabeza Juan Robre weitet sich der Blick über Las Arenas (Cabrales).

führt. Stellenweise steil und durch dichte Vegetation geht es nun meist rechts unterhalb des Grats dem Felskopf entgegen. Unterhalb der Gipfelfelsen führt uns der Pfad dann über die Scharte **Collada Cima** 03 und links auf gleicher Höhe am Berg vorbei. Auf der anderen Seite erreichen wir einige Minuten später eine karstige und dicht bewachsene Hochfläche mit einsamen **Almhütten** 04. Rechts zweigen Wegspuren zum Gipfel **Cabeza Juan Robre** 05 ab, der ohne Schwierigkeiten in etwa 10 Minuten erreicht ist.

Der weitere Weg führt von der kleinen Hochebene mit den **Almhütten** 04 aus auf gleicher Höhe bleibend unterhalb des **Cabeza**

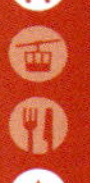

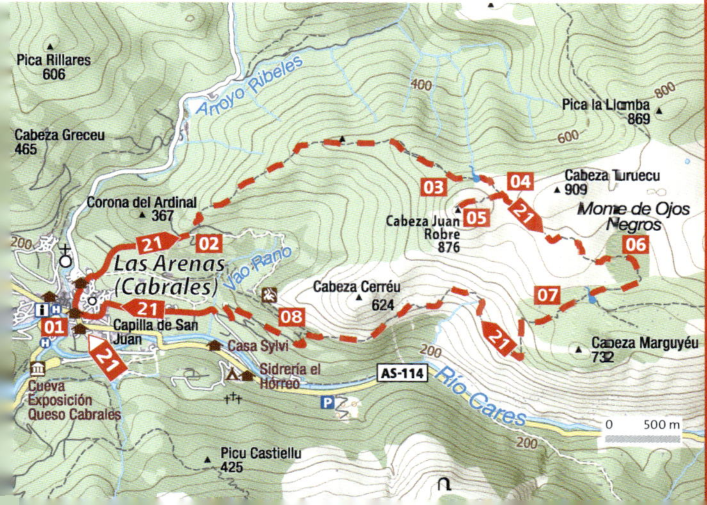

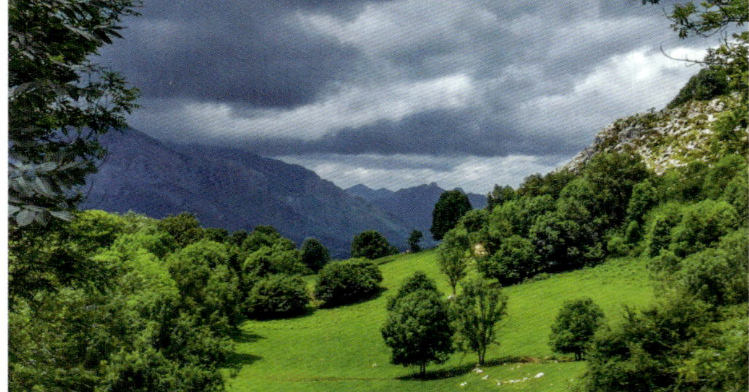

Die Praderías de Nava.

Turuecu, dem östlichen Nachbargipfel des Juan Robre, vorbei. Das Gelände ist zwar flach, aber steindurchsetzt und zerklüftet, sodass die „Feinorientierung" mit den sparsam gesetzten roten Markierungen teilweise etwas anstrengend ist.

In einem leichten Linksbogen erreichen wir einen weitläufigen Talboden. Das Gelände wird kurzzeitig wegen der zunehmenden Bewaldung noch unübersichtlicher, man muss genau auf die nächsten Steinmänner und roten Punkte achten. Die zunehmende Bewaldung entpuppt sich andererseits aber auch als landschaftlich sehr reizvoll und recht bald wird der Weg wieder gut erkennbar.

Kurz vor der Alm **La Razuca** 06 wartet eine Passage, die oft sehr sumpfig ist und dann nur schwer trockenen Fußes überwunden werden kann.

Hinter der Alm geht es ohne weitere Schwierigkeiten in die romantischen Praderías de Nava, einer parkartigen Landschaft aus satten, grünen Weiden und großen, alten Bäumen.

Der Weg führt uns links die sanften Hänge abwärts, vorbei an einem Brunnen und zahlreichen verlassenen Steinhäuschen. Hinter dem kleinen Sattel **Colláu la Trema** 07 wird das Gelände steiler und der Weg biegt scharf nach links ab, um uns in einer Spitzkehre und einem Rechtsbogen entlang der steilen Nordseite des Tals des Río Cares hinunter und zurück nach Las Arenas zu führen. Kurz vor dem Ziel kommt noch eine **Weggabelung** 08 im Wald, der wir nach links folgen, um den kürzesten Weg zurück zu nehmen. Das letzte Stück verläuft auf breitem Forstweg und schließlich vor den ersten Häusern von Las Arenas auf Asphalt. Wir wandern an einigen Hotels vorbei und gelangen zurück zur zentralen Kreuzung in **Las Arenas (Cabrales)** 01.

Tipp

Wer die sumpfige Stelle vor der Alm **La Razuca** 06 vermeiden will, sollte vom **Cabeza Juan Robre** 05 auf dem Aufstiegsweg zurückkehren.

FORCÁU DEL CUERNU • 974 m

Aufs Dach eines wilden Mini-Gebirges

 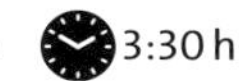 8 km 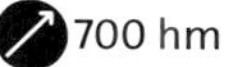 3:30 h 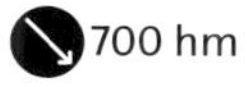 700 hm 700 hm

START | Dorfkirche in La Voleta, 283 m. Anfahrt: La Voleta ist der obere Ortsteil von Cáraves, dort gibt es Parkmöglichkeiten. [GPS: UTM Zone 30T x: 359.924 m, y: 4.797.355 m]
CHARAKTER | Wildes Gelände und Ambiente in den Vorbergen der Sierra de Juanrobre über dem tiefen Tal des Río Cares. Obwohl wir uns hier nahe einer Hauptverkehrsachse der Picos befinden, dominieren Eindrücke von Abgeschiedenheit und ungezähmter Natur.

Von der **Dorfkirche in La Voleta** 01 aus folgen wir der Dorfstraße in engen Serpentinen aufwärts, bis wir links scheinbar auf ein Privatgrundstück abbiegen. Doch tatsächlich geht der Wanderweg rechts direkt am letzten Wohnhaus vorbei, hinter dem dann ein enger **Durchschlupf** 02 auf die offenen Weiden führt. Der Pfad quert nun in gleichmäßiger, leichter Steigung die rechts von den Felswänden herunterziehenden Hänge. Er verzweigt sich zwar gelegentlich in mehrere Arme, doch solange wir die eingeschlagene Richtung kontinuierlich halten, stoßen wir immer wieder auf den richtigen „Hauptpfad". Hin und wieder geht es durch Baumgruppen und kleine Waldstücke. Hier wird das Vorankommen gelegentlich anstrengend, da die Vegetation sehr dicht ist. Außerdem ist der Weg von vielen tiefen Abdrücken der Weidetiere durchzogen.

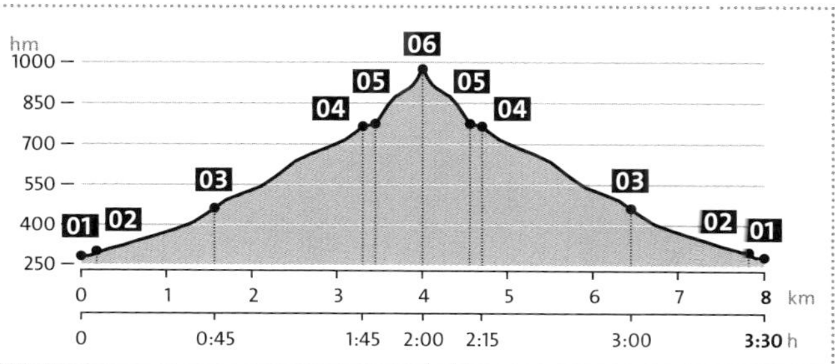

01 Dorfkirche in La Voleta, 283 m; 02 Durchschlupf, 325 m; 03 Almhütte, 470 m; 04 Collado Las Arnias, 812 m; 05 Steinhütte, 814 m; 06 Forcáu del Cuernu, 974 m

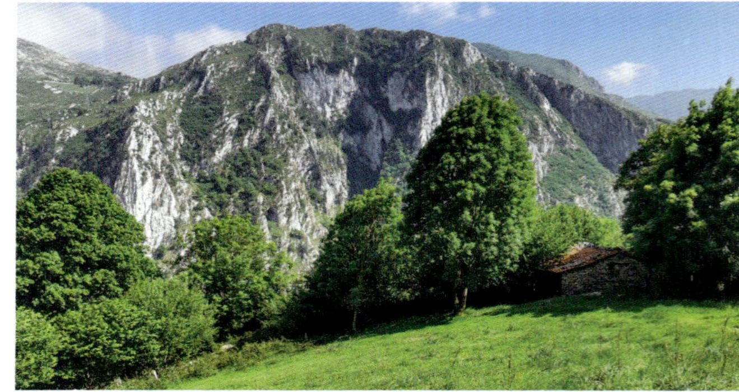

Hinter dieser Almhütte wird die Orientierung leichter, der Weg jedoch schmaler und steiler.

Nach etwa 50 Minuten erreichen wir eine Weide, links versteckt sich eine **Almhütte 03** zwischen Bäumen. Gegenüber am rechten Ende der Weide stoßen wir auf den nun deutlich erkennbaren Weg. Wir befinden uns an einer markanten Geländeschulter, die uns tolle Ein- und Ausblicke eröffnet. Aussichtsreich geht es nun in einem Rechtsbogen hinauf zur nächsten Schulter, wobei die dichte Wiesen- und Farn-Vegetation den Weg stellenweise verdeckt. Bei der nächsten Schulter stoßen wir auf eine Viehtränke. Das Gelände fällt unter uns zunehmend steil und direkt ab. Dieser Abschnitt erfordert Trittsicherheit und ist wegen der Enge des Pfads etwas mühsam. Er zieht sich bis zu einer markanten weiteren Schulter hinauf, in die der Sattel **Collado Las Arnias 04** eingebettet ist. Von dort führt rechts ein markanter, steiler Wiesenhang zwischen den Felsen auf das Gipfelplateau des Juan-Robre-Massivs hinauf. Vor dem Hang

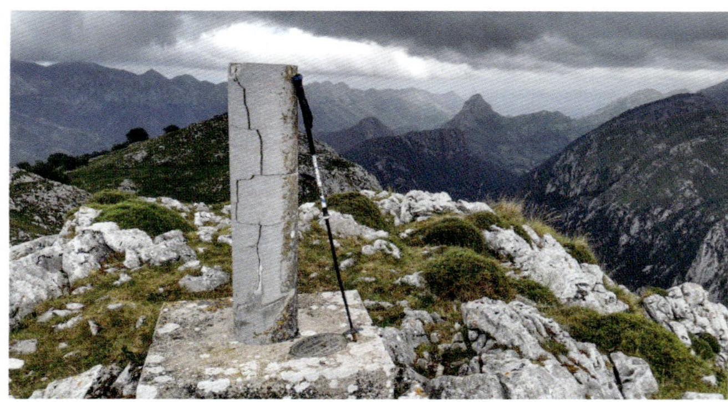

Gipfel des Forcáu del Cuernu. Der markante Zacken in der Bildmitte ist die Pica Peñamellera (Tour 48).

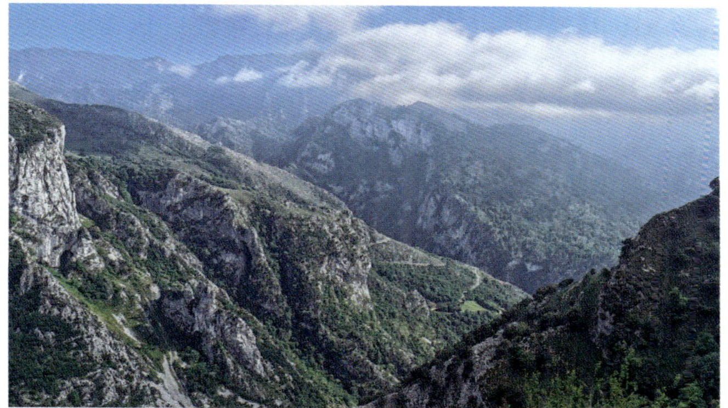
Die mächtigen Vorberge des Zentralmassivs.

erblicken wir eine weitere **Steinhütte 05**, an der unser Weg links einige Meter oberhalb vorbeiführt. Wir erklimmen den Wiesenhang, dessen Steilheit nochmals Trittsicherheit erfordert und verlassen ihn, den deutlichsten Spuren folgend, auf seiner linken Seite. Die Vermessungssäule auf dem Forcáu del Cuernu ist hier bereits zu sehen. Wir erreichen den Gipfel **Forcáu del Cuernu 06** in etwa 10 Minuten auf Pfadspuren vorbei an einem markanten Baum über flaches, aber stark verkarstetes Gelände. Oben genießen wir die einzigartige Lage und Aussicht, die uns ein Gefühl des Mittendrinseins zwischen schroffen Gebirgszügen vermittelt. Im Süden spitzen die Hauptmassive der Picos de Europa hervor, im Norden breitet sich die nur halb so hohe und dennoch mächtige Sierra de Cuera aus. Der Abstieg erfolgt auf dem Hinweg.

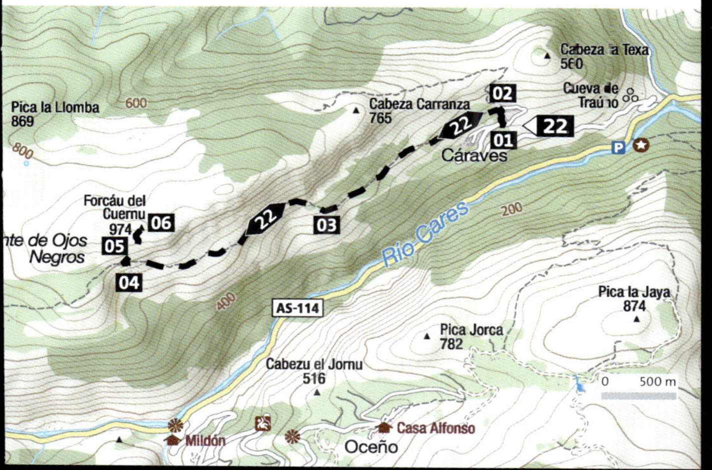

PEÑA MAÍN • 1611 m

Aussichtsbalkon vor dem Naranjo de Bulnes

  10,1 km  4:30 h  750 hm  750 hm

START | An einer der zahlreichen ausgeschilderten Parkbuchten zwischen der Winteralm Invernales del Texu, 882 m, und dem hinterst möglichen Parkplatz unter dem Collado Pandébano. [GPS: UTM Zone 30T x: 357.353 m, y: 4.787.523 m]
CHARAKTER | Leichte, wenn auch wegen des Geländes stellenweise anstrengende Bergtour, die mit einem tollen Gipfel und vielen wechselnden Eindrücken auf relativ kurzer Strecke belohnt.

Die „Straße" von Sotres über die Invernales del Texu nach Collado Pandébano kann und darf zwar befahren werden, ist jedoch mit Schotter und Steinen in allen Größen gespickt. Man kann auf der Strecke dank regelmäßiger Parkbuchten immer wieder zwischen Zeitersparnis und Autoverschleiß abwägen. Trotz des Verkehrs bietet die Piste einen durchaus schönen Fußweg und beansprucht je nach Parkplatz nur etwa 20–40 Minuten mehr Zeit als die Fahrt zum letztmöglichen Parkplatz. An Wochenenden und bei Schönwetter in der Hochsaison wird der Verkehr reguliert und man kann womöglich sowieso gezwungen sein, bei Texu oder sogar in Sotres zu parken.

▶ Von der **Parkbucht bei Invernales del Texu** 01 folgen wir der Schotterpiste in Richtung Collado Pandébano. Vorbei an dem Felskopf des Cuetu Cuacella gelangen wir in das Seitental und das Sträß-

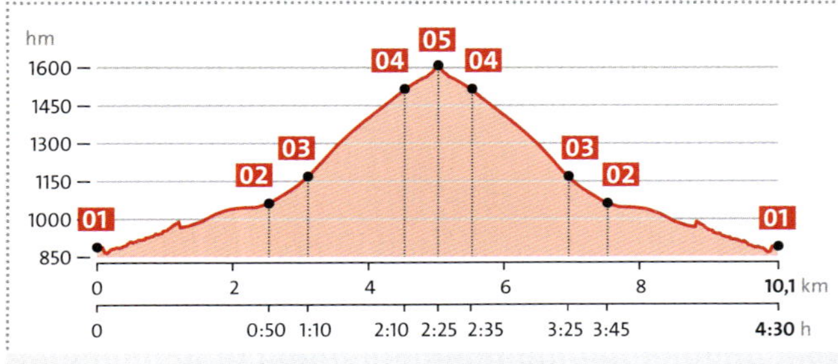

01 Parkbucht bei Invernales del Texu, 882 m; 02 Seitenweg, 1053 m; 03 La Sotarraña, 1191 m; 04 Colladina La Mesa, 1515 m; 05 Peña Maín, 1611 m

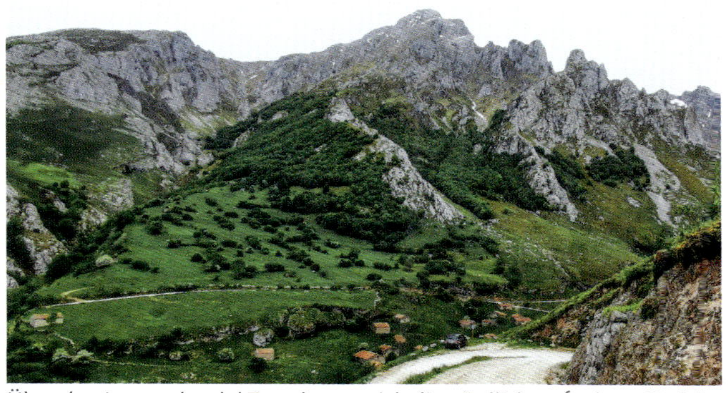

Über den Invernales del Texu bauen sich die nördlichen Ándara-Gipfel auf.

chen wird flacher. Wir erreichen bald die großteils verlassenen Almgebäude der Majada de la Robre. Hier biegen wir an einem **Seitenweg** 02 rechts ab und gehen zwischen den Hütten ein Stück den Hang hinauf.
Unterhalb der Felswände biegen wir rechts ab und wandern oberhalb der Fahrstraße ein Stück in

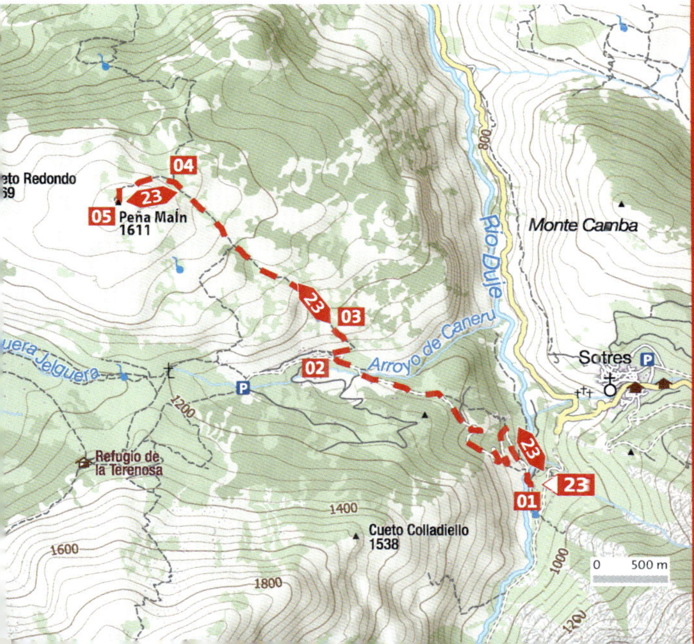

04
23
05 Peña Main
1611
23
03
02
Arroyo de Caneru
Río Duje
800
Monte Camba
Sotres
Refugio de la Terenosa
1200
23
23
01
1400
Cueto Colladiello
1538
1600
1800
1000
0 500 m

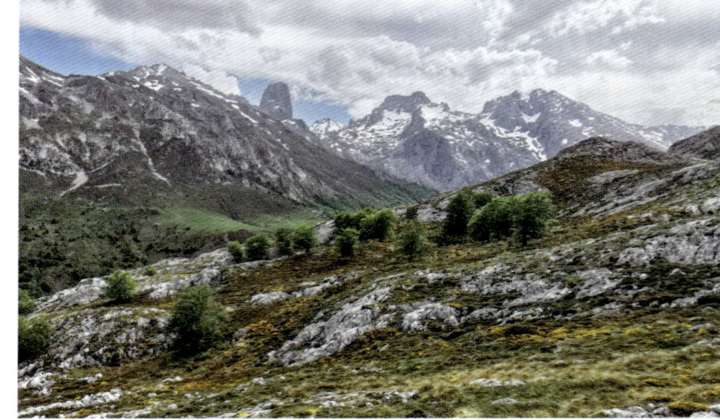

Oberhalb der Weide La Sotarraña kommt der Naranjo de Bulnes (Picu Urriella) ins Blickfeld.

Gegenrichtung zwischen den Ruinen entlang. Dabei queren wir die Felswand, bis sie dem sich links eröffnenden Wiesen- und Schrofenhang weicht. Der Weg schlängelt sich nun direkt den Hang hoch, gelegentlich schlecht sichtbar, aber regelmäßig mit Steinmännern markiert.

Wir kommen an der kleinen Senke mit der Weide **La Sotarraña** 03 vorbei, bevor wir den nächsten Hang in einer schwach ausgeprägten Rinne hinaufwandern. Das karstige Schrofengelände ist teilweise unübersichtlich, sodass man hin und wieder anhalten muss, um den nächsten Steinmann auszumachen.

Bald jedoch legt sich der Hang etwas zurück und zumindest die grobe Orientierung ist fortan unschwierig: Es geht links haltend unter dem Nebengipfel Cabeza La Alveda immer geradeaus weiter. So erreichen wir ein kleines Plateau vor den Hauptgipfeln der Peña Maín, von dem der Weg weiter geradeaus auf die grasbewachsene Schulter **Colladina La Mesa** 04 führt. Hinter ihr bleiben wir kurz auf gleicher Höhe und wandern gegen den Uhrzeigersinn um einen Nebengipfel herum zu einem weiteren Sattel (Collado La Mesa). Von dort erreichen wir über einen felsigen Rücken den von einer geodätischen Säule gekrönten Hauptgipfel der **Peña Maín** 05. Hier kommen bei schönem Wetter alle Aussichtsfans auf ihre Kosten: von den Nah-ran-Fetischisten, die möglichst detaillierte Einblicke wollen, bis zu den Liebhabern endloser Fernblicke.

Der Abstieg erfolgt auf dem Hinweg.

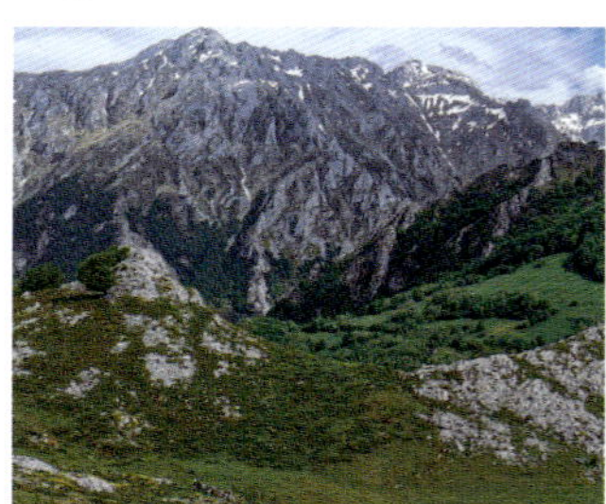

Das Andara-Massiv.

BULNES-RUNDE

Tiefe Schlucht und urige Dörfchen

 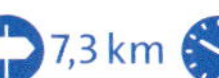 7,3 km 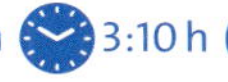 3:10 h 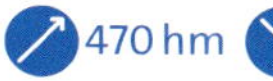 470 hm 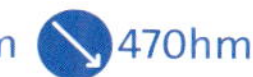 470hm

START | An den Parkplätzen entlang des Río Cares bei der Puente de la Jaya oberhalb von Poncebos, 253 m. Wenn es dort voll ist, muss weiter talauswärts um Poncebos herum geparkt werden. [GPS: UTM Zone 30T x: 350.913 m, y: 4.790.722 m]
CHARAKTER | Einfache und nicht allzu lange Wanderung. Die Schlucht ist landschaftlich eindrucksvoller, als es von unten scheint – auch und gerade bei mäßigem Wetter. Die Tour bietet auch Kindern genügend Abwechslung. An einer etwas ausgesetzten Passage im oberen Schluchtteil ist mit Kindern etwas Vorsicht geboten, auch wenn der Weg an die zwei Meter breit ist. Hinweis: Es gibt eine Standseilbahn von Poncebos nach Bulnes, die den Auf- und/oder Abstieg abkürzt.

Von den **Parkplätzen bei Poncebos** 01 mit seinem Wegweiser und der großen Infotafel steigen wir das kurze Stück zur Brücke Puente de la Jaya hinunter. Wir überqueren den Río Cares und wandern gegenüber in das Seitental bzw. die „Seitenschlucht" hinein. Zunächst etwas steiler und steiniger an einem Hang, geht es bald gemütlicher den wilden Bach entlang.
Eine weitere Brücke führt uns auf die andere Talseite, wo wir in zwei Abschnitten mit einigen Kehren Höhe gewinnen und das von Fels-

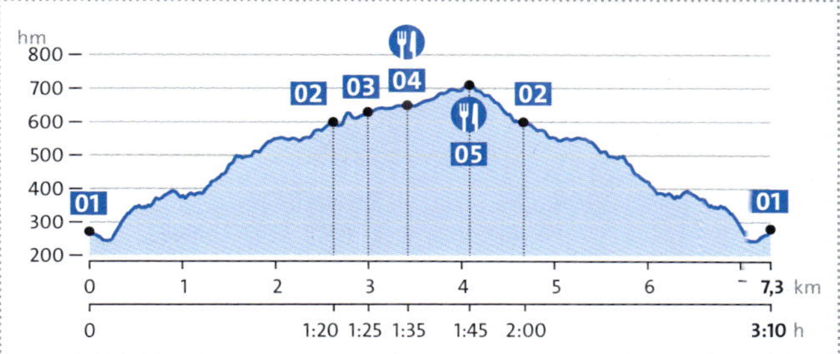

01 Parkplätze bei Poncebos, 253 m; 02 Puente Colines, 585 m; 03 Bergstation der Standseilbahn, 620 m; 04 Bulnes de Abajo (La Villa), 646 m
05 Bulnes de Arriba (El Castillo), 706 m

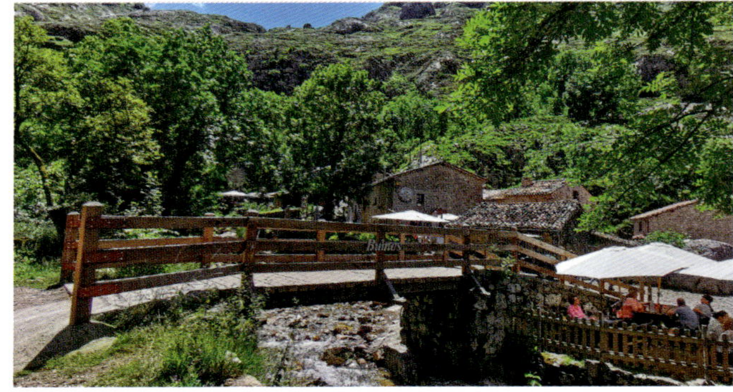

Bei schönem Wetter erwacht das verschlafene Bulnes zu buntem Treiben.

wänden umgebene Bachbett unter uns lassen. Wir schreiten nun wie auf einem Balkon etwa 50 Meter oberhalb des Bachs den Rest der eindrucksvollen, von hohen Felswänden und Gipfeln umstandenen Schlucht hinauf. Kurz vor der Bergstation der Bulnes-Zahnradbahn weitet sich die Schlucht zum Tal und wir stoßen neben einer weiteren Brücke **Puente Colines** 02 auf eine Wegverzweigung mit Hinweisschildern. Wir halten uns geradeaus, um vorbei an der **Bergstation der Standseilbahn** 03 zunächst den tiefer gelegenen „Hauptort" von Bulnes zu erkunden. Etwa 10 Minuten später erreichen wir **Bulnes de Abajo (La VIlla)** 04 und können schnuckelige Cafés und kleine Bars in verwinkelten Gässchen erkunden. Hinter der Ortsmitte führt uns dann rechts der **Wegweiser** auf das Sträßchen zum „El Caleyón", einem Restaurant in Bulnes de Arriba. Über einen breiten, zunächst unbefestigten, dann gepflasterten Fahrweg geht es in etwa 15 Minuten hinauf zu dem idyllischen Weiler **Bulnes de Arriba (El Castillo)** 05. Auch dieses Örtchen bietet neben dem „El Caleyón" weitere Einkehrmöglichkeiten und gefällt mit seiner

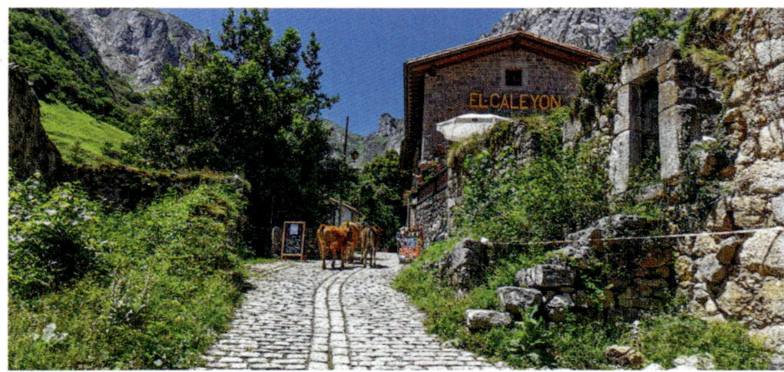

Rinderauftrieb in Bulnes de Arriba.

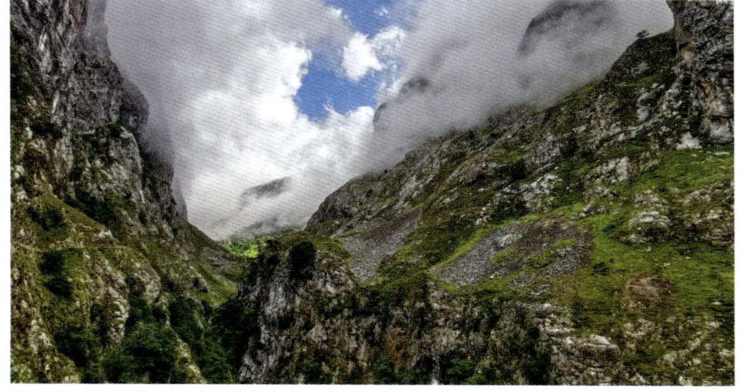

Durch diese Schlucht führt der Wanderweg nach Bulnes.

gepflasterten „Hauptstraße“ zwischen traditionellen Steinhäusern. Am Ende des Pflastersträßchens wandern wir rechts am Café und **Aussichtspunkt Mirador de Lallende** vorbei auf einem etwas steileren und schmaleren Pfad abwärts. Nach einigen Kehren und Kurven stoßen wir 100 Meter tiefer wieder auf die bekannte Brücke **Puente Colines** 02 und die Weggabelung, die wir bereits vom Hinweg kennen.

Hier halten wir uns rechts und kehren auf dem Hinweg zurück zu den **Parkplätzen bei Poncebos** 01.

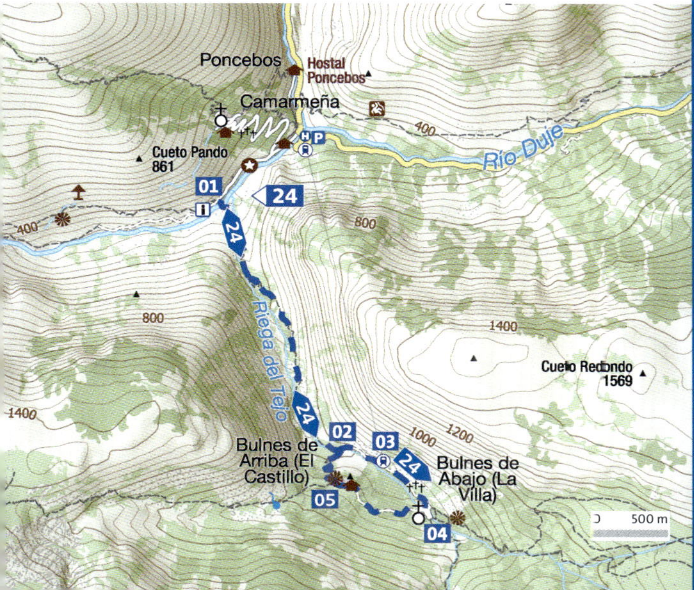

25

COLLÁU CERREU

Unglaublicher Logenplatz über der „göttlichen Schlucht“

 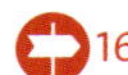16 km 8:30 h 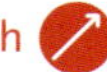1300 hm 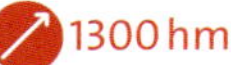 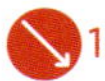1300 hm

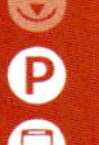

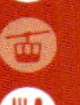

START | An den Parkplätzen entlang des Río Cares bei der Puente de la Jaya oberhalb von Poncebos, 253 m. Wenn es dort voll ist, muss weiter talauswärts um Poncebos herum geparkt werden. [GPS: UTM Zone 30T x: 350.913 m, y: 4.790.722 m]
CHARAKTER | Lange und bis Amuesa mühsame Höhenreise durch Schluchten und Canales, die mit einem Ziel der Superlative mehr als reich belohnt wird. Hinweis: Es gibt eine Standseilbahn von Poncebos nach Bulnes (etwas abseits des Wegs).

Der Colláu Cerreu ist eines der unbekanntesten Ziele dieses Buchs und zugleich eines der spektakulärsten. Der kleine Passübergang befindet sich mehr als 1000 Meter über dem Grund der „Garganta divina“, der „göttlichen“ Caresschlucht und gewährt einen fast vertikalen Blick hinunter. Wäre er nur für Superbergsportler erreichbar, wäre sein Dornröschendasein nicht verwunderlich. Doch er ist für bergwandernde Ottonormalverbraucher problemlos zugänglich…

▶ Von den **Parkplätzen bei Poncebos** 01 steigen wir kurz hinab zur Puente de la Jaya und folgen dem Weg Richtung Bulnes zur Brücke **Puente Colines** 02 (Wegbeschreibung siehe Tour 24, Seite 91).
Von hier wandern wir in steilen Kehren nach **Bulnes de Arriba (El Castillo)** 03 und kommen direkt

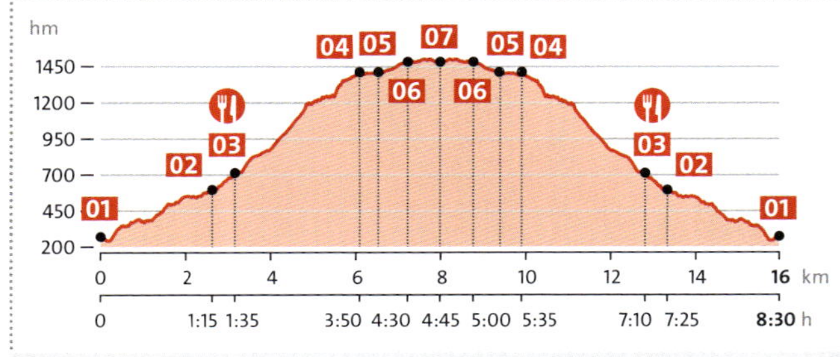

01 Parkplätze bei Poncebos, 253 m; 02 Puente Colines, 585 m; 03 Bulnes de Arriba (El Castillo), 706 m; 04 Amuesa, 1408 m; 05 Viehtränke, 1406 m; 06 Sattel, 1480 m; 07 Colláu Cerreu, 1480 m

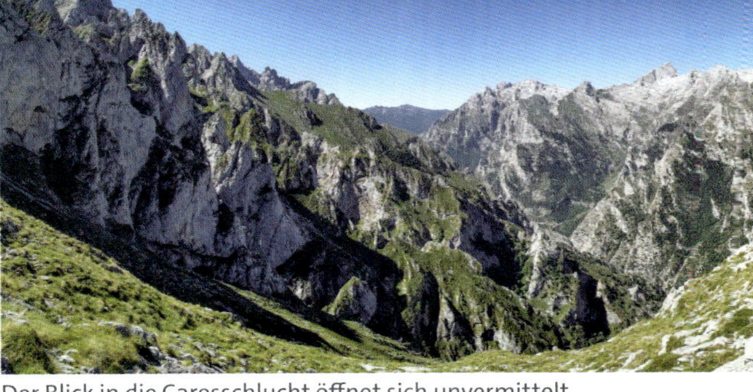

Der Blick in die Caresschlucht öffnet sich unvermittelt.

an der Terrasse des aussichtsreichen Lokals Mirador de Lallende vorbei. Geradeaus weiter zeigt uns eine große Hinweistafel den weiteren Weg zum Refugio Jou de los Cabrones durch den Canal de Amuesa.
Ein kurzes Stück gehen wir durch dichte Vegetation und Wald, bevor wir ein idyllisches Plateau erreichen, das uns in den großen Schlund des Canal de Amuesa hinein führt. Der Weg ist damit auch klar vorgegeben, es geht genau in dieser Furche, meist links der Geröllhalden, hinauf. Die Steilheit des Wegs nimmt kontinuierlich zu und nach oben hin wird es auch

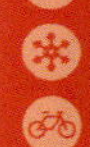

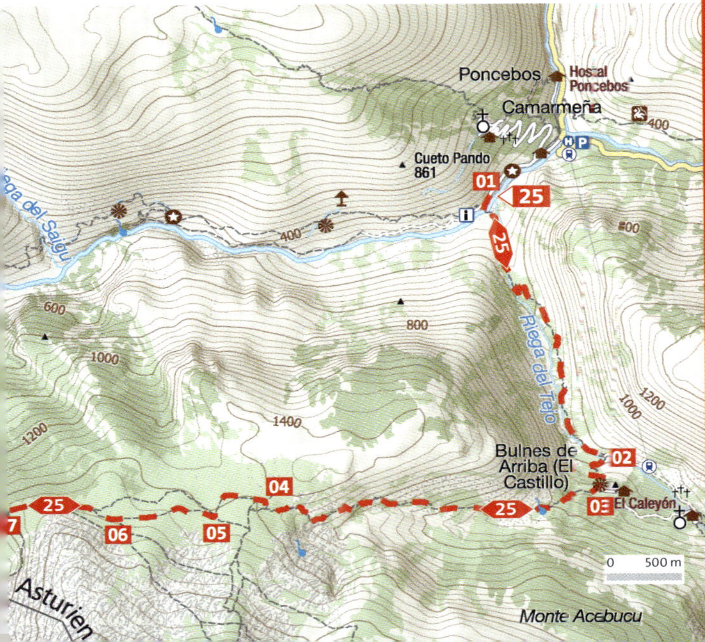

Poncebos
Hostal Poncebos
Camarmeña
Cueto Pando 861
Riega del Saigu
Riega del Tejo
Bulnes de Arriba (El Castillo)
El Caleyón
Asturien
Monte Acebucu
0 500 m

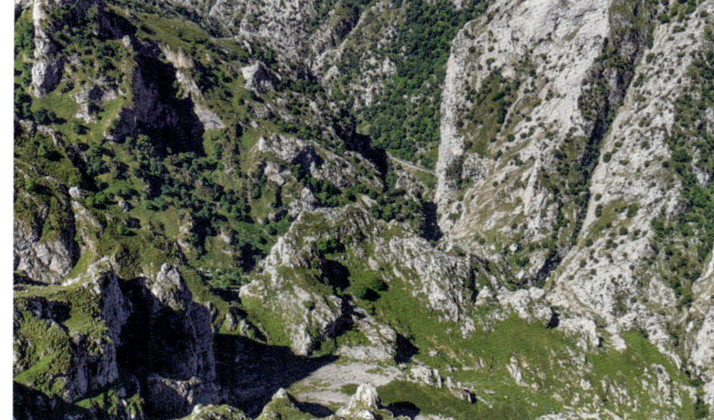

Der jähe und tiefe Abgrund ist mit der Kamera nur andeutungsweise zu erfassen.

hier und da etwas schotterig und geröllig.
Oben befinden wir uns auf dem Wiesen- und Weiden-Plateau von **Amuesa** 04, einem ehemaligen Dorf aus nun verfallenen Steinhütten, das wir, aus dem Canal kommend, rechts erblicken. Wir folgen nun, auf gleicher Höhe bleibend, den Pfadspuren, die uns geradeaus um einen kleinen Hügel herum führen. Dort erblicken wir in der Senke eine große **Viehtränke** 05. Direkt an dieser Tränke vorbei umgehen wir den nächsten Hügel wieder in einem Rechtsbogen, wobei wir auf halber Höhe leicht ansteigen. Die Pfadspur, auf der wir uns nun befinden, ist eine unterer Mehreren. Sie führt kontinuierlich weiter in Richtung Colláu Cerreu, während sich die meisten anderen Spuren zwischenzeitlich verlieren.
Der Pfad führt uns immer geradeaus in gleichmäßiger, ganz leichter Steigung zu einem schwach ausgeprägten **Sattel** 06 links über der Senke, die sich vor dem Felskopf Cabezo Salines ausbreitet. Hinter dem Sattel stoßen wir auf einen kleinen Wald, an dem wir links oberhalb vorbei wandern. Zwischen einigen Bäumen gilt es genauer hinzuschauen, damit wir den Schwenk unserer Wegspur nach links hinauf nicht verpassen und nicht in den Wald hinein geraten. Nach etwa 20 Höhenmetern geht es wieder geradeaus und bequem auf gut erkennbarem Pfad weiter.
Wenig später erreichen wir den **Colláu Cerreu** 07, wo wir von der Erhabenheit und Größe der Bergumgebung schier erschlagen werden. Doch damit nicht genug: Folgt man der vom Pass aus weiterführenden Gratschulter noch etwas in Richtung der Caresschlucht, wird auch weitgereisten Bergfans der Atem stocken. Ein ungeheurer vertikaler Abgrund tut sich auf, das ganze unglaubliche Ausmaß der Caresschlucht mit ihren unzähligen Wänden, Gipfeln, Zacken und Türmen wird erfahrbar.
Nach einer sicherlich langen Verweildauer treten wir den Rückweg auf der gleichen Route an.

REFUGIO JOU DE LOS CABRONES

Die abgelegene Hütte mit der dramatischen Umgebung

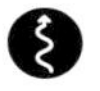 18,5 km 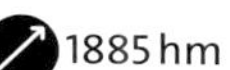 11:00 h  1885 hm ↘ 1885 hm

START | An den Parkplätzen entlang des Río Cares bei der Puente de la Jaya oberhalb von Poncebos, 253 m. Wenn es dort voll ist, muss weiter talauswärts um Poncebos herum geparkt werden. [GPS: UTM Zone 30T x: 350.913 m, y: 4.790.722 m]
CHARAKTER | Epische Bergtour mit Erlebnisgarantie. Ihre schwierigen, teils mit Fixseil versicherten Stellen hebt sie sich für den Schluss auf. Wer keine überdurchschnittliche Kondition mitbringt, sollte eine Hüttenübernachtung reservieren. Hinweis: Es gibt eine Standseilbahn von Poncebos nach Bulnes (etwas abseits des Wegs).

Von den **Parkplätzen bei Poncebos** 01 steigen wir kurz hinab zur Puente de la Jaya und folgen dem Weg Richtung Bulnes zur **Brücke Puente Colines** 02 (Wegbeschreibung siehe Tour 24, Seite 91).
Über einige Serpentinen wandern wir nach **Bulnes de Arriba (El Castillo)** 03. Von hier aus folgen wir der Wegbeschreibung der Tour 25, Seite 94 nach **Amuesa** 04. Auf dem grünen Wiesenplateau angekommen können wir verschnaufen und wenden uns dann nach links, wo uns der Weg über steile Grashänge in genau südlicher Richtung wieder kontinuierlich aufwärts führt. Immer dem grünen Bergrücken und den gelben Punkten folgend gelangen wir in

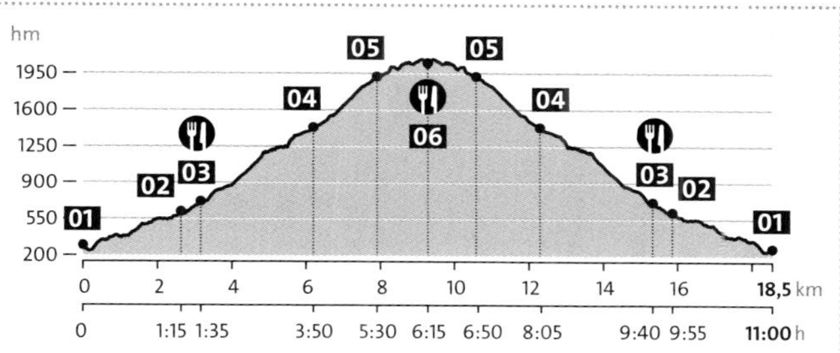

01 Parkplätze bei Poncebos, 253 m; 02 Puente Colines, 586 m; 03 Bulnes de Arriba (El Castillo), 706 m; 04 Amuesa, 1408 m; 05 Felsplatte, 1898 m; 06 Refugio Jou de los Cabrones, 2034 m

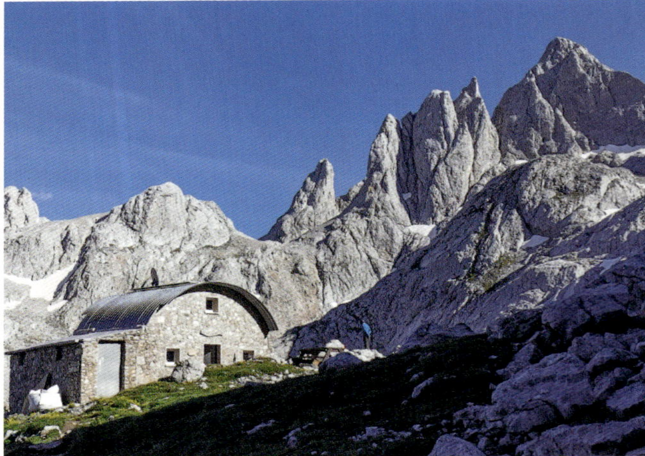

Das Refugio Jou de los Cabrones vor den Hörnern des Pico de los Cabrones

zunehmend felsiges Gelände. Als Orientierungsmarke kann uns ein klaffendes Loch in dem über uns liegenden Felsriegel der Cuetos del Trave dienen. Unterhalb dieser Felsen folgt der Weg grasigen Bändern nach links und erreicht eine markante Ecke, hinter der eine ebenso markante und mit gelbem Punkt markierte **Felsplatte** **05** auf knapp 1900 m im Weg steht. Sie kann direkt mit guter Sohlenreibung der Bergschuhe begangen oder links unterhalb umgangen werden.

Wir befinden uns hier schon fast auf Höhe der Hütte, haben aber immer noch eineinhalb lange Horizontalkilometer vor uns, auf denen mehrere von rechts herabziehende Felsschultern im Weg stehen. Gleich die nächste ist eine etwas höhere Mauer, bei der viele Begeher für das eingehängte Fixseil dankbar sein dürften.

Die Konzentration muss noch eine Weile gehalten werden, da das Geröll-, Block- und Felsgelände bis unmittelbar vor der Hütte unübersichtlich bleibt. Hinter dem gefühlt hundertsten Aufschwung sorgt dann das gewölbte Dach der Hütte **Refugio Jou de los Cabrones** **06** vor dramatischer Hochgebirgskulisse für erlösende Gefühle des Ankommens und des Lohns aller Mühen.

Der Abstieg erfolgt auf dem Hinweg.

Aussichtspunkt Collada del Agua

10–15 Gehminuten westlich der Hütte befindet sich der Pass Collada del Agua, der ein toller Aussichtspunkt und für spektakuläre Sonnenuntergänge bekannt ist.

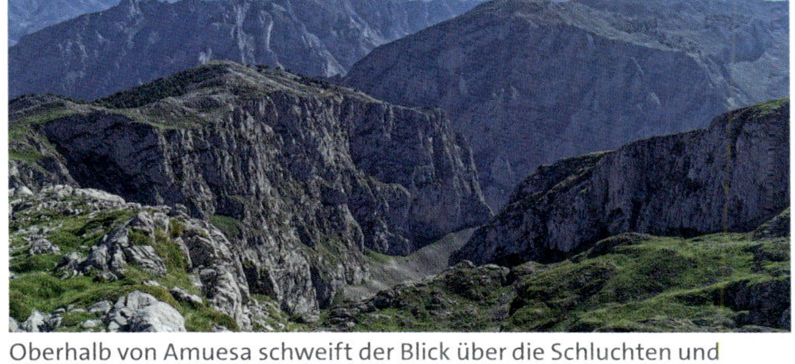

Oberhalb von Amuesa schweift der Blick über die Schluchten und Bergketten Richtung Atlantik.

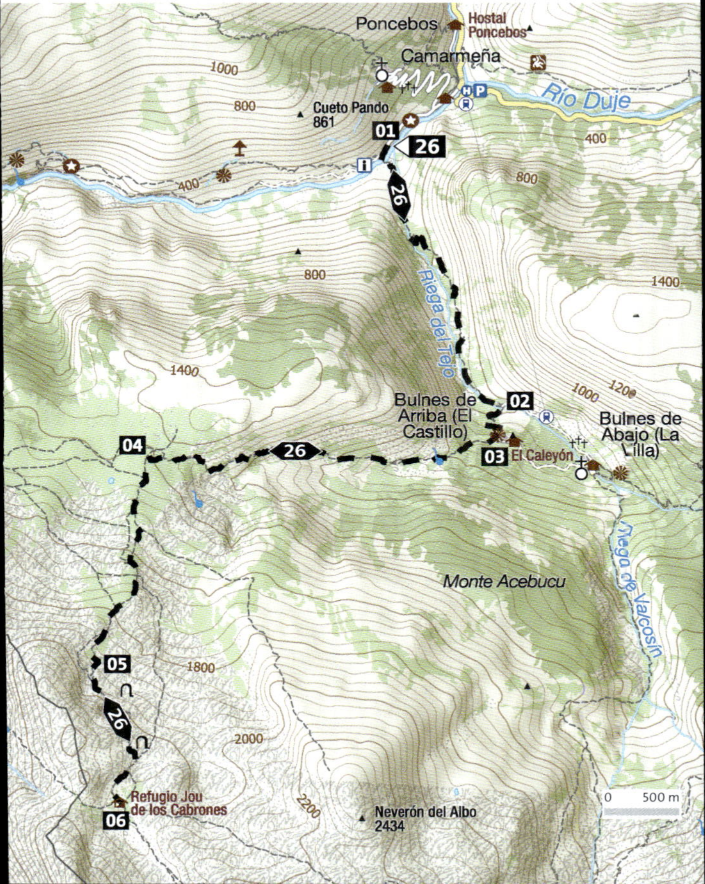

Poncebos
Hostal Poncebos
Camarmeña
Río Duje
Cueto Pando 861
1000
800
400
01
26
800
1400
Riega del Tejo
Bulnes de Arriba (El Castillo)
02
1000
1200
Bulnes de Abajo (La Villa)
03 El Caleyón
04
26
Monte Acebucu
Riega de Valcosín
05
1800
26
2000
2200
Refugio Jou de los Cabrones
06
Neverón del Albo 2434
0 500 m

27

TORRE CERREDO • 2649 m

Alpine Bergtour auf den wahren König

 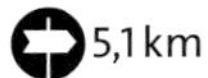 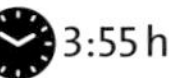 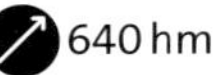 

5,1 km 3:55 h 640 hm 640 hm

START | Refugio Jou de los Cabrones, 2034 m. Auf- und Abstieg zum Refugio, siehe Tour 26, Seite 97.
[GPS: UTM Zone 30T x: 349.118 m, y: 4.786.257 m]
CHARAKTER | Schwierige Alpinwanderung an der Grenze zum Bergsteigen. In der Gipfelflanke ausgesetztes Gelände und eine Kletterstelle im Grad II. Sehr raues Terrain fordert den Orientierungssinn heraus, erfreut dafür aber das Auge mit dramatischer Hochgebirgsszenerie. Ein Helm wird wegen Steinschlaggefahr empfohlen.

Der höchste Gipfel der Picos de Europa ist zugleich auch über viele hundert Kilometer in alle Richtungen die höchste Erhebung. In diesem Band ist der steile Zahn auch das anspruchsvollste Ziel. Diese Tour am Übergang vom Bergwandern zum Bergsteigen fordert gute Kondition und Klettergewandtheit. Die Eindrücke der Besteigung und die Aussicht vom Gipfel sind wegen der Höhe und wegen der zentralen Lage grandios. Wegen der Steinschlaggefahr ist ein Helm empfehlenswert. Um zum Startpunkt am Refugio Jou de os Cabrones zu gelangen, nehmen wir die Tour 26 (Seite 97). Alternativ können wir den Berg vom Refugio de Urriellu (Tour 30, Seite 109) in einem etwas längeren Zustieg angehen.

▶ Wir starten beim **Refugio Jou de los Cabrones** **01**. Der Weg

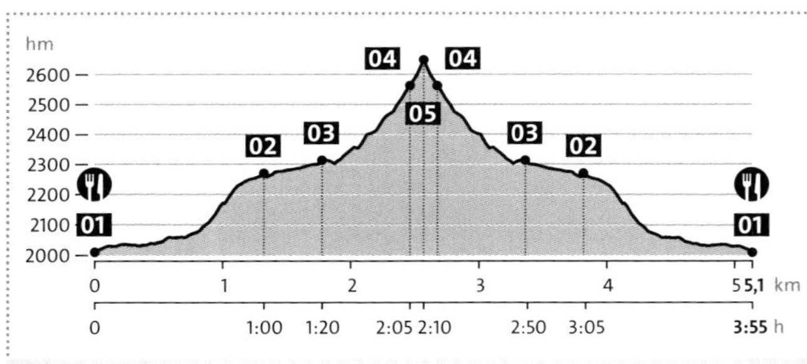

01 Refugio Jou de los Cabrones, 2034 m; **02** Jou Negro, 2262 m; **03** Felskuppe, 2326 m; **04** Kamin, 2557 m; **05** Torre Cerredo, 2649 m

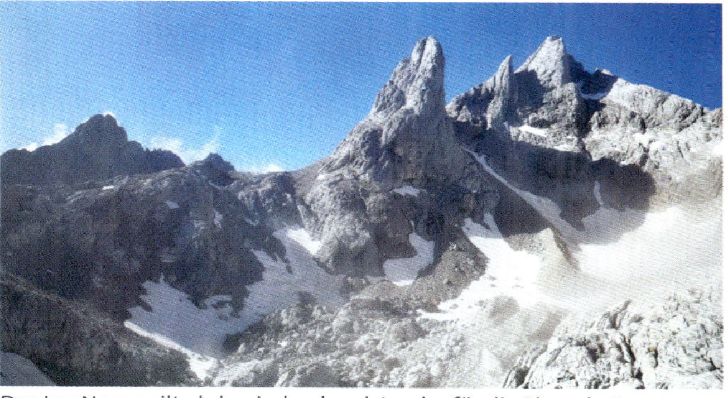
Der Jou Negro gilt als beeindruckendster der für die Picos de Europa typischen Kessel.

führt uns links haltend quer über die Hochebene unterhalb des mächtigen Torre de los Cabrones. Im leichten Rechtsbogen vorbei an dessen Plattenfluchten erreichen wir eine steile Geröllrampe, die uns direkt und gerade hinauf zum **Jou Negro** **02** führt. Dieser gilt als besonders beeindruckendes Beispiel der für die Picos so typischen Felskessel. Wir passieren ihn an seiner linken Seite, wo

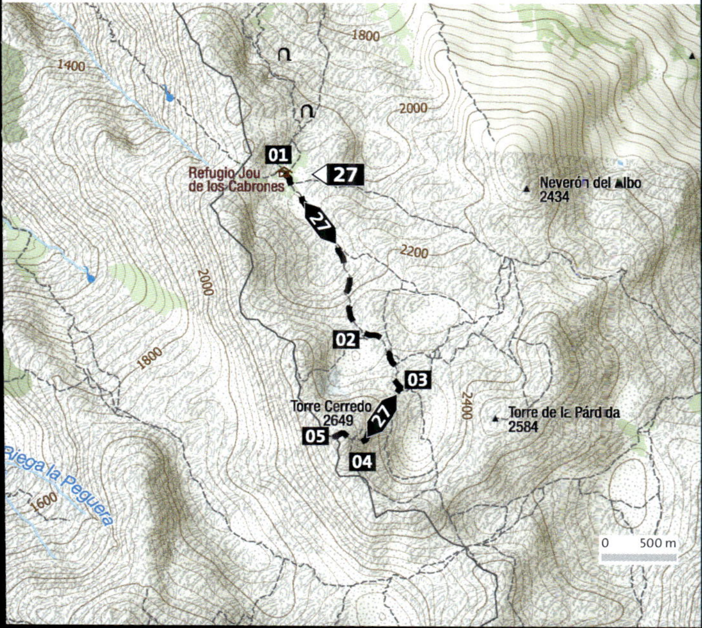

1800
1400
2000
01
Refugio Jou de los Cabrones
27
Neverón del Albo 2434
2200
2000
02
1800
03
2400
Torre Cerredo 2649
Torre de la Pardida 2584
05
04
Riega la Peguera
1600
0 500 m

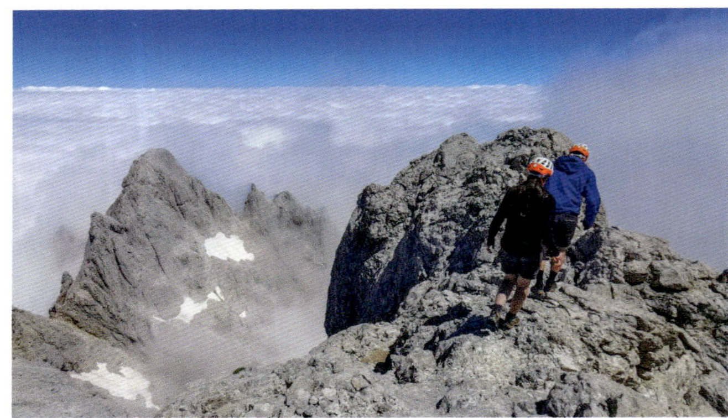

Abstieg mit Blick auf den Pico de Los Cabrones und das Wolkenmeer. Der Helm ist wegen Steinschlaggefahr zu empfehlen.

der Weg sich mit wenigen Metern Höhenverlust zwischen steilen Felsplatten durchmogelt. Wir erreichen so eine breite, flache **Felskuppe 03**, deren höchsten Punkt wir, den Steinmännern folgend, überschreiten. An der gegenüberliegenden Seite geht es ein kleines Stück sanft abwärts.

Hier am nördlichen Rand des Jou de Cerredo treffen wir auf den vom Refugio de Urriellu kommenden Zustiegsweg (der bis zur Corona del Rasu in Tour 30, Seite 109, beschrieben ist).

Vor uns sehen wir das zerklüftete Gelände der Torre-Cerredo-Ostseite. Direkt über uns erhebt sich der Torre Labrouche. Er sieht dem hinter ihm liegenden Torre-Cerredo-Gipfel recht ähnlich, weshalb hier die Gefahr besteht, dass man zu früh nach rechts oben aufsteigt und den Labrouche-Gipfel ansteuert.

Wir queren stattdessen geradeaus die Flanke und bleiben dabei auf gleicher Höhe. In dem zerklüfteten Gelände ist Konzentration gefragt, denn der Weg ist teils nicht zu erkennen und manche Steinmänner führen in falsche Richtungen. Dafür kommt bald der echte Gipfel des Torre Cerredo auf der rechten Seite zum Vorschein und gibt somit die grobe Richtung vor. Sein von hier recht unscheinbarer Gipfel erinnert an eine aufgesetzte Mütze. An seiner Flanke ist rechts ein markanter Riss sichtbar, auf dessen unteren Beginn wir zuhalten. Zunächst ist er eine breite Rinne, der wir folgen, bis sie sich zum Kamin verengt. Dieser kurze **Kamin 04** ist die Schlüsselstelle und das Nadelöhr der Route. Wir überklettern und verlassen ihn am besten nach rechts (Steinmannmarkierung) mit zwei-drei Kletterzügen im Grad II. Hier muss man darauf achten, dass man diese Züge auch abwärts kletternd wieder hinbekommt.

Dann bleibt „nur“ noch die Querung der Gipfelflanke nach links oben. Die steile, treppenartige Kraxelei macht Spaß und ist technisch leicht, dafür geht es hier aber recht ausgesetzt zu. Bald haben wir den Gipfel **Torre Cerredo 05** erreicht und genießen die erhabenen Tief- und Rundblicke.

Der Abstieg erfolgt auf dem Hinweg.

MAJADA DE OSTÓN

Romantische Hochweide in spektakulärer Lage

 16,1 km 6:40 h 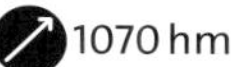 1070 hm 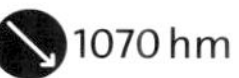 1070 hm

START | An den Parkplätzen entlang des Río Cares bei der Puente de la Jaya oberhalb von Poncebos, 253 m. Wenn es dort voll ist, muss weiter talauswärts um Poncebos herum geparkt werden. [GPS: UTM Zone 30T x: 350.913 m, y: 4.790.722 m]
CHARAKTER | Faszinierende Landschaftskombination aus tiefer Schlucht, steilen Berghängen, schmalen Rinnen und weiten Wiesen. Auf ein flacheres, langes Wegstück folgt ein steileres, stellenweise gerölliges und kurz vor dem Ziel ausgesetztes Wegstück.

Nach den **Parkplätzen bei Poncebos 01** stoßen wir auf das Nationalpark-Infohäuschen am Beginn der Schlucht. Wir nehmen hier den Abzweig nach rechts oben zur Ruta del Cares und legen den nun folgenden flacheren Teil der Strecke in der Caresschlucht zurück, der in Tour 32 (siehe Seite 115) in umgekehrter Richtung beschrieben ist. Der breit ausgebaute und viel begangene Wanderweg führt zunächst kontinuierlich bergauf zum Aussichts- und Rastpunkt **Los Collaos 02**. Dort beginnt ein sanfter Gegenabstieg und kurz darauf ein Streckenabschnitt mit tollen Aussichten und einer spektakulären Wegführung über weit ausholende Schleifen mit zahlreichen Galerien und Tunneln. An einer Stelle dazwischen zeigt sich aufmerksamen Beobachtern ein spektakulärer, etwa

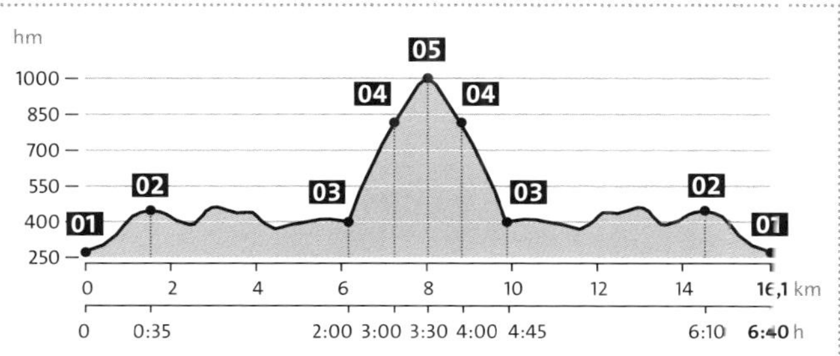

01 Parkplätze bei Poncebos, 253 m; 02 Los Collaos, 452 m; 03 Abzweig Richtung Covadonga, 395 m; 04 Cueva del Posadorio, 812 m; 05 Majada de Ostón, 1002 m

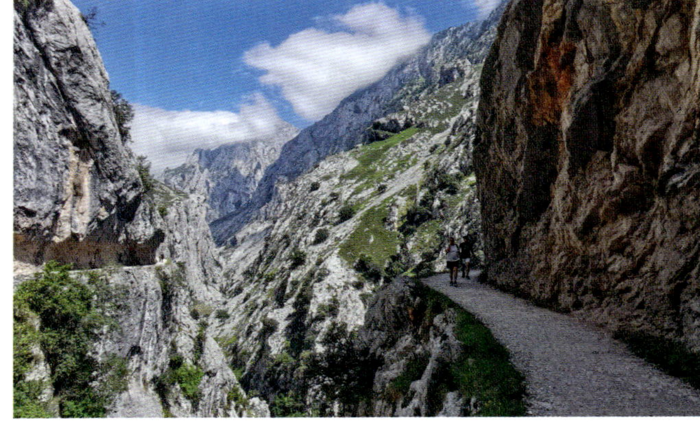

Der „Zustiegsweg" durch die Caresschlucht ist sehr unterhaltsam.

40 Meter hoher Felsbogen rechts überm Wegrand.

Wir befinden uns nun in der Kurve der Caresschlucht und erreichen bald den rechts steil aufwärts führenden, ausgeschilderten **Abzweig des Fernwanderwegs nach Covadonga 03**. Die rot-weißen Markierungen führen uns nun zur Majada de Ostón hinauf, die auf dem Weg nach Covadonga liegt. Statt der 8 Stunden benötigen wir aber zum Glück nur noch gut eineinhalb Stunden. Die haben es allerdings hinsichtlich Steilheit in sich. Wir überwinden nun auf einer Distanz von nur gut einem Kilometer satte 650 Höhenmeter. Unser nun schmaler Pfad folgt direkt dem Canal de Culiembro über steile Schrofenhänge und entlang von Geröllfeldern nach oben. Das Gelände legt sich kurz zurück, bevor es rechts haltend in nun festerem Schrofengelände wieder aufsteilt und wir rechts oberhalb eine große Höhle erblicken, die **Cueva del Posadorio 04**. Unser Weg führt links unterhalb an ihr vorbei, um sich dann nah an der Felswand in einem steilen Seitenkanal weiter hoch zu schrauben. Nun über sehr steiles, steindurchsetztes Gras und gelegentlichen rot-weißen Markierungen folgend verlassen wir den Canal de Culiembro rechts

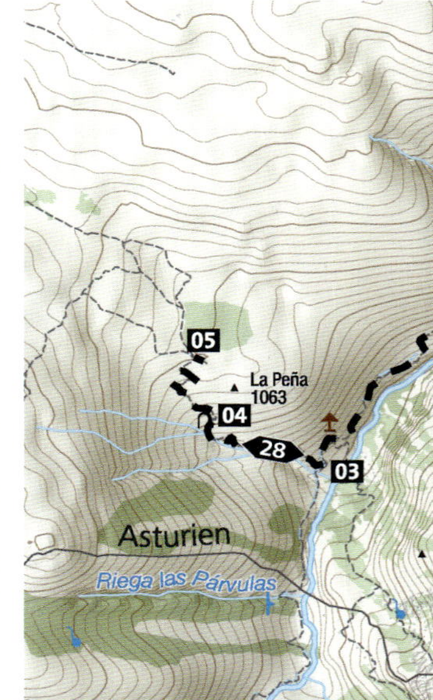

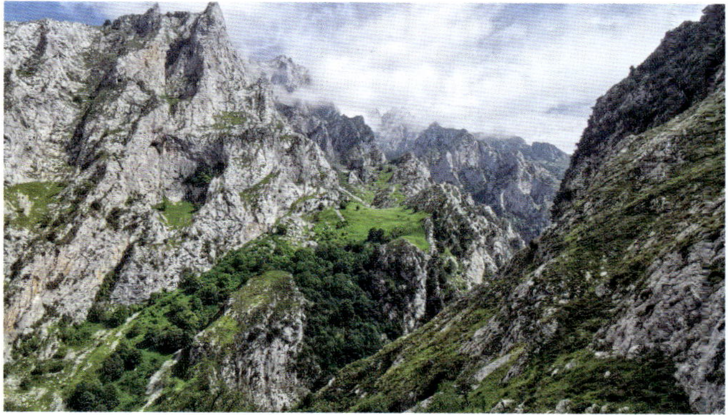

Dort drüben befindet sich hoch oben der Colláu Cerreu (Tour 25) und darüber in den Wolken der Torre Cerredo (Tour 27).

haltend über eine sehr steile Geländestufe und anschließend abflachendes Wiesengelände.
Es folgen noch zwei ausholende, flache Kehren, bis wir die Steinhütten der **Majada de Ostón 05** erreichen. Dort können wir das einmalige Ambiente des mitten in die Caresschlucht ragenden Landschaftsbalkons genießen. Die verlassenen Almgebäude bilden dabei einen fotogenen Vordergrund. Der Rückweg erfolgt auf dem Hinweg.

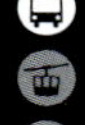
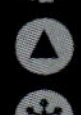

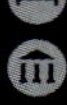

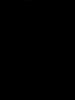

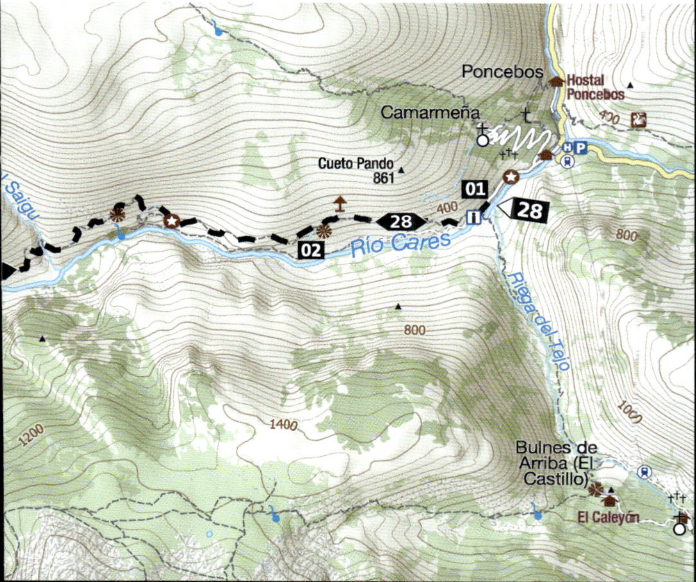

MAJADA DE ONDÓN

Steile Tour mit unvergleichlicher Aussicht

 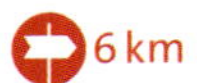  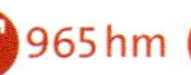 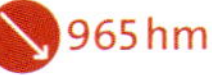
6 km 4:55 h 965 hm 965 hm

START | Camarmeña, 405 m. Es gibt dort beim Kirchlein knapp bemessene Parkmöglichkeiten. Sollte es voll sein, muss weiter unten an der Zufahrtsstraße geparkt werden.
[GPS: UTM Zone 30T x: 350.960 m, y: 4.791.148 m]
CHARAKTER | Steile und stellenweise geröllige Tour, die uns in bestechender Direktheit ohne Umschweife zu einem fantastischen Ort katapultiert. Jeder Schritt wird mit einer weiter und besser werdenden Aussicht belohnt.

Vom Startpunkt in **Camarmeña** 01 folgen wir den Serpentinen der Dorfstraße bis zum Ende des Asphalts/Betons. Dort zweigt vor dem letzten Wohnhaus der Wanderweg scharf links nach oben ab. Nach einer Handvoll Kurven stehen wir vor einer markanten, **gelben Felswand** 02, an der wir rechts vorbei gehen. Hier machen gelegentlich Wanderer den Fehler, dieser Wand links aufwärts zu folgen. Die Felswand, der man parallel links aufwärts folgen muss, ist aber die dahinterliegende, weitaus höhere. Wenn man hier den Wegverlauf ohne „Verhauer" trifft, hat man im Grunde die Hauptschwierigkeit bewältigt. Der große noch verbleibende Rest ist zwar mühsam, doch ohne besondere Techniken und Fähigkeiten begehbar.
Zunächst gelangen wir auf offenes Wiesengelände, auf dem uns der steile aber gut gangbare Weg nä-

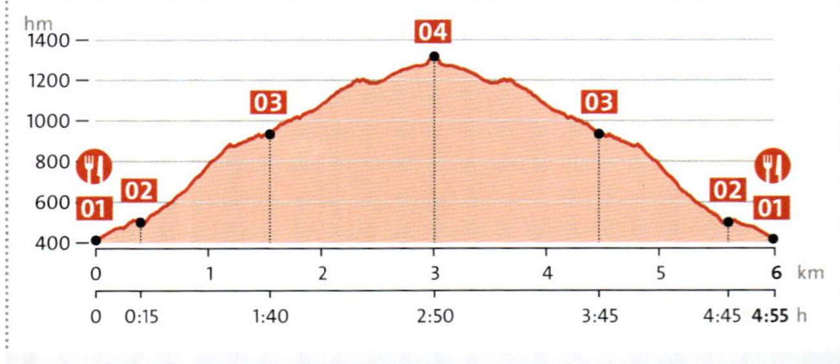

01 Camarmeña, 405 m; 02 gelbe Felswand, 481 m; 03 Ruine, 915 m;
04 Majada de Ondón, 1310 m

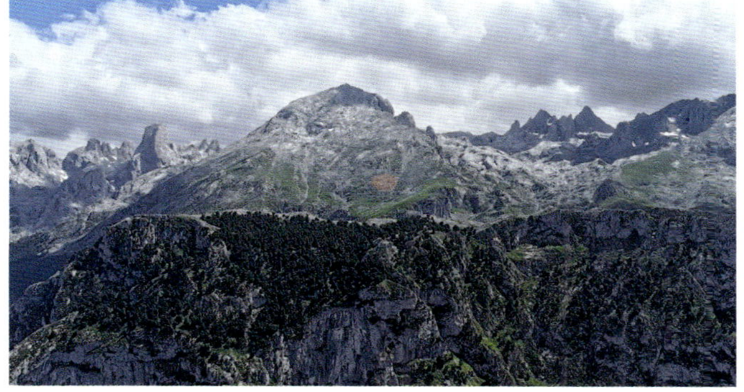

Das Herz der Picos mit dem Naranjo de Bulnes (Picu Urriellu) links und dem Torre Cerredo rechts.

her an die große Felswand führt, die „unseren“ Canal nach Norden begrenzt. Über einen Durchgang im Weidezaun erreichen wir bald steiniges Gelände, das uns nun direkt unterhalb der Felswände aufwärts führt. Der Weg verläuft nun direkt neben der Wand, bis wir die letzten Waldgürtel hinter und unter uns gelassen haben. Erst nach insgesamt gut 300 Höhenmetern, unterhalb des ersten Geröllfeldes, verlässt der Weg die Felswand und führt nach links aufwärts auf die gegenüberliegende Seite des Hangs. Dort stoßen wir auf eine steinerne **Ruine** 03, hinter der wir dem steilen

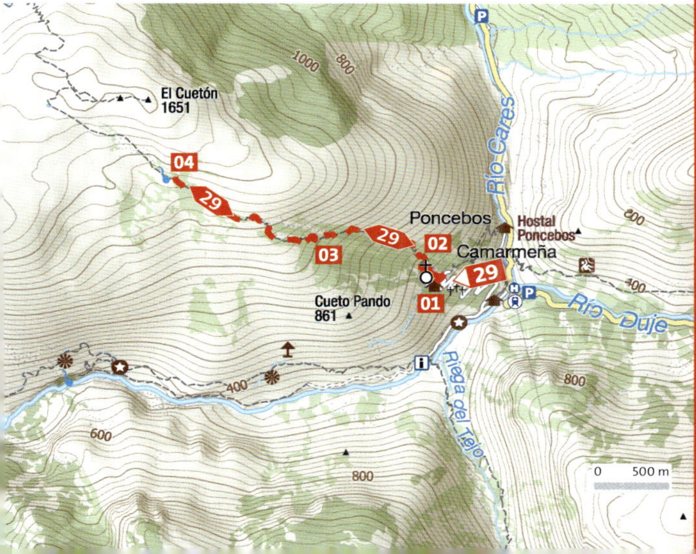

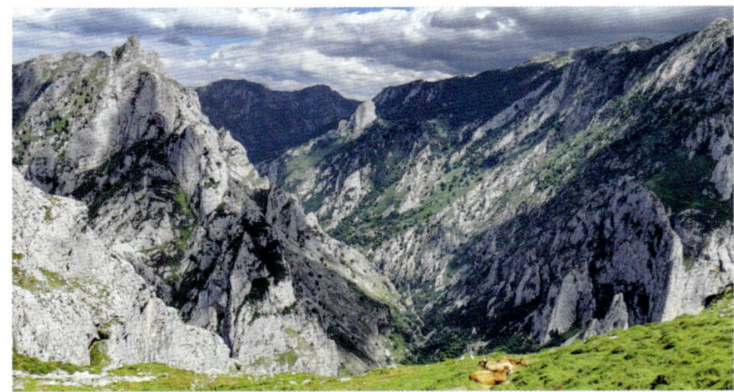

Von ganz tief dort unten kommen wir her.

Geländerücken weiter aufwärts folgen. Wir gelangen in einen grünen, von Felsgipfeln umringten Kessel, den wir in einem Linksbogen durchqueren, um die rechte der beiden sichtbaren Scharten zu ersteigen. Über sie gelangen wir auf eine kleine Hochfläche, die sich als phänomenaler Aussichtsbalkon erweist. Das Herz der Picos liegt hier frei und zeigt uns seine unvergleichliche Architektur aus filigranen Gipfeln mit gewaltigen Vorbauten. In dieser dramatischen Landschaft kann durchwachsenes Wetter mit Bewölkung noch effektvoller sein als wolkenloser Himmel.

Die Aussicht begleitet uns die letzten, weit weniger steilen Höhenmeter durch offenes Gelände zu den steinernen Häusern der **Majada de Ondón** 04.

Beim Abstieg auf derselben Route ist neben Konzentration und Trittfestigkeit auch Gelassenheit gefragt, denn die Steilheit des Geländes kommt im Tiefblick voll zur Geltung und wirkt womöglich wilder als sie ist.

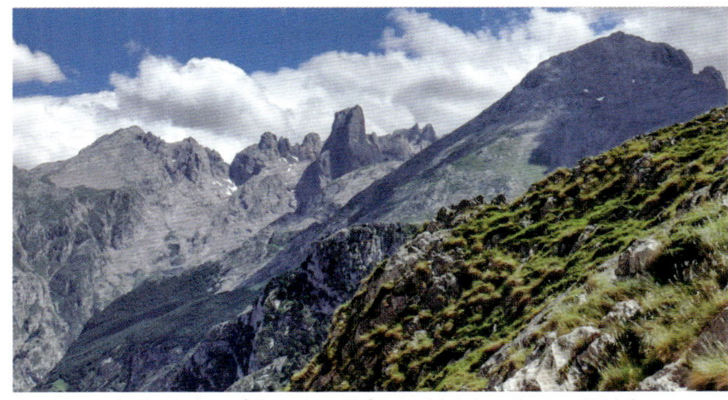

Der Naranjo de Bulnes (Picu Urriellu) ist nicht der einzige Blickfang dieser Tour.

REFUGIO DE URRIELLU UND CORONA DEL RASU

Legendäre Berghütte und einmaliges Bergambiente

 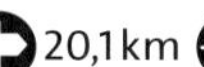20,1 km 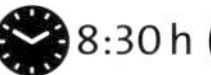8:30 h 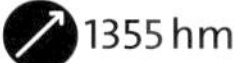1355 hm 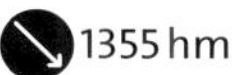1355 hm

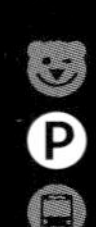
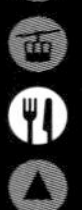
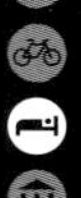

START | An einer der zahlreichen ausgeschilderten Parkbuchten zwischen der Winteralm Invernales del Texu, 882 m, und dem hinterst möglichen Parkplatz unter dem Collado Pandébano. [GPS: UTM Zone 30T x: 357.353 m, y: 4.787.523 m]
CHARAKTER | Großartige Wanderung zu einem legendären Berg mit legendärer Hütte, gekrönt von einem sprichwörtlich majestätischen Platz im Hochgebirge. Hinweis: Geht man nur zur Hütte Refugio de Urriellu, ist die Tour kürzer und leichter.

Das Refugio de Urriellu direkt unter dem Riesenturm des Naranjo de Bulnes zieht Kletterer und Wanderer aus aller Welt an. Im Hochsommer breitet sich eine ganze Zeltstadt um die Hütte aus und es entsteht eine Art Festival-atmosphäre.

Von der **Parkbucht bei Invernales del Texu** 01 erreichen wir bald den Abzweig mit dem in Richtung Urrielles-Hütte weisender Hinweisschild. Von der Passhöhe des **Collado Pandébano** 02 folgen wir anschließend dem weiterhin gut beschilderten und ausgebauten Weg zur Hütte **Refugio de la Terrenosa** 03. Von hier wandern wir ein langes Wegstück entlang eines breiten, behäbigen Nordhangs zur

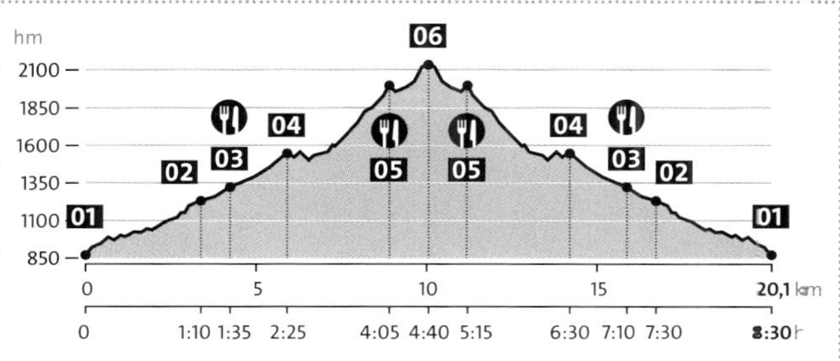

01 Parkbucht bei Invernales del Texu, 882 m; 02 Collado Pandébano, 1211 m; 03 Refugio de la Terenosa, 1300 m; 04 Collado Valleju, 1534 m; 05 Refugio de Urriellu, 1953 m; 06 Corona del Rasu , 2100 m

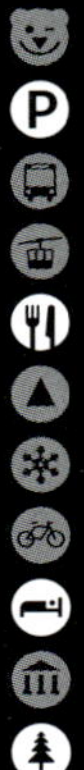

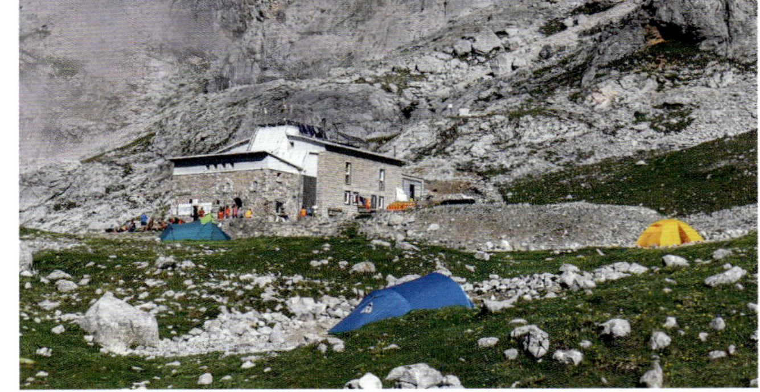

Vor der Urriellu-Hütte breitet sich im Sommer eine Zeltstadt aus.

weithin sichtbaren Scharte des **Collado Valleju 04**.
Dort ändert sich das Landschaftsbild abrupt und wir halten nun über beeindruckenden Abgründen direkt südwärts auf die Hütte und den Naranjo de Bulnes zu. Je nach Tageslicht, Bewölkung und Perspektive hat dieser monolithische Felsturm eine surreal dominante Präsenz. Den restlichen, zunehmend steilen Weg gestaltet er uns mit seinem Näherkommen jedenfalls sehr interessant. Der gut ausgebaute Weg führt uns über zahlreiche Kehren unverfehlbar zur Hütte **Refugio de Urriellu 05**.
Wenn wir von dort nach einer angemessenen Pause noch den knapp einstündigen Weg hinüber zur Corona del Rasu drauflegen, begeben wir uns über die **Vega Urriellu**, westwärts dem deutlichen Weg folgend, zu einem klei-

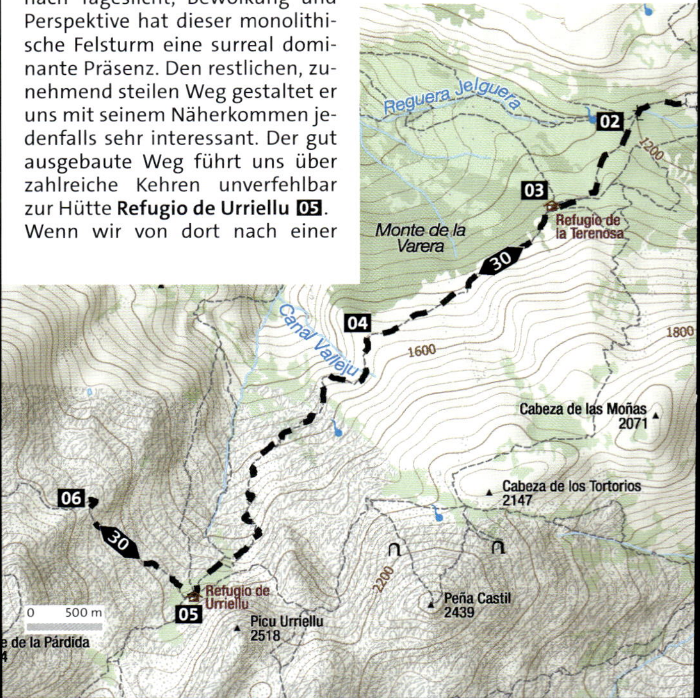

Reguera Jelguera
02
1200
03
Refugio de la Terenosa
Monte de la Varera
30
04
Canal Valleju
1600
1800
Cabeza de las Moñas 2071
Cabeza de los Tortorios 2147
06
30
2200
Peña Castil 2439
Refugio de Urriellu
05
Picu Urriellu 2518
0 500 m
e de la Párdida

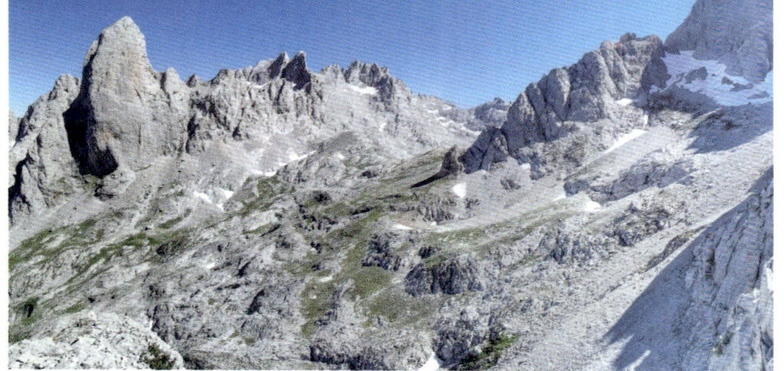

Der wilde Kessel zwischen Naranjo de Bulnes (Picu Urriellu) und Corona del Rasu.

nen Hügel. Von dort queren wir, Steinmännern folgend und auf gleicher Höhe bleibend, die weiten Gesteinshänge. Gegenüber in der Bergflanke ist der Anstieg zur Corona del Rasu schon als braune

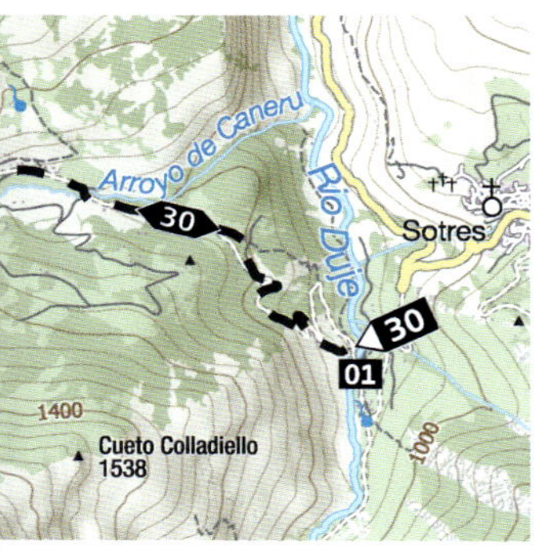

Wegspur erkennbar. Die steile Rampe ist wegen losem Schotter und Geröll etwas anstrengend. An ihrem Ende geht es kurz ausgesetzt (Drahtseil bzw. Kette) scharf links um die Ecke, wo wir auf einen Kamin mit linksseitiger Fels-platte stoßen. Dank zahlreicher Stahlbügel können wir auf dieser wie auf einer Leiter hochsteigen.

Der Kamin führt uns zur Scharte, die als **Corona del Rasu 06** bezeichnet wird. Hier ist schon ein großartiger Aussichtspunkt, doch die wahre Krone ist der kleine Gipfel nebenan, der uns etwa 50 Meter nördlich die Sicht verstellt. Wir erreichen ihn über Geröll und festen Fels auf seiner linken/westlichen Seite. Die letzten 10–20 Meter steigen wir direkt rechts hoch. Es eröffnet sich ein freier, einfach phantastischer Rundblick über den Atlantik und den gewaltigen Jou-Lluengo, der vom Urriellu und seinen Trabanten eingerahmt wird.

Der Rückweg erfolgt auf dem Hinweg.

Tipp

Fernglas einpacken, um die Kletterer in der spiegelglatten, 500 Meter hohen Westwand des Naranjo de Bulnes (Picu Urriellu) zu beobachten.

PEÑA CASTIL • 2439 m

Auf den Eckpfeiler der Urrielles

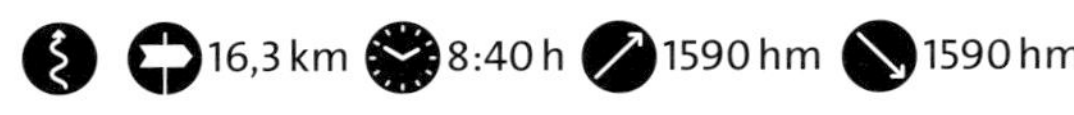

START | An einer der zahlreichen ausgeschilderten Parkbuchten zwischen der Winteralm Invernales del Texu, 882 m, und dem hinterst möglichen Parkplatz unter dem Collado Pandébano. [GPS: UTM Zone 30T x: 357.353 m, y: 4.787.523 m]
CHARAKTER | Kernige Bergtour auf einen großen Gipfel mit vielen wechselnden Szenarien und einem ruppigen, langen Gipfelhang. Hinweis: Mit einer Übernachtung auf der Hütte Refugio de la Terenosa kann die lange Etappe etwas verkürzt werden. Sie liegt etwas abseits des Wegs.

Von der **Parkbucht bei Invernales del Texu** **01** erreichen wir bald den Parkplatz unterhalb der Passhöhe des Collado Pandébano. Wir folgen einer Schneise im Wald und Gebüsch auf die Passhöhe und sehen südlich direkt vor uns den breiten Vorbau der Peña Castil. In dessen Mitte zieht die markante Rinne des Canal de las Moñas hinunter. Zunächst erwandern wir die steilen Weiden zu seinen Füßen in einem Rechtsbogen, wobei wir unterhalb der den Canal rechts überragenden Steilaufschwünge bleiben. Dieser Teil des Wegs ist etwas widerspenstig, da nur schwach ausgeprägte Wegspuren und keine Markierungen vorhanden sind. Doch zur **Mitte**

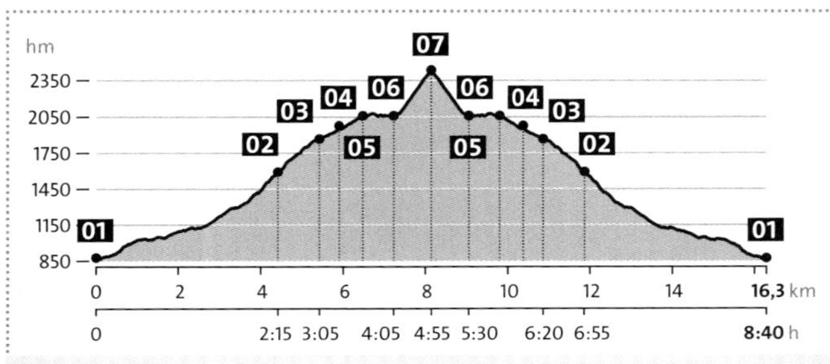

01 Parkbucht bei Invernales del Texu, 882 m; **02** Mitte des Canals, 1563 m; **03** Majada de las Monas, 1860 m; **04** scharfe Rechtskurve, 1950 m; **05** markante Senke, 2020 m; **06** Horcada de Camburero, 2055 m; **07** Peña Castil, 2439 m

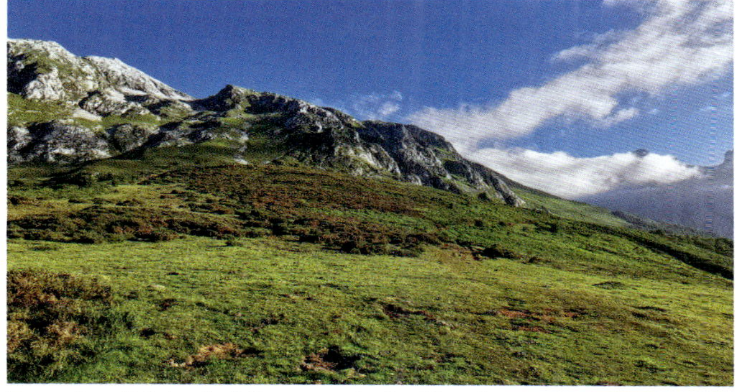

Der untere Teil des Aufstiegswegs in der Abendsonne.

des Canals 02 hin wird es immer deutlicher und bald geben uns die ersten Steinmann-Markierungen Sicherheit. Nun überwinden wir in gleichmäßig steilen Serpentinen immer in der Mitte der Rinne gute 450 Höhenmeter, bis wir nach einer letzten Linkskurve den

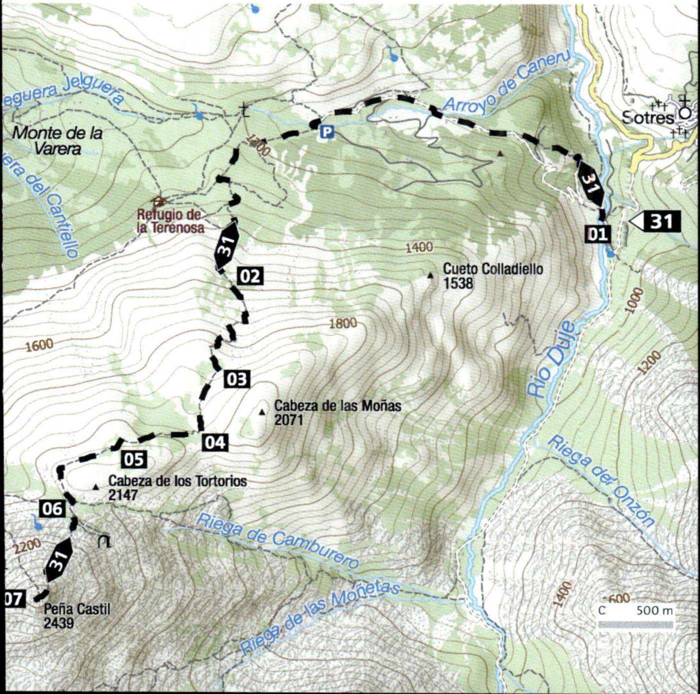

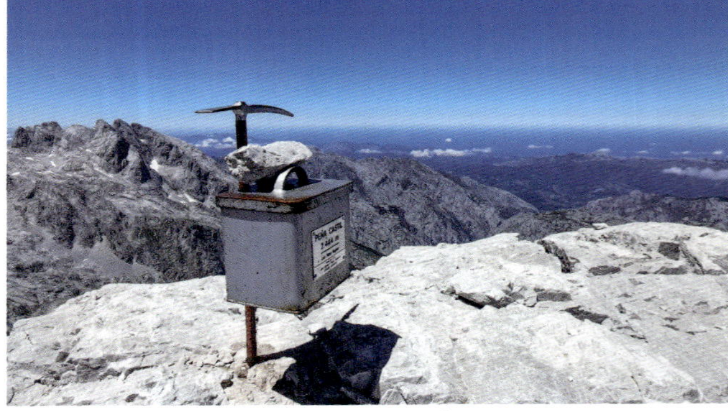

Das schmucke „Gipfelkreuz“ der Peña Castil.

Sattel bei der Weide **Majada de las Monas** **03** und eine weite, grüne Hochfläche erreichen.
Diese wunderschöne Hochebene durchschreiten wir, bis der Weg kurz vor einem Passübergang eine **scharfe Rechtskurve** **04** macht und ein langes, meist flaches Stück durch eindrucksvolle Karstlandschaft nach Westen führt.
Der flache Bergrücken links oberhalb von uns scheint direkt zum Gipfel der Peña Castil zu führen. Das tut er jedoch nicht, dazwischen liegt eine hohe Klippe. Deshalb folgen wir den nur sporadisch markierten Wegspuren immer weiter, an einer **markanten Senke** **05** vorbei und vielleicht auch an diversen Höhlenfans, die hier wegen einer nahe gelegenen Eishöhle (Cueva Helada de Peña Castil) ihre Zelte aufschlagen.
Erst nach mehr als einem Kilometer endet diese Querung und erreicht einen markanten Geländeknick, dem wir in einer scharfen Linkskurve folgen. Wir durchschreiten ein markantes Felstor und steigen einige Meter steil ab zum Sattel **Horcada de Camburero** **06**. Jetzt erst haben wir den steilen Gipfelaufbau der Peña Castil wirklich vor uns. Die braune Wegspur zieht direkt vor uns durch den Schotterhang nach oben.
Es geht nun knapp 400 Höhenmeter immer an der linken Seite des steilen Bergrückens auf den von hier aus flachen Felskopf des Gipfels zu. Die Wegspur verzweigt sich gelegentlich, um sich nach ein-zwei Kehren wieder zu vereinigen. Markierungen mit Steinmänner sind in kurzen Abständen vorhanden. Kurz unterhalb des Gipfels fordern die Steilheit und das lose Gestein auf dem Pfad nochmal Kraft und Konzentration. Eine letzte kleine Senke verlassen wir nach rechts, um von den dortigen Begrenzungsfelsen aus die letzten Meter auf steilem Schotter- und Geröllpfad zu den festen und flachen Felsen der **Peña Castil** **07** zurückzulegen.
Dort genießen wir eine fantastische Aussicht mit dem Ándara-Massiv, dem Atlantik und dem Urrielles-Zentralmassiv mit dem zum Greifen nahen Naranjo de Bulnes (Picu Urriellu).
Der Abstieg erfolgt auf dem selben Weg.

RUTA DEL CARES

Durch die „göttliche Schlucht“

 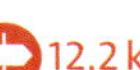 12,2 km 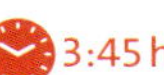 3:45 h 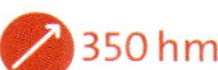 350 hm 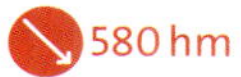 580 hm

START | Dorfplatz in Caín de Valdeón, 460 m. Es befinden sich mehrere größere Parkplätze im Ort.
[GPS: UTM Zone 30T x: 345.242 m, y: 4.786.270 m]
CHARAKTER | Unvergessliche Tour durch eine der größten und schönsten Schluchten Europas. Leichte, aber recht lange Wanderung, die nicht als Spaziergang unterschätzt werden sollte und bergtaugliches Schuhwerk erfordert. Hinweis: Details zu Rückkehr und Übernachtung finden sich in der Tourenbeschreibung.

Befände sich die Schlucht der „Garganta del Cares“ in den Alpen, wäre sie wohl ein Touristenhighlight in der Liga von Jungfraubahn und Matterhorn. Insofern ist ihre aus mitteleuropäischer Sicht abseitige Lage eine glückliche Fügung, denn so bleibt der ganz große Andrang aus aller Welt aus. Aber auch der überwiegend iberische Besucherstrom ist groß genug, dass sich an schönen Juli- und Augusttagen zigtausend Menschen auf der „Ruta“ tummeln. Zum konfektionierten Massenerlebnis mit klaustrophobischem Gedrängel artet die Sache dennoch nie aus, die Anwesenheit vieler Menschen schmälert an diesem großartigen Ort das Erlebnis nicht wirklich. Das beweisen nicht zuletzt auch die vielen zufriedenen bis begeisterten Gesichter, in die man auf dem Weg blicken kann.

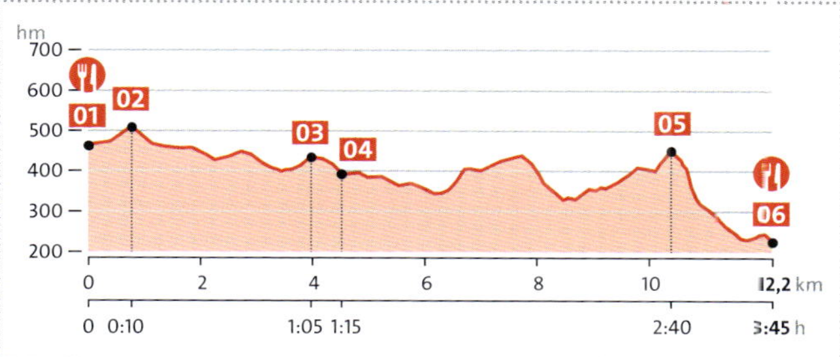

01 Dorfplatz in Caín de Valdeón, 460 m; 02 Felsentor/Brücke, 516 m; 03 Pasarela de los Martínez, 418 m; 04 Abzweig des Fernwanderwegs nach Covadonga, 395 m; 05 Los Collaos, 453 m; 06 Poncebos, 219 m

Neben dem grandiosen Naturspektakel ist es auch die „Ruta“ selbst, die den Menschen Respekt einflößt. Dieser Wanderweg, der nicht zu touristischen, sondern zu wirtschaftlichen Zwecken errichtet wurde, ist nämlich ein monumentales Bauwerk, ohne das die Schlucht bis heute völlig unzugänglich wäre. Die Ruta ist nämlich eigentlich der Wartungsweg für den parallel veraufenden Kanal, der das Kraftwerk in Poncebos mit Wasser versorgt.

Die meisten Wanderer gehen die Tour an einem Tag hin und zurück. Wer es gemütlich angehen oder Kinder nicht überfordern will, kann in Poncebos (wenige, eher große Hotels) oder Cain de Valdeón (kleine Hotels und Pensionen) übernachten.

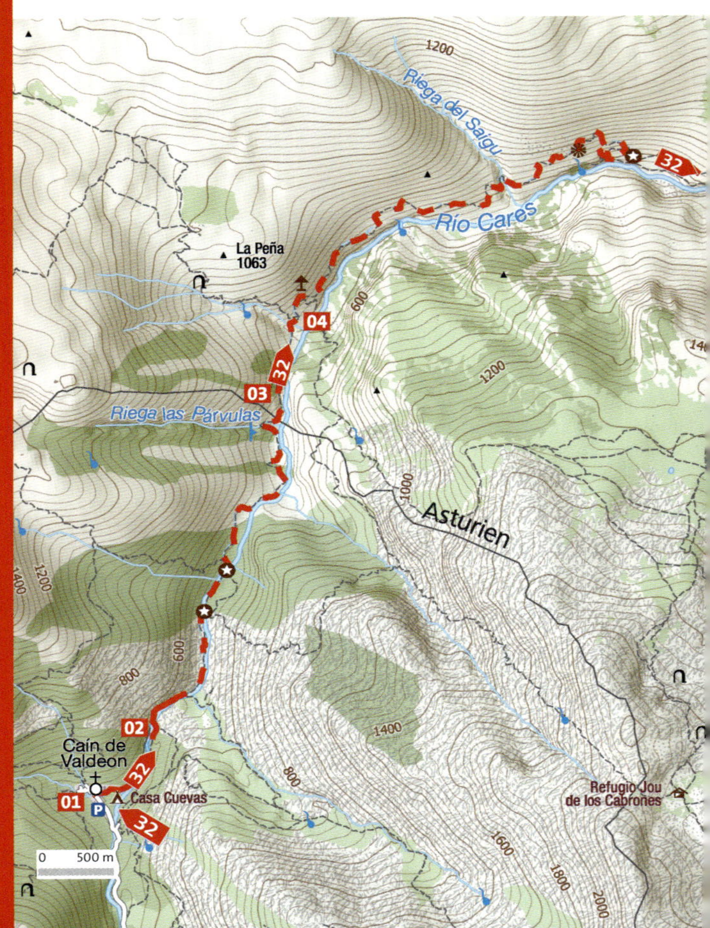

Taxitransporte werden überall angeboten und sind hauptsächlich für die Zufahrten zu diesen Ausgangsorten gedacht, ein Transport zwischen ihnen ist eher eine Notfalloption, da lang und kostspielig. Zwischen Posada de Valdeón und Caín de Valdeón sowie Las Arenas (Cabrales) und Poncebos verkehren vor allem in der Hochsaison auch ausreichend Busse. Die sind nicht nur für autofrei Reisende interessant, sondern auch für Wohnmobilisten, denen die Zufahrt auf der engen Straße nach Caín untersagt ist. Für Nutzer öffentlicher Verkehrsmittel empfiehlt sich Poncebos als Start- und Zielpunkt, da man hier weitaus mehr und schnellere Verbindungen hat als in Valdeón, der verkehrstechnisch abgelegensten Seite der Picos.

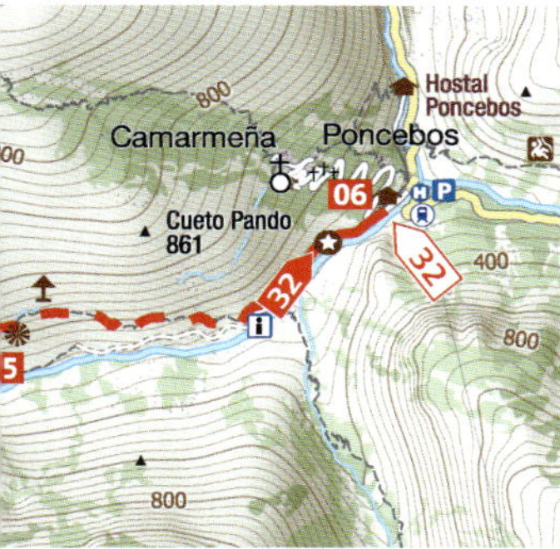

Vom **Dorfplatz in Caín de Valdeón** 01 in der Ortsmitte führt unser Weg an den Parkplätzen und Restaurants vorbei zum Fluss, wo wir nach links flussabwärts abbiegen. Wir überqueren eine Brücke und sehen ein großes Schild, das auf die Steinschlaggefahr in der Route hinweist. Die Warnung sollte man ernst nehmen und nicht zu lange an Orten verweilen, wo loses Gestein von oben herabstürzen kann.

Wir durchschreiten über eine weitere **Brücke** ein **Felsentor** 02, das den Beginn der eigentlichen Caresschlucht markiert. Durch mehrere Tunnel (in denen größer gewachsene Menschen den Kopf einziehen sollten) und über etwas rutschiges Gestein geht es

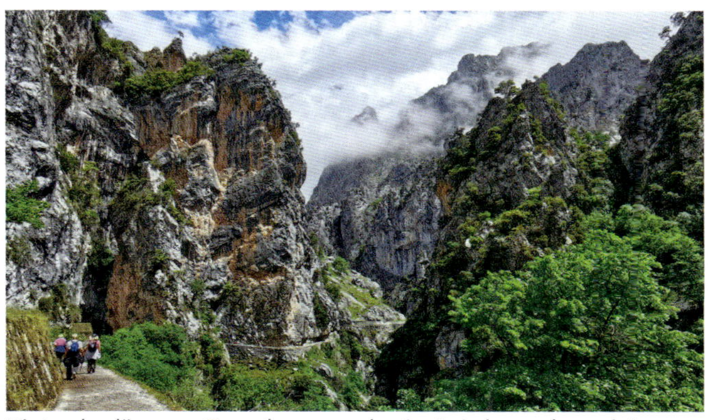

Hinter den längeren Tunnelpassagen beginnt ein besonders schöner Abschnitt der Ruta del Cares.

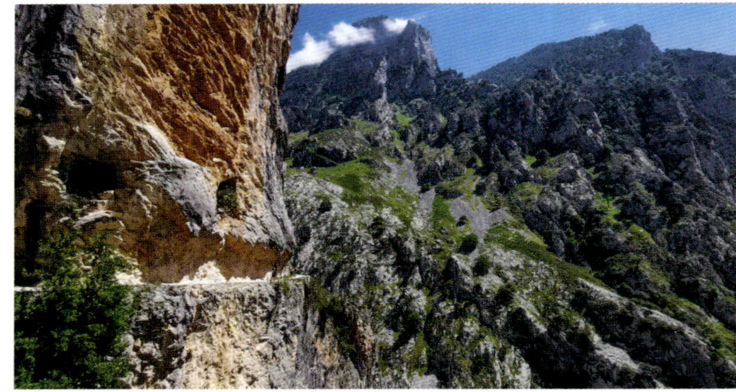

Im unteren Bereich verläuft der Weg in fotogenen Schleifen.

nun in deren wilden und spektakulären Mittelteil hinein. Hier können wir die zum Niederknien schöne Umgebung auf breitem, flachem und bequemen Weg genießen.Bald erreichen wir die **Pasarela de los Martínez** 03, die einen direkten Tiefblick auf den Río Cares gewährt und auf einer Infotafel der legendären Bergsteigerdynastie der Familie Martínez gedenkt.Auch vor und hinter dem Pasarela ist der Weg gelegentlich direkt in die senkrechte Felswand gehauen. Doch er ist immer mindestens zwei Meter breit, sodass auch Menschen mit ausgeprägter Höhenangst dem Abgrund nicht direkt ins Auge sehen müssen.

Wenig später erreichen wir den links steil aufwärts führenden **Abzweig des Fernwanderwegs nach Covadonga** 04 (vgl. Tour 28, Seite 103). Es handelt sich bei diesem um einen Abschnitt der Ruta de la Reqonquista, auf der wir nun fortan auch in der Caresschlucht wandeln.

Die Schlucht verläuft nun nicht mehr in Nord-Süd-, sondern immer mehr in West-Ost-Richtung. Wir folgen dieser großen Kurve und mehreren weit ausholenden Linksschleifen, da die Seitenwände der Caresschlucht nicht gerade verlaufen. Der Felspfeiler **Los Collaos** 05, den wir in einem Gegenanstieg überwinden müssen, rückt dadurch nur sehr langsam näher. Irgendwann erreichen wir diesen tollen Aussichtspunkt dann doch und können uns freuen, dass wir ab hier bis **Poncebos** 06 wirklich nur noch bergab gehen müssen. Als einziges Hindernis warten noch einige kurze steilere Passagen, in denen man auf den abgetretenen, glatten Steinen besonders bei Nässe vorsichtig sein muss.

Wandertipp

Den Weg von Caín de Valdeón aus nach Cordiñanes de Valdeón zu Fuß statt mit dem Auto oder Bus zurücklegen. Der Adrados-Wanderführer beschreibt ihn als sehens- und erlebenswert.

CANAL DOBRESENGOS

Schluchten und Felsen in schwindelnder Höhe

 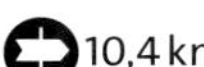 10,4 km 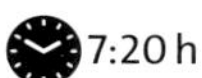 7:20 h 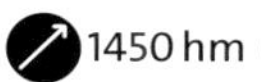 1450 hm 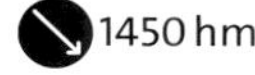 1450 hm

START | Dorfplatz in Caín de Valdeón, 460 m. Es befinden sich mehrere größere Parkplätze im Ort.
[GPS: UTM Zone 30T x: 345.242 m, y: 4.786.270 m]
CHARAKTER | Steile Höhenreise durch ein an Wildheit kaum zu überbietendes Naturszenario. Man glaubt, mehrere hinter- und übereinander liegende Schluchten zu durchsteigen. Hinter jeder hohen und abweisenden Felswand taucht eine noch höhere und abweisendere Felswand auf.

Vom **Dorfplatz in Caín de Valdeón** **01** aus folgen wir zunächst der Ruta del Cares wie in Tour 32, Seite 117, beschrieben flussabwärts. Nach dem Felsentor und den ersten Tunneln erblicken wir rechts eine **Brücke** **02** über den Río Cares, die uns in den Canal Dobresengos führt. Von der viel besuchten Caresschlucht wechseln wir übergangslos in eine unberührte Hochgebirgswelt. Oberhalb der Brücke befindet sich eine Steinhütte, an der unser fortan mit Steinmännern markierter Weg links vorbeiführt. Wir überqueren das Bachbett und überwinden an dessen linker Seite die ersten 150 Höhenmeter. Dann queren wir zurück auf die rechte Seite und halten geradeaus auf die erste markante Geländestufe

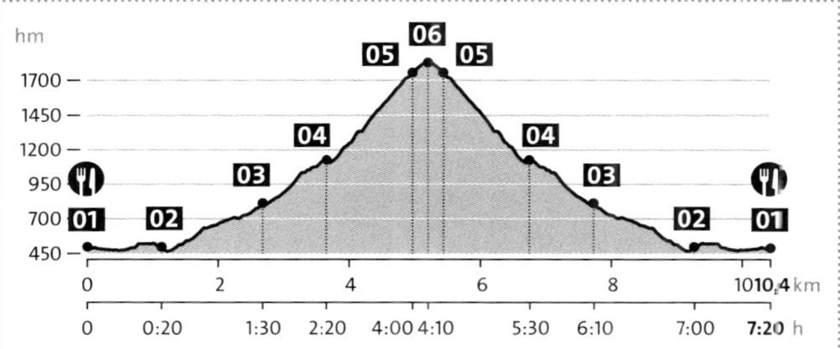

01 Dorfplatz in Caín de Valdeón, 460 m; **02** Brücke, 476 m; **03** Quelle, 837 m; **04** großer Felsblock, 1173 m; **05** Weggabelung, 1743 m; **06** unterhalb des Gipfels La Bermella, 1816 m

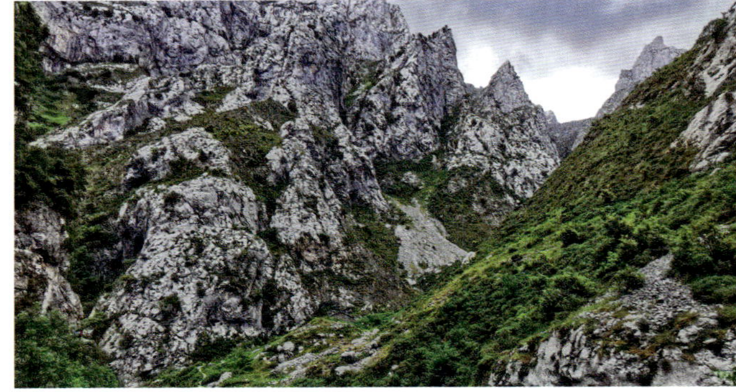

Der „Eingangsbereich“ des Canal Dobresengos.

zu. In dem dahinterliegenden kleinen Talkessel kommen an einer **Quelle 03** vorbei und folgen dem nächsten Hang aufwärts. So gelangen wir in den nächsten Talkessel, wo wir wieder dem Bachlauf am Talboden folgen. Wir erreichen einen weiteren Talkessel, der von einem gewaltigen Amphitheater aus Fels umgeben ist und sich für eine Rast anbietet. Wir sind hier so tief in die Natur eingetaucht, dass die Außenwelt und der Alltag gänzlich verschwunden sind.

Die Pause empfiehlt sich auch deshalb, weil jetzt ein anspruchsvoller Abschnitt des Wegs beginnt. Es geht auf der rechten

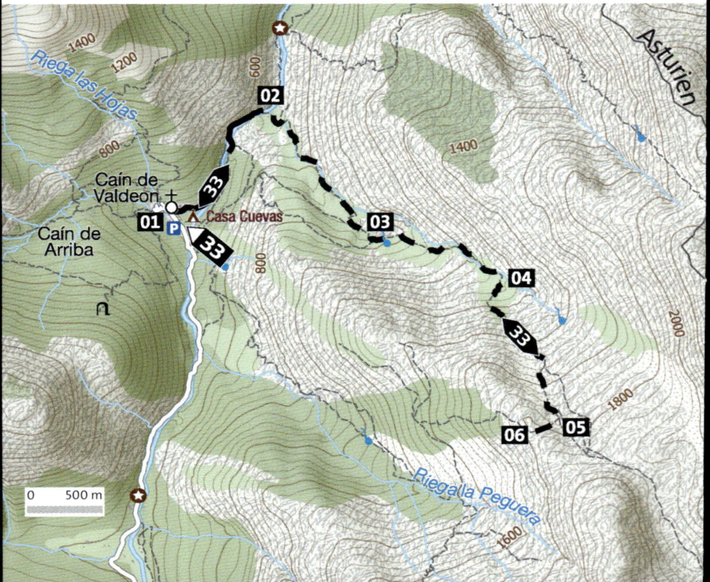

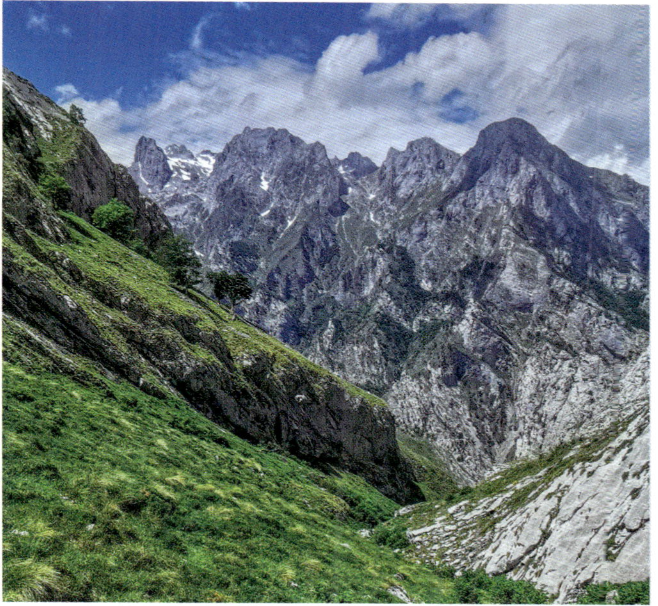

Blick aus dem Canal auf das gegenüberliegende Ostmassiv (Cornión).

Talseite, dem einzigen „Ausweg" aus dem Kessel, steil und mühsam eine Geröllrinne hinauf. Links an einem **großen Felsblock 04** vorbei winden wir uns im Zickzack die enge Rinne hinauf, um sie nach etwa 100 Höhenmetern links zu verlassen und einen kleinen Wald zu durchqueren. Dort überwinden wir nochmals knapp 100 steile Höhenmeter, um in offenes und weiterhin steiles Gelände zu gelangen. Rechts oben erblicken wir einen markanten Felsen, der an einen thronenden König erinnert. Wir erreichen ihn nach weiteren 100 Höhenmetern und gelangen in etwas flacheres und weiteres Gelände. Der Weg führt auf den Felskopf Cabeza Alta zu, bis wir etwa 100 Höhenmeter unterhalb von dessen Gipfel auf eine **Weggabelung 05** stoßen und den Wegspuren nach rechts, in Richtung des Bergrückens folgen. Dort halten wir stetig ansteigend auf den kleinen Felsturm links oberhalb der steil abbrechenden Felswände zu. Der bald erreichte Übergang in das Nachbartal mit seinen phänomenalen Aussichten und Eindrücken ist das Ziel dieser Tour. Er befindet sich **unterhalb des Gipfels La Bermella 06** (welcher mit etwas Kletterei in etwa 15 zusätzlichen Minuten erreichbar ist). Wenn wir uns hier an den Tiefen und Felsgipfeln sattgesehen haben, können wir entscheiden, ob wir den Rückweg (auf demselben Weg) antreten, oder den Canal Dobresengos mit seinen ständig neuen Perspektiven noch weiter und höher hinauf folgen...

PICO TESORERO • 2563 m

Auf den Mittelpunkt der Picos de Europa

 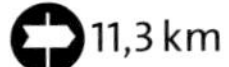 11,3 km  5:20 h  770 hm  770 hm

START | Bergstation „El Cable“ der Seilbahn „Teleférico de Fuente Dé“, 1823 m. Auffahrt mit der Seilbahn zur Bergstation.
[GPS: UTM Zone 30T x: 353.171 m, y: 4.779.484 m]
CHARAKTER | Facettenreiche Bergtour auf eine elegante Felspyramide, die in absoluter Zentrallage zwischen den großen Senken (Jous) der Picos de Europa emporragt. Der nach oben hin zunehmend anspruchsvolle Anstieg wird mit einer atemberaubenden, über den Atlantik reichenden Aussicht belohnt. Hinweis: Bei dieser Tour ist bis in den Juli hinein mit Schneefeldern zu rechnen, in Gipfelnähe des Tesorero auch in steilem Gelände. Variante: Geht man alternativ auf den Torre de los Horcados Rojos, 2503 m, ist die Tour leichter und kürzer (siehe Kasten Seite 125).

Wir verlassen die **Bergstation „El Cable“** **01** auf der breiten, als PR 23 und PR 24 ausgeschilderten Wanderpiste, die die Besuchermassen in Richtung Norden verteilt. Wir folgen ihr über eine scharfe Rechtskurve bis zu der kleinen Senke Horcaina de Covarrobres. Wir müssen dort nicht ganz hinauf, sondern halten uns kurz vorher links und folgen dem Weg in Richtung Refugio Cabaña Veronica und Horcados Rojos. Der weiterhin breit ausgebaute Wanderweg führt komfortabel an großen Geröllhalden vorbei. Links

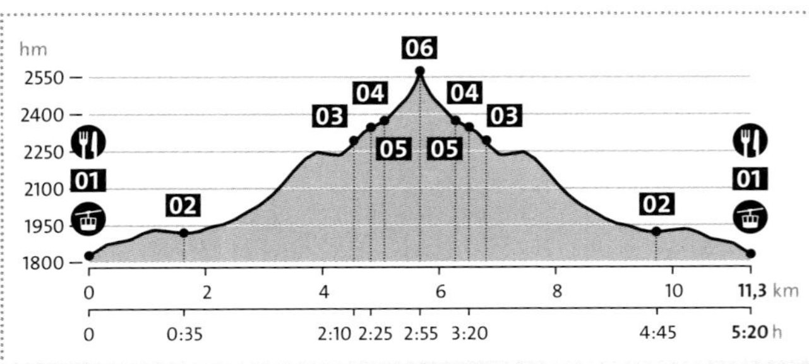

01 Bergstation „El Cable“, 1823 m; **02** Pozos de Lloroza, 1925 m; **03** Abzweig zur Hütte Refugio Cabaña Verónica, 2270 m; **04** unterhalb Collada de los Horcados Rojos, 2344 m; **05** Senke, 2369 m; **06** Pico Tesorero, 2563 m

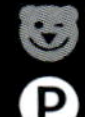
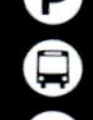
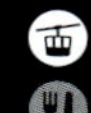

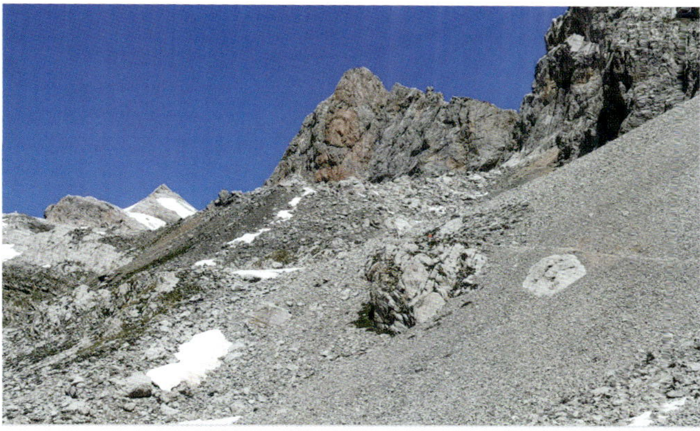

Schon von weitem spitzt der Pico Tesorero verheißungsvoll empor.

erblicken wir zwei schöne kleine Bergseen, die **Pozos de Lloroza 02**. Die Steilheit nimmt zu und im zunehmend unübersichtlichen Gelände folgen einige Serpentinen. Der Weg wird flacher und steuert eine kleine Senke zwischen dem Refugio Cabaña Veronica und den rötlichen Felswänden der Horcados Rojos an. In dieser Senke stoßen wir links auf den **Abzweig zur Hütte Rifugio Cabaña Veronica 03**, während sich rechts ein flaches Seitental öffnet, in das wir hineinwandern. Wir folgen dem Weg bergan bis knapp **unterhalb** des Passes **Collada de los Horcados Rojos 04**, an dem rechts der Gipfelanstieg zum Torre de los Horcados Rojos abzweigt (siehe Kasten auf Seite 125). Bis hierhin haben wir uns auf dem stark frequentierten Weg zu diesem relativ einfachen Gipfel bewegt.

Für den Tesorero biegen wir etwa 100 Meter vor dem Pass links auf Pfadspuren ab und halten zunächst auf den sehr spitzen Gratzacken rechts des Tesorero-Gipfels zu. Wir bleiben aber links unterhalb des Grats und erreichen eine **Senke 05** unterhalb dieses Gratzackens. Dort weisen Steinmänner den Weg links unterhalb des markanten Zackens in einem leichten Linksbogen auf den Gipfel des Tesorero zu. Dabei sind einige kleine Felsriegel in leichter Kraxelei über raue und scharfkantig verwitterte Platten zu überwinden.

Vor dem finalen Gipfelaufbau quert der Weg noch ein steiles Geröllfeld. Dann haben wir mehrere Optionen für die letzten gut 50 Höhenmeter: Wir können rechts herum den Gipfel ohne Kletterei aber mühsam und mit viel losem

Teleférico de Fuente Dé

Aktuelle Infos und Tickets für die Seilbahn unter:
https://entradas.telefericofuentede.com.

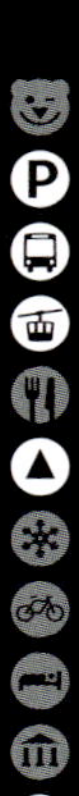

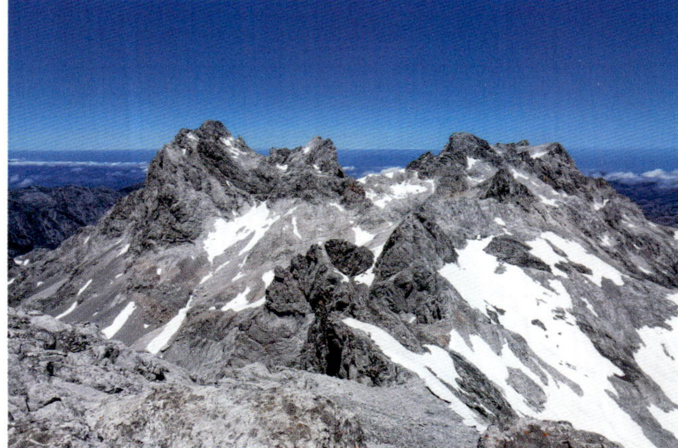

Vom Gipfel zeigen sich der Torre Cerredo (links) und der Atlantik.

Schotter erreichen, oder wir legen eine etwas schwierigere, dafür aber feste Kraxeleinlage durch eine frontal vor uns hochziehende Rinne ein. Die dritte Option ist ein nach links hinaufführendes Band, das zu einem ausgesetzten, aber kurzen und leicht zu erkletternden Grat (I–II) zum Gipfel **Pico Tesorero 06** führt. Dort werden wir eine ganze Weile brauchen, um all die großartigen Bilder und Eindrücke zu verarbeiten, die auf uns einwirken.

Der Abstieg erfolgt auf dem Hinweg.

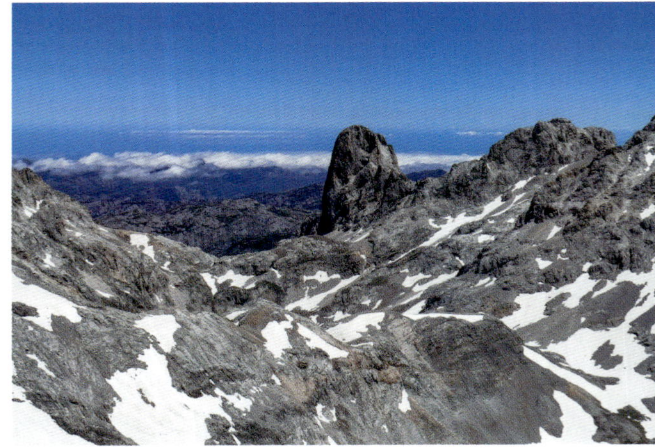

Die „Rückseite" des Naranjo de Bulnes (Picu Urriellu).

Variante Torre de los Horcados Rojos, 2503 m

Anstatt zum Pico Tesorero gehen wir zum Torre de los Horcados Rojos (mittelschwer). Um ihn zu erreichen, folgen wir den deutlichen Wegspuren, die **unterhalb** vom Pass **Collada de los Horcados Rojos 04** aus in Serpentinen aufwärts führen. Bis auf eine etwas ausgesetzte Passage kurz vor dem Gipfel warten keine nennenswerten Schwierigkeiten. (Vom Pass Hin- und Rückweg: 1 km, 0:40 h, 160 hm auf und ab).

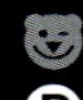

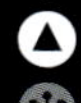
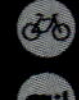

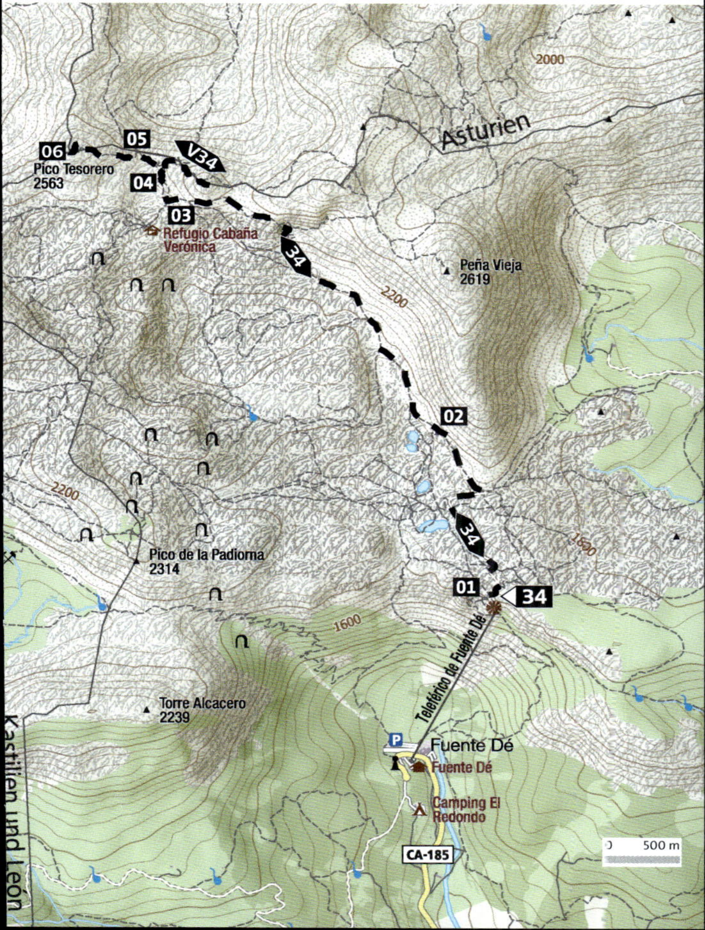

06 Pico Tesorero 2563
05
V34
04
03
Refugio Cabaña Verónica
Asturien
34
Peña Vieja 2619
2000
2200
02
34
01
34
Pico de la Padiorna 2314
1600
1800
Teleférico de Fuente Dé
Torre Alcacero 2239
Fuente Dé
Fuente Dé
Camping El Redondo
CA-185
0 500 m
Kastilien und León

35

REFUGIO COLLADO JERMOSO

Legendäre Berghütte in einmaligem Bergambiente

 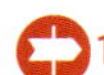 10,1 km  7:00 h 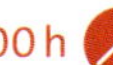 1275 hm  1275 hm

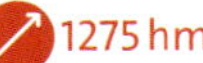

START | Parkplatz in Cordiñanes de Valdeón, 864 m.
[GPS: UTM Zone 30T x: 345.338 m, y: 4.781.274 m]
CHARAKTER | Der „wunderschöne Pass" hält, was sein Name verspricht, ist aber eher eine hoch über den Vorbergen und dem Wolkenmeer thronende Schulter. Eine lange Wanderung, die zwischenzeitlich Aufmerksamkeit bei der Orientierung verlangt, führt uns hinauf. Dank einer urigen Hütte mit viel Flair und Bergromantik können wir hier auch übernachten.

Vom **Parkplatz in Cordiñanes de Valdeón** 01 unter den großen Bäumen weist uns ein Schild in Richtung Collado Jermoso. Der als PR-PNPE-16 ausgewiesene und wie üblich gelb-weiß markierte Weg führt uns auf der rechten Talseite südwärts aus dem gemütlichen Dorf hinaus. Zunächst als breiter Fahrweg, dann als rechts abzweigender Bergpfad umkurvt er steil, schmal und etwas ausgesetzt einen **Felsgürtel** 02, der das sich rechter Hand öffnende Seitental der Riega l'Asotin bewacht. Die steilen Felsen weichen bald einer idyllischen Waldlandschaft, in der es nun etwas gemütlicher bergan geht. Doch nur für kurze Zeit, bis sich der Wald lichtet und wir an ein meist trockenes **Bachbett** 03 kommen. An der Seitenmoräne einer Geröllhalde wandern wir nun wieder steiler

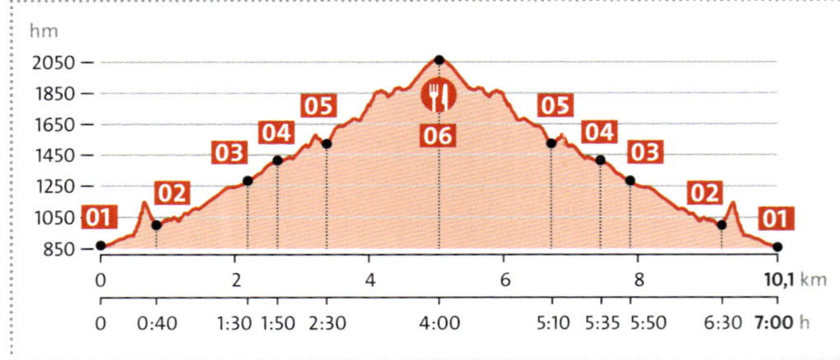

01 Parkplatz in Cordiñanes de Valdeón, 864 m; 02 Felsgürtel, 1003 m; 03 Bachbett, 1274 m; 04 Vega l'Asotin, 1398 m; 05 Schulter, 1591 m; 06 Refugio Collado Jermoso, 2064 m

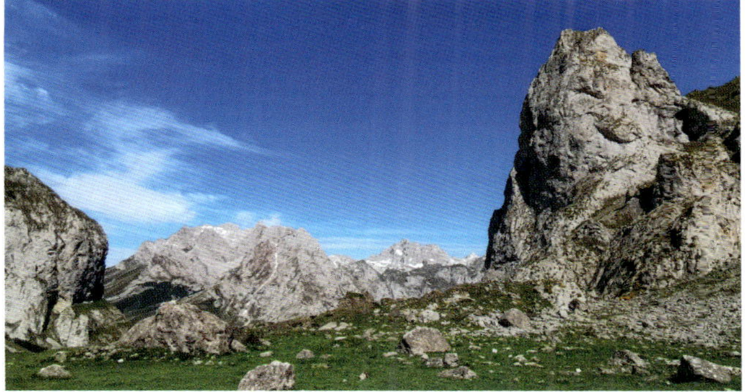

Die Vega l'Asotin lädt zum Verweilen ein.

zur **Vega l'Asotin** 04 hinauf. Auf dieser wunderschönen kleinen Hochebene folgen wir dem Schild nach links hinauf in das Geröll- und Schrofengelände des Seitentals, das wie eine Rampe links hinaufführt. Wir erreichen über diese Rampe eine **Schulter** 05, die schon eine gewisse Ähnlichkeit mit dem Collado Jermoso hat, jedoch noch eine Etage tiefer liegt.
Wir wenden uns nach rechts und haben nun eine lange, in zwei leichten Linksbögen aufwärts führende Hangquerung vor uns. Gegen Ende dieser Querung wartet ein deutlicher Gegenabstieg, bevor wir links um den Berg herum wandern und einen weiteren Talkessel erreichen. Dort führen uns die Steinmänner und Markierungen mitten hinein. Dieser Kessel ist im Vergleich zur unter uns liegenden „Rampe" sehr zerklüftet und unübersichtlich. Wir überwinden ihn in einem leichten Rechtsbogen, wobei wir sehr genau auf den Wegverlauf und

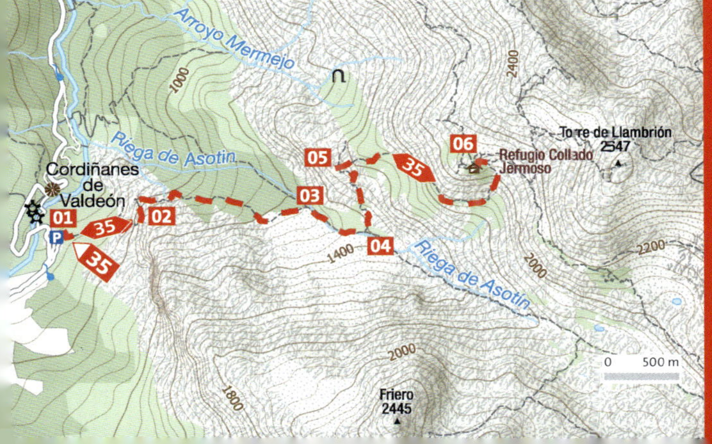

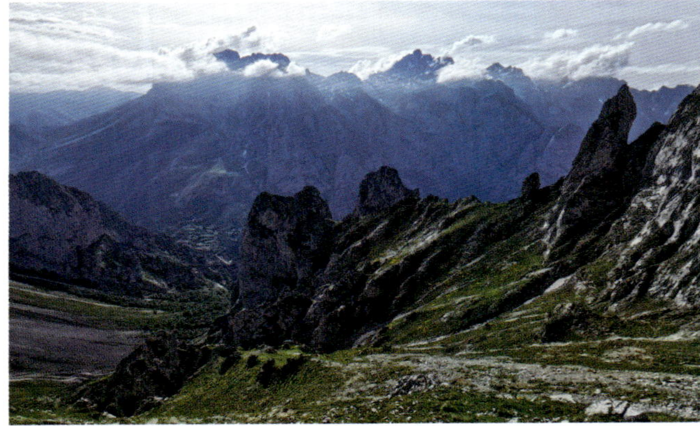

Spätes Nachmittagslicht bringt im oberen Wegteil die ästhetischen Linien und Formen der Picos zur Geltung.

weitere Markierungen achten müssen. Zuletzt folgen wir einem kleinen Bachbett in teilweise sehr steilen Kehren aufwärts und erblicken erst ganz zuletzt über einer Felswand die Hütte **Refugio Collado Jermoso** 06, die wir wenige Minuten später erreichen.
Der Rückweg erfolgt auf dem Hinweg.

Tipp

Die nahe der Hütte gelegenen und in je etwa 15 Minuten erreichbaren Gipfel Torre Jermoso und Torre del Llaz sind überragend schöne Aussichtspunkte.

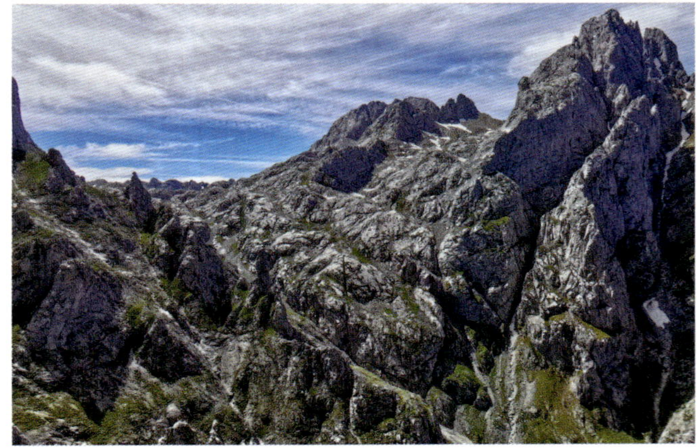

Blick vom Hüttenaufstieg zu Torre de Llordes und Friero.

TORRE DE LA PALANCA • 2609 m

Hoch hinaus in großartiger Szenerie

 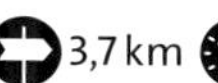 3,7 km 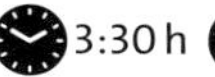 3:30 h 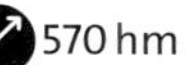 570 hm 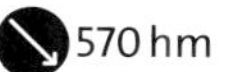 570 hm

START | Refugio Collado Jermoso, 2064 m. Aufstieg zum Refugio: siehe Tour 35, Seite 126.
[GPS: UTM Zone 30T x: 348.071 m, y: 4.781.720 m]
CHARAKTER | Steile und fordernde Bergtour in den vielleicht wildesten Winkel der Picos de Europa, der ohne Kletterausrüstung erreichbar ist. Hinweis: Bei dieser Tour ist bis in den Juli hinein mit Schneefeldern zu rechnen, vor allem auch in steilem Gelände!

Von der Hütte **Refugio Collado Jermoso** **01** ist der erste Abschnitt des Wegs gut einzusehen, ebenso wie der breite Gipfelrücken. Zunächst wandern wir entspannt auf gleicher Höhe hinüber zur anderen Seite des Hochgebirgskessels. Ein Steinhaufen mit einer **Eisenstange** **02** markiert den Punkt, an dem wir links hinauf abbiegen. Steinmänner und gelb-weiße Markierungen leiten uns nun stetig höher, immer auf die linke, von Felsgipfeln gebildete Umrandung des Kessels zu. Bald erreichen wir die **erste Steilstufe** **03**, die rechts in der Verschneidung gut erklommen werden kann. Diese Stelle markiert den Übergang in ernsthaftes, weniger fehlertolerantes Alpingelände. Wer hier nicht problemlos und „sauber" hinauf gekommen ist, sollte umkehren.
Der Kessel wird nun zum felsigen Amphitheater, in dem bis in den Hochsommer steile Schneefelder den Weg kreuzen – trotz der südseitigen Lage. Der Weg führt

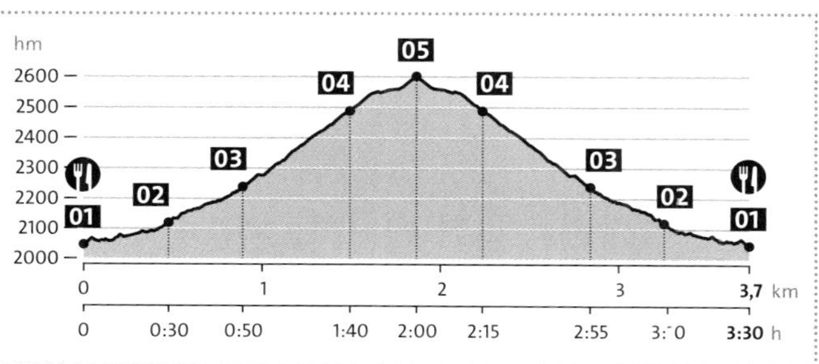

01 Refugio Collado Jermoso, 2064 m; **02** Eisenstange, 2083 m; **03** erste Steilstufe, 2233 m; **04** Rinne, 2485 m; **05** Torre de la Palanca, 2609 m

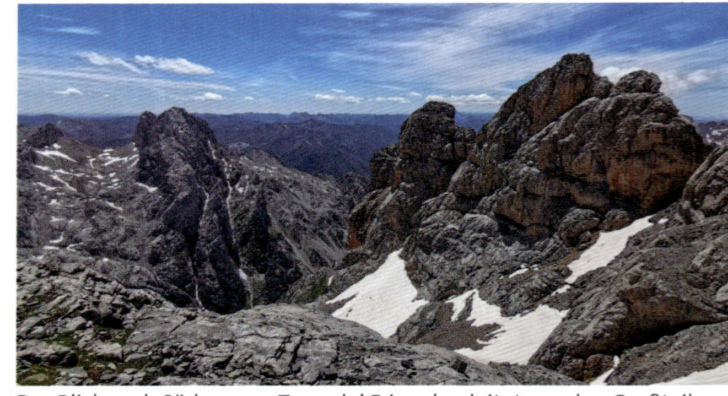

Der Blick nach Süden zum Torre del Friero begleitet uns den Großteil der Tour.

über steile Geröllhalden dicht unterhalb der Felswände des Torre Delgado Ubeda und des Torre Diego Mella in einem Linksbogen auf die breite, rundliche Gipfelmauer des Torre Palanca zu. Teils in den Schotterflanken, teils direkt über die Felsstufen gelangen wir in die **Rinne 04**, die von einer markanten Scharte rechts unterhalb des Torre Diego Mella hinab führt. Etwa 50 Meter vor dieser Scharte steigen wir unter einer kompakten Felsflanke nach rechts, um dann direkt über einigen Steilabbrüchen in einem Rechts-Links-Zickzack auf die linke Seite des breiten Gipfelaufbaus des Torre Palanca zuzuhalten. Das zerklüftete Stufengelände stellt mit seiner Komplexität gewisse Anforderungen an den Routenspürsinn. Die Steinmänner und Wegspuren weisen nicht immer

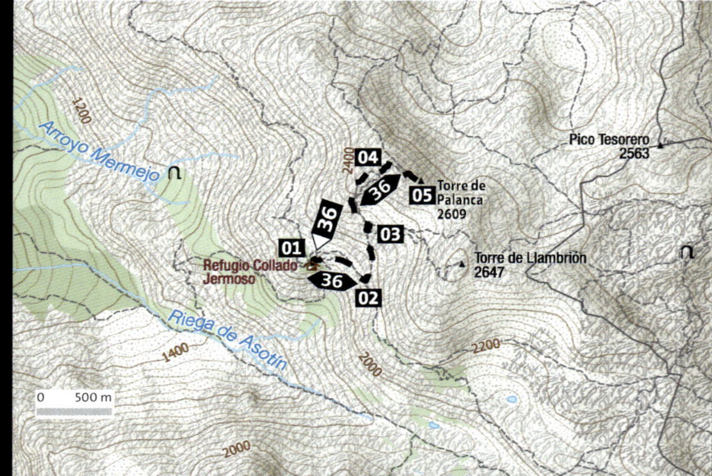

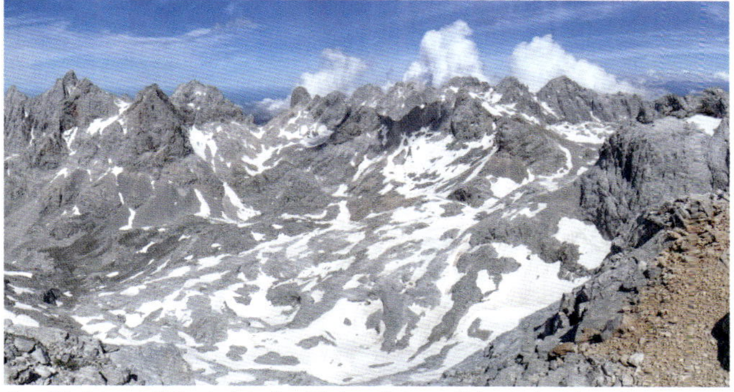
Am Gipfelgrat öffnet sich der Blick auf den wilden Felszirkus des Zentralmassivs.

den bestmöglichen Weg bzw. teils in verschiedene Richtungen. Solange man sich jedoch nicht zu weit in die schwierigen Steilflanken rechter Hand begibt, ist man auf Gipfelkurs.

Diese mühsame Passage ist jedoch nicht lang, der Gipfelaufbau legt sich bald zurück, sodass man die letzten 50 Höhenmeter auf einem guten, nicht zu steilen Bergpfad zurücklegt. Die gewaltigen Tiefblicke nach Süden und Westen werden dabei um weitere Perspektiven bereichert. Oben am Gipfel des **Torre de la Palanca 05** haben wir dann das ganze Zentralmassiv vor der Nase – inklusive des höchsten (Torre Cerredo) und des berühmtesten Gipfels (Naranjo de Bulnes/Picu Urriellu).

Für den Rückweg auf demselben Weg sammeln wir nochmal die Kräfte und die Konzentration, um sicher am **Refugio Collado Jermoso 01** anzukommen.

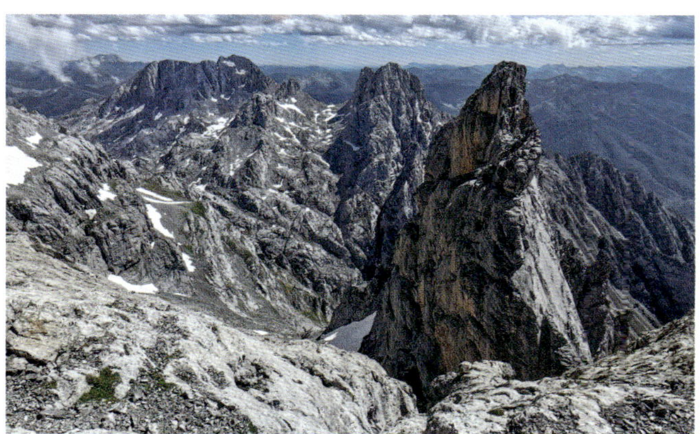
Kurz vor dem Gipfel im abflachenden Gelände.

VEGA DE LIORDES

Wallendes Wiesenmeer im Hochgebirge

 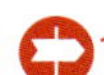 10,2 km 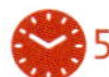 5:30 h 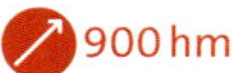 900 hm 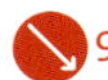 900 hm

START | Parkplatz an der Talstation der Fuente Dé-Seilbahn, 1087 m. [GPS: UTM Zone 30T x: 352.572 m, y: 4.778.490 m]
CHARAKTER | Steile Wandertour mit viel Geröll auf dem Weg. Beim Auf- und Abstieg sind die tiefen Abgründe und hohen Wände des Talkessels von Fuente Dé unmittelbar päsent. Dabei ist der Weg immer breit genug, damit das genüssliche Kribbeln nicht ins Schaudern umschlägt.

Vom **Parkplatz an der Talstation** 01 aus überqueren wir die große Weide auf dem Pfad vom Parador Hotel nach links (Richtung Westen), bis wir auf den breiten Wanderweg PR 25 stoßen. Dieser führt uns den seitlichen (westlichen) Hang zu den Felswänden hinauf. Die Schilder an der **Wegkreuzung** 02 weisen auch die Vega de Liordes aus. Wir folgen dem hier noch nicht allzu steilen PR 25, bis wir nach etwa 20–30 Minuten einen weiteren Abzweig erreichen. Hier biegen wir links ab, bleiben also auf dem PR 25.
Das nun zunehmend steilere Gelände überwinden wir auf immer enger gezogenen Serpentinen, wodurch wir schnell Höhe gewinnen. Etwas gebremst werden wir allerdings durch nun deutlich mehr loses Gestein auf dem Weg. Sofern möglich gehen wir zügig, da das umgebende Steilgelände naturgemäß steinschlaggefährdet ist. Auf dem Rückweg müssen wir hier außerdem konzentriert

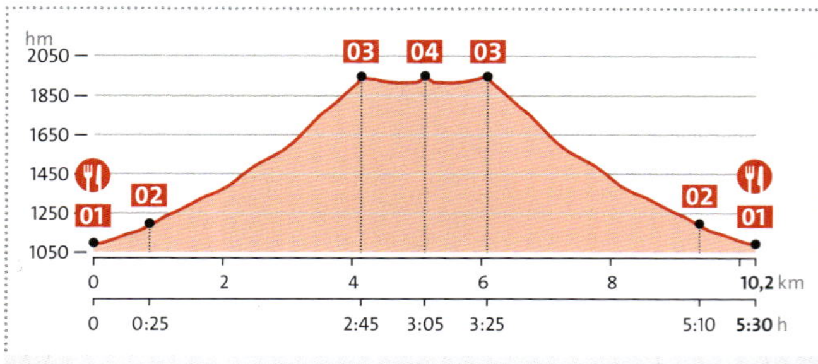

01 Parkplatz an der Talstation, 1087 m; 02 Weggabelung, 1197 m; 03 Collado de Liordes, 1954 m; 04 Vega de Liordes, 1960 m

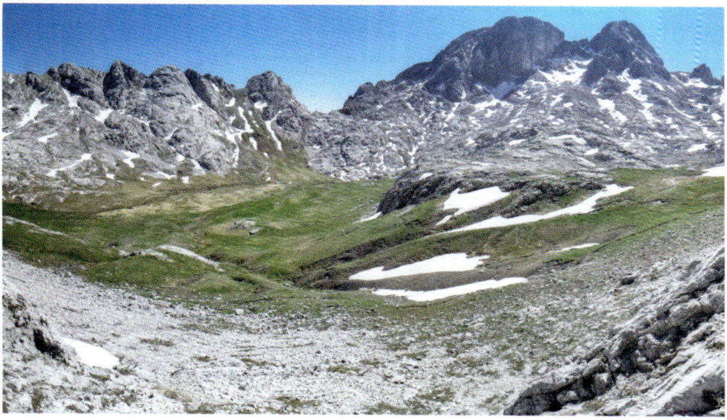

Panoramablick von Norden über die Vega de Liordes.

gehen, um nicht auf einem der zahllosen Kiesel auszurutschen. Für erfahrene Bergwanderer sind das alles keine besonderen Probleme, doch manche der hier anzutreffenden Touristen in weichen Turnschuhen erleben ein blaues Wunder.

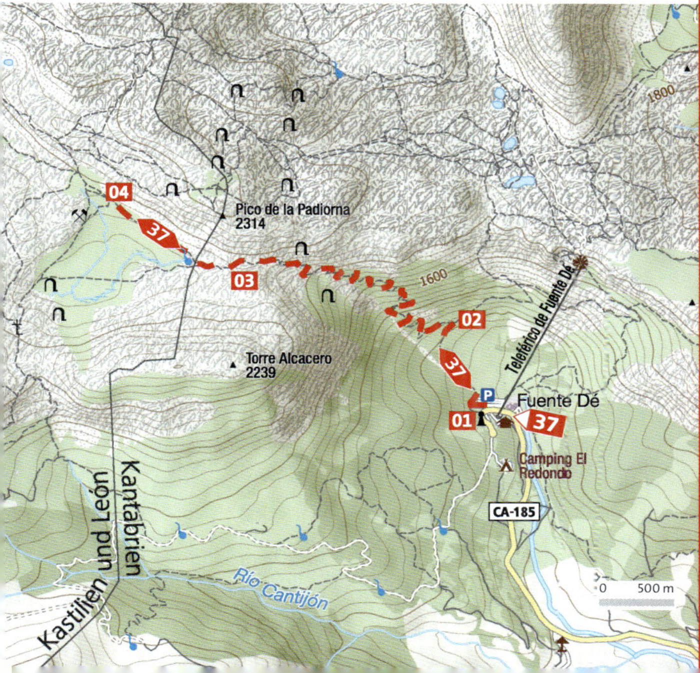

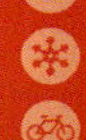
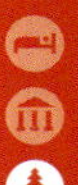

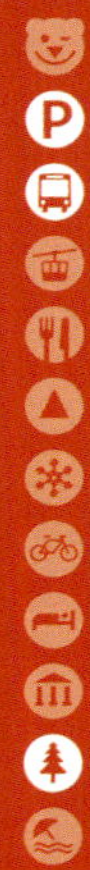

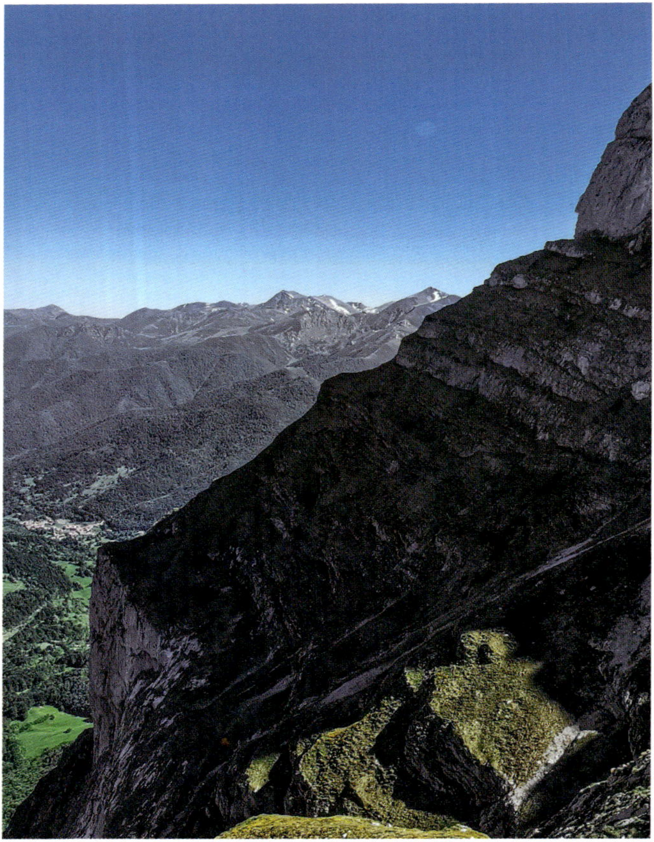

Der steile Weg im Canal del Embudo bietet spannende Perspektiven.

Wir schrauben uns noch mehrere hundert Höhenmeter durch den beeindruckenden Canal del Embudo, bis wir den felsigen Sattel des **Collado de Liordes** 03 erreichen. Hier eröffnet sich nach und nach der Blick auf die grünen Weiten der Vega de Liordes. Sie ähnelt einem großen Bergsee und war einst auch tatsächlich einer. Ihre ganze Anziehungskraft und Faszination wird man erst vor Ort wirklich erfahren.

Wir können je nach Lust und Tagesform entscheiden, ob wir die tolle Umgebung von hier aus genießen oder noch näher erforschen. Empfehlenswert ist auf jeden Fall die Fortsetzung des Wegs entlang der Nordseite der **Vega de Liordes** 04 bis zu ihrer gegenüberliegenden Ecke. Auch eine komplette Umrundung ist möglich.
Die Rückkehr erfolgt auf dem gleichen Weg.

POZO LLAU (LAGO SALVORÓN)

Der Mini-Bergsee am Ende der Welt

 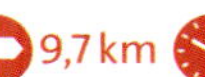 9,7 km 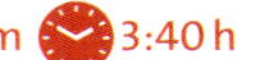 3:40 h 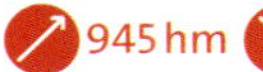 945 hm 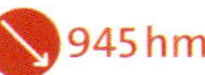 945 hm

START | Parkplatz am Bauernhof vor Pido, 1006 m. Anfahrt: Von der Landstraße CA-185 nach Fuente Dé hinter Espinama unmittelbar bei Kilometer 21 links ab. Hinter einer scharfen Linkskurve beginnt bei einem Bauernhof vor dem Weiler Pido der Weg. Hier befinden sich einige Parkmöglichkeiten.
[GPS: UTM Zone 30T x: 353.102 m, y: 4.776.505 m]
CHARAKTER | Abwechslungsreiche Wanderung mit viel Wald zu Beginn und zuletzt offenem Alpingelände mit Wiesen, Schrofen und etwas Geröll in kurzen Steilstücken.

Bergseen sind in den Picos de Europa rar gesät. Nun wäre es etwas übertrieben, den Pozo Llau als See zu bezeichnen, auch wenn er gelegentlich als Lago Salvorón bezeichnet wird. Ein sehr fotogenes Motiv gibt dieses tief in den Bergen versteckte Gewässer jedoch allemal ab. Vor allem wenn sich die Gipfel des Zentralmassivs in seiner Oberfläche spiegeln.

▶ Vom **Parkplatz am Bauernhof vor Pido** 01 folgen wir dem etwas demolierten Schild Richtung Puerto de Salvorón. Der Forstweg führt uns in das idyllische Tal des nur manchmal wasserführenden Río Salvorón. Gleich zu Beginn gibt es tolle Blicke auf den „Circo“, den von eiszeitlichen Gletschern ausgehobelten Talschluss von Fuente Dé. Es folgt ein langer Waldabschnitt mit einigen Weg-

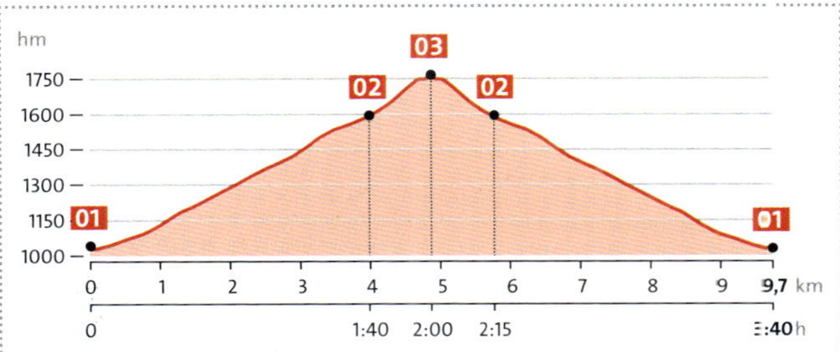

01 Parkplatz am Bauernhof vor Pido, 1006 m; 02 Almhütte, 1584 m; 03 Pozo LLau (Lago Salvorón), 1760 m

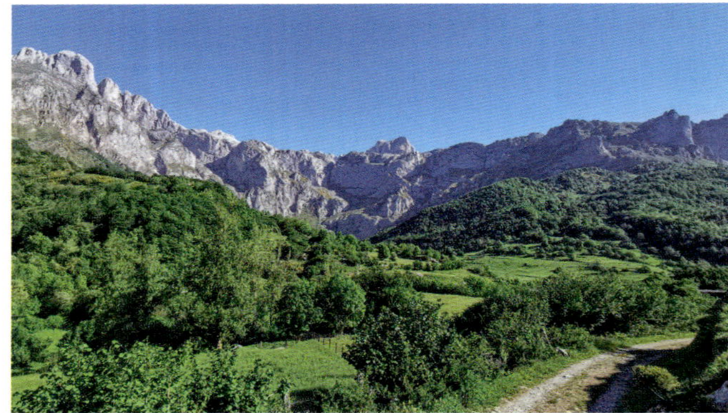

Kurz nach dem Start blicken wir auf den Talkessel von Fuente Dé.

verzweigungen, an denen der richtige Abzweig mit Steinmännern markiert ist. Der richtige Weg führt gleichmäßig leicht bergan, also nicht den Hang hinauf und nicht zum Fluss hinunter.
Nach eineinhalb Kilometern folgt der Weg einer Linksbiegung des Tals, weiterhin gleichmäßig aber nun etwas steiler an Höhe gewinnend. Wir legen nochmal etwa die gleiche Strecke zurück, bis wir auf die ersten Lichtungen und Weiden stoßen. Der Weg folgt nun dem Tal in eine Rechtskurve. Nach einem letzten Waldstück erklimmen wir auf dem weiterhin guten und eindeutigen Weg eine Geländestufe. Wir erreichen einen offenen Talkessel, in dem sich eine steinerne **Almhütte** 02 befindet. An der Hütte vorbeigehend halten wir uns links, um die nächste Geländestufe an ihrer linken Seite auf einem nun schmalen Wanderweg zu überwinden. In dem folgenden,

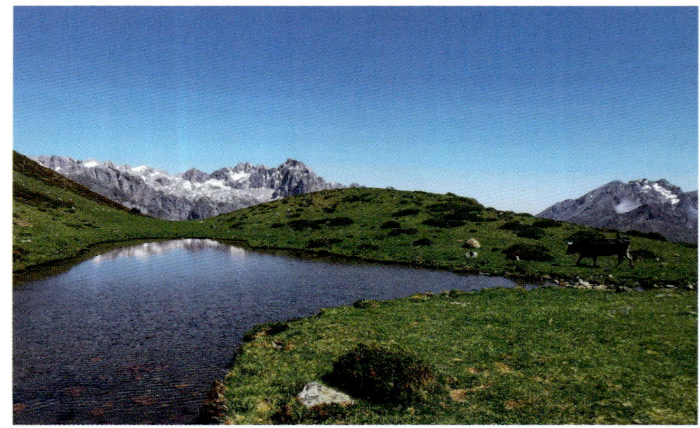

„Klein aber fein" lautet das Motto des Pozo Llau (Lago Salvorón).

nächsthöheren Talkessel befindet sich der Pozo Llau noch nicht. Wir müssen noch eine letzte Steilstufe nehmen, auf der uns etwas Schotter und Geröll erwartet. Dann endlich zeigt sich rechts der **Pozo Llau (Lago Salvorón)** 03, wo wir eine Rast in wildromantisch-abgeschiedenem Bergambiente mit schöner Aussicht aufs Zentral- und Ostmassiv der Picos genießen können.

Zurück wandern wir auf dem Hinweg.

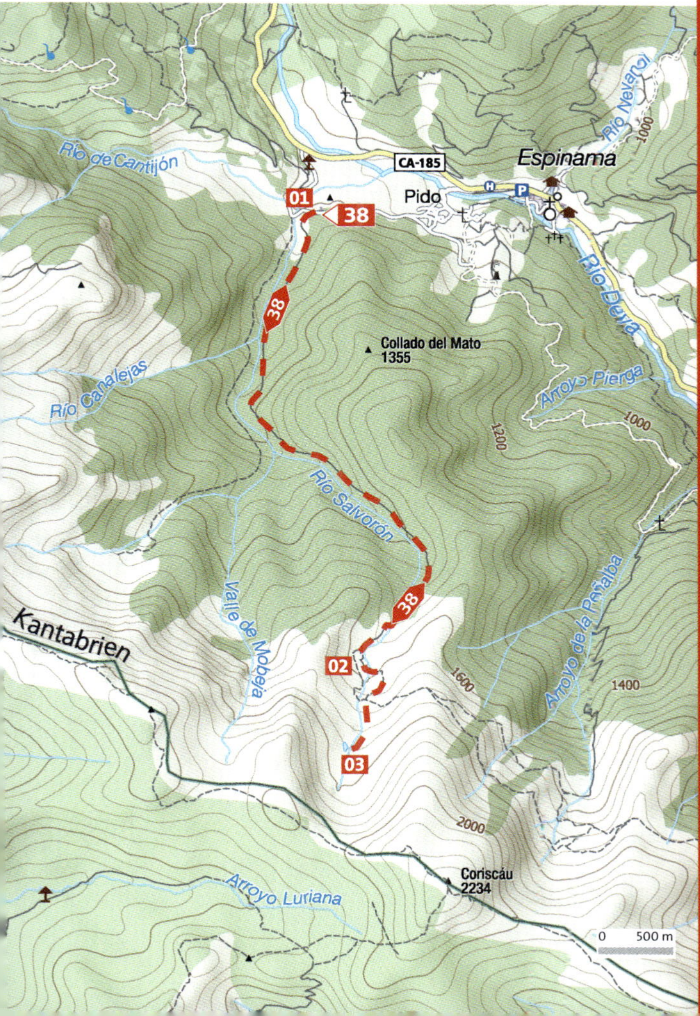

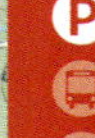

PICO DE VALDECORO • 1837 m

Über der Felsarena von Fuente Dé

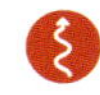  7,4 km 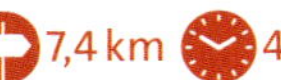 4:15 h  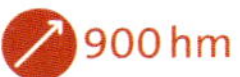 900 hm  900 hm

START | Parkplatz an der Talstation der Fuente Dé-Seilbahn, 1087 m. [GPS: UTM Zone 30T x: 352.572 m, y: 4.778.490 m]
CHARAKTER | Auf überwiegend schmalem Bergpfad geht es abwechslungsreich durch die Rampen und Quergänge des großen Felskessels. Der mühsame Abschnitt zum Pass wird durch den schönen Gipfel entschädigt.

In manchen Karten wird dieser Gipfel als Juracao bezeichnet und ein weiter östlich gelegener Gipfel als Valdecoro. Unsere Tour führt auf den westlichen der beiden Gipfel, der in der Alpina 25 Karte als Pico de Valdecoro bezeichnet wird. Der Valdecoro-Juracao-Gipfelkamm steht als vorgelagerter Eckpfeiler im Osten des imposanten Felskessels von Fuente Dé. Seine exponierte Randposition verspricht spektakuläre Perspektiven und Aussichten.

▶ Vom **Parkplatz an der Talstation** 01 überqueren wir die große Weide auf dem Pfad vom Parador Hotel nach links (Westen). Dort stoßen wir an einer beschilderten Wegverzweigung auf den breiten Wanderweg PR 25, der uns auf dem seitlichen (westlichen) Hang in Richtung der Felswände hinauf führt. In einem leichten Linksbogen gewinnen wir an Höhe und erreichen nach insgesamt 20–30 Minuten eine weitere **Weggabelung** 02. Links zweigt der Weg zur Vega de

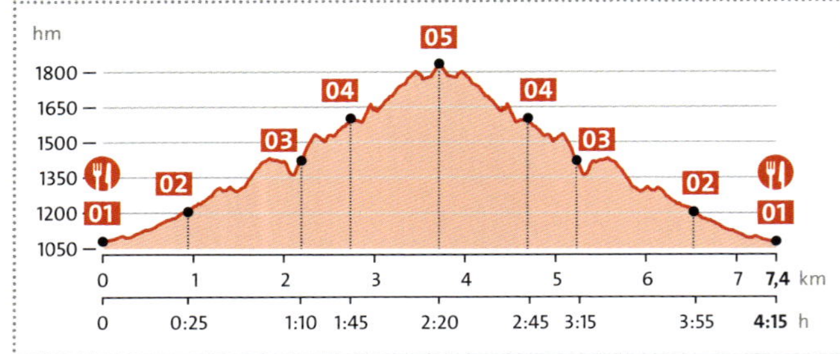

01 Parkplatz an der Talstation, 1087 m; 02 Weggabelung, 1198 m; 03 Förderanlage, 1418 m; 04 Spitzkehre, 1597 m; 05 Pico de Valdecoro, 1837 m

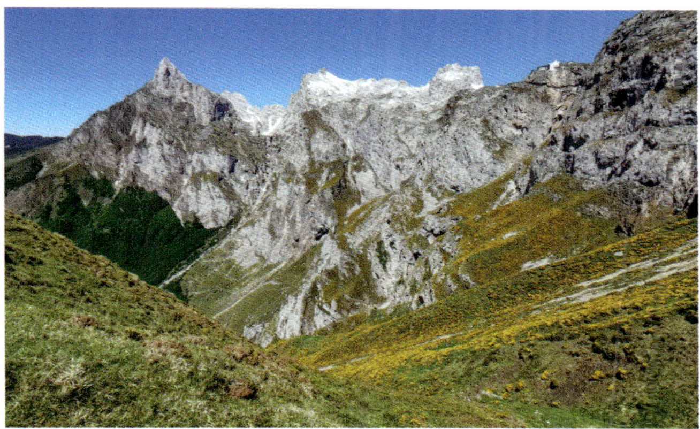

Am Collado de Valdecoro ist man mitten im Felsenspektakel.

Liordes ab (Tour 37, Seite 132), rechts zieht unser weiterer Weg den Hang schräg nach rechts (Nordost) in Richtung der El-Cable-Bergstation hinauf. Wir gewinnen auf dem guten Wanderweg schnell an Höhe und kommen dem steilen Felszirkus immer näher. Wir erreichen eine Spitzkehre und wenig später eine weitere, an der ein schmaler Pfad in Richtung des Canal de Jenduda nach links abzweigt.

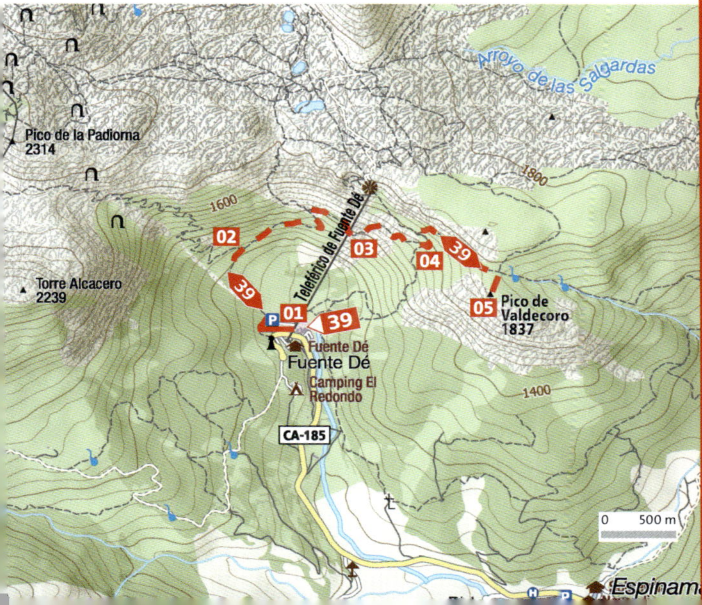

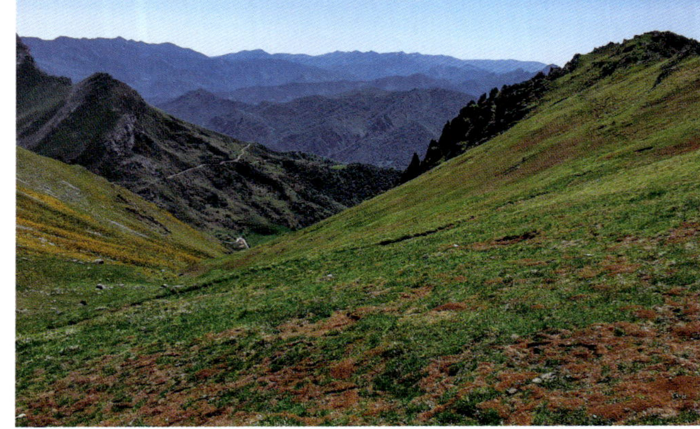

Der Blick in östliche Gegenrichtung zeigt die viel sanftere Landschaft der Liébana.

Wir wandern rechts, in Richtung des Seilbahnkabels und auf einen markanten Pfeiler in der Felswand zu. Um diesen Pfeiler führt unser Weg nun rechts herum. Dabei stoßen wir auf einen alten Stollen, auf Überreste einer **Förderanlage** 03 und Ruinen von Bergarbeiterunterkünften. Der Weg verliert nun etwas an Höhe und folgt geschickt den mit Gras und Gebüsch bewachsenen Querbändern zwischen den Felsabbrüchen.

Links unterhalb vom Gipfel des Juracao sehen wir den Collado de Valdecoro, der ihn vom Rest des Massivs trennt. In der Rinne, die zu diesem Pass hinaufführt, legt unser Weg eine weit ausholende **Spitzkehre** 04 ein und führt von dort wieder in Richtung Seilbahnkabel. Wir wandern etwa 100 Meter in diese Richtung und biegen dann scharf nach rechts oben ab. Den Hang geht es bis knapp unter die Felswände und von dort schräg rechts zum Valdecoro-Pass hinauf.

Am Collado Valdecoro haben wir nur noch den vergleichsweise angenehmen und kurzen Gipfelhang vor uns. Auf dem **Pico de Valdecoro** 05 angekommen haben wir den perfekten Tiefblick auf den gesamten Felszirkus von Fuente Dé, auf das Zentralmassiv der Picos de Europa, auf die grünen Täler der Liébana und die endlosen Bergketten im Süden und Osten.

Die Rückkehr erfolgt auf dem Hinweg.

Tipp

Diese Tour kann durch die Benutzung der Fuente Dé-Seilbahn abgekürzt werden (ab Bergstation: 3,8 km, 2:00 h, jeweils 180 hm auf und ab).

PICO DE LA PADIORNA • 2314 m

Vielseitige Aussicht überm Abgrund

  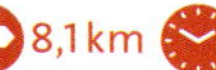 8,1 km 4:00 h 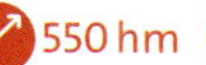 550 hm 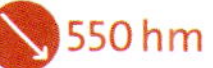 550 hm

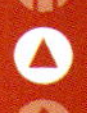

START | Bergstation „El Cable“ der Seilbahn „Teleférico de Fuente Dé“, 1823 m. Auffahrt mit der Seilbahn zur Bergstation.
[GPS: UTM Zone 30T x: 353.213 m , y: 4.779.450 m]
CHARAKTER | Mittelschwere Bergwanderung durch offenes Alpingelände auf einen eleganten Gipfel mit unvergleichlicher Rundsicht. Die „technische Hürde“ besteht in einem (notfalls umgehbaren) 2-Meter-Felsriegel, an dem wir die Hände einsetzen müssen.

Wir verlassen die **Bergstation „El Cable“** 01 auf der breiten, als PR 23 und 24 ausgeschilderten Wanderpiste, die die Besuchermassen in Richtung Norden verteilt. Nach etwa einem Kilometer macht sie eine scharfe Rechtskurve, an der unser Weg bei einer **Markierungsstange** 02 scharf nach links abbiegt. Wir gehen hin-ab in das Block- und Karstgelände und sehen vor uns schon den Canal de San Luis, der uns immer geradeaus an den Gipfelaufbau des Pico de la Padiorna führt. Zwei rote Striche als Markierungen weisen uns nun gelegentlich den Weg, den wir aber auch so meist gut erkennen können. Immer geradeaus geht es nur in angenehm gleichmäßiger Steigung an der linken Seite des kleinen Tals aufwärts, bis sich das Tal zu einer Rinne („Canal“) verengt. Einen Felsriegel mit einer kleinen ehemaligen Mine umgehen

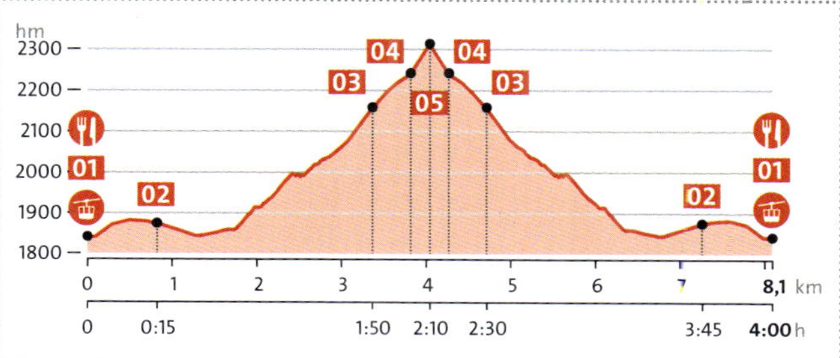

01 Bergstation „El Cable“, 1823 m; 02 Markierungsstange, 1886 m; 03 Scharte, 2174 m; 04 Colladina de las Nieves, 2245 m; 05 Pico de la Padiorna, 2314 m

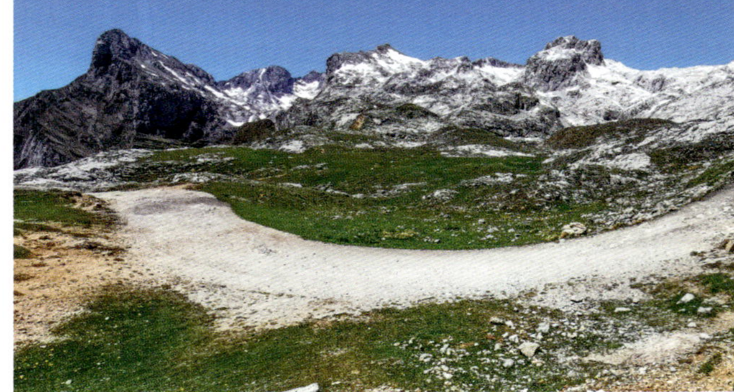

Als schlankes Horn in der Mitte lockt der Pico de la Padiorna von der Bergstation aus.

wir links, um dahinter den rechts ansteigenden Schotterhang hinaufzusteigen. Steinmänner und eine Eisenstange dienen als Orientierungshilfen. Wir erreichen eine kleine **Scharte** **03**, hinter der sich ein beeindruckender Felskessel auftut. Wir wenden uns nun nach links und folgen der roten Markierung sowie den Steinmännern, die uns über den zerklüfteten Gratrücken nach oben führen. Dabei stoßen wir auf einen 2-Meter-Felsriegel, den wir mit ein bis zwei Kletterzügen (schätzungsweise Schwierigkeitsgrad I bis II) überwinden. Die Stelle kann zwar umgangen werden, allerdings sind die entsprechenden Umwege mühsam. Nach dieser „Schlüsselstelle" wird das Gelände bald wieder übersichtlich und flacher und der Weg entsprechend einfach. Wir erreichen einen Sattel

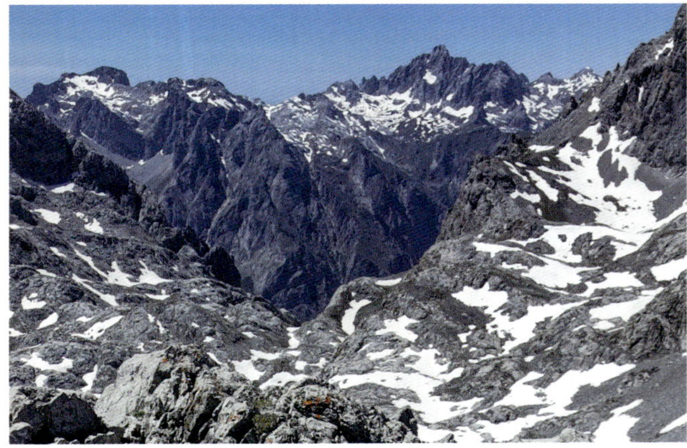

Richtung Gipfel öffnet sich der „Durchblick" zur Peña Santa de Castilla, der Königin des Ostmassivs.

Gipfelpanorama mit der Vega de Liordes unten links und der Peña Santa im Hintergrund.

Colladina de las Nieves 04 und ein kleines Plateau, auf dem wir den Kegel des Gipfels direkt vor uns haben. Auf Wegspuren über feinen Kies und relativ festes Gestein gelangen wir leicht rechts haltend ohne weitere Schwierigkeiten hinauf.

Auf dem **Pico de la Padiorna** 05 genießen wir die einmalige Aussicht über die monumentale Architektur des südlichen Zentralmassivs. Imposant sind der fast senkrechte Tiefblick auf die grün leuchtende Vega de Liordes und der „Durchblick“ zum von der Peña Santa de Castilla gekrönten Ostmassiv.

Der Rückweg erfolgt auf dem Hinweg.

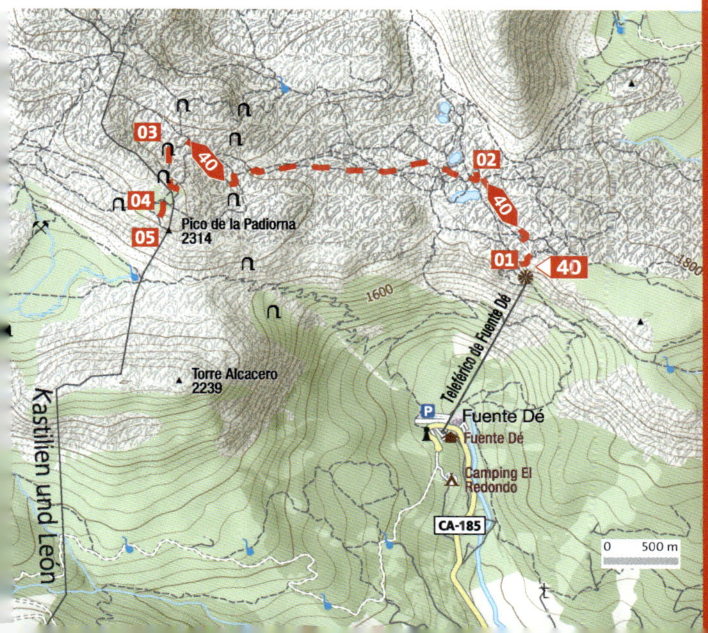

41

ABSTIEG BERGSTATION „EL CABLE“ – FUENTE DÉ

Der einfachste Abstieg ohne Seilbahn

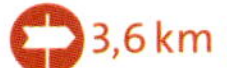

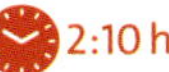

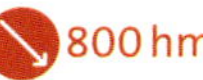

START | Bergstation „El Cable“ der Seilbahn „Teleférico de Fuente Dé“, 1823 m. Auffahrt mit der Seilbahn zur Bergstation. [GPS: UTM Zone 30T x: 353.213 m , y: 4.779.450 m]
CHARAKTER | Unkompliziertester Abstieg vom Zentralmassiv nach Fuente Dé, falls man die letzte, in der Nebensaison schon um 18 Uhr veranschlagte, Talfahrt der Seilbahn verpasst. Im oberen Teil steil und mit Steinen belegt, wird der Bergpfad nach unten hin bequemer.

Bei längeren Touren im Zentralmassiv kann es immer zu ungeplanten Verzögerungen kommen, sodass man sich nicht allein auf die letzte Talfahrt der Seilbahn verlassen sollte. Der Abstieg zu Fuß sollte als Plan B einkalkuliert sein.

▶ Direkt vor der **Bergstation „El Cable“** 01 führt eine tief ausgetretene Erosionsspur im Gras parallel zum Hangabbruch nach links/Westen. Die Spur verliert sich allerdings nach weniger als hundert Metern. Hier, noch in Sicht- und Hörweite der Station, geht es nach links runter in das Steilgelände. Zunächst wenig einladend, da es scheinbar auf den Abgrund zugeht und weder ein echter Weg noch eindeutige

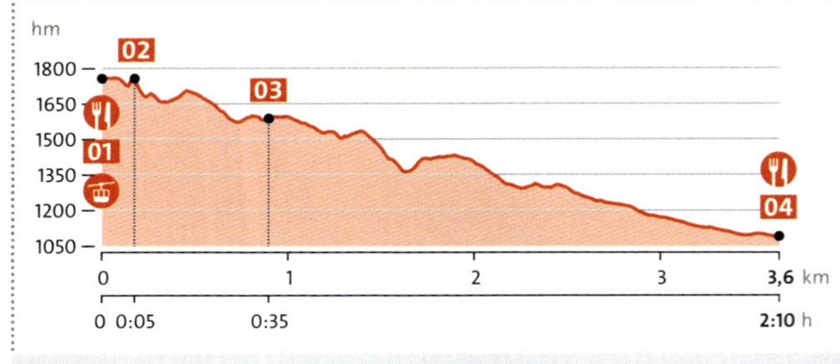

01 Bergstation „El Cable“, 1823 m; 02 Spitzkehre, 1798 m; 03 Weggabelung, 1605 m; 04 Parkplätze bei der Talstation in Fuente Dé, 1087 m

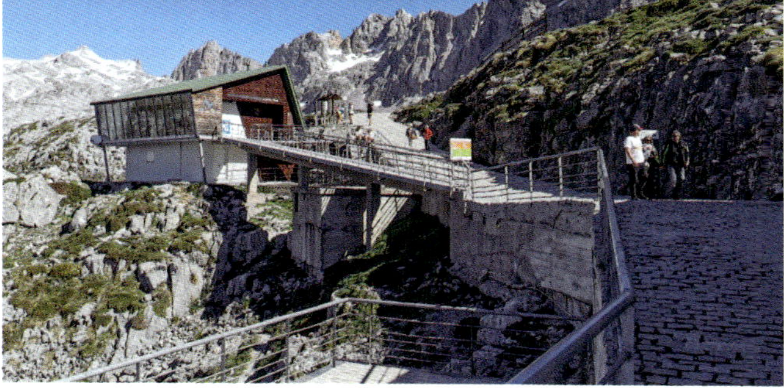

An der Bergstation herrscht an Schönwettertagen turbulenter Betrieb.

Markierungen vorhanden sind. Wir müssen zunächst ein Stück rechts, also von der Seilbahn weg, zwischen abschüssigen, aber sehr festen und mit rauen Wasserrillen durchzogenen Kalkplatten hinunter. Dort kommen deutliche Steinmänner in Sicht, denen wir zu einem nun deutlich sichtbaren, braunen Schotterpfad folgen. Zunächst geht es noch kurz in die gleiche Richtung, dann in einer **Spitzkehre** 02 nach links hinunter in Richtung der Seilbahntrasse. Bis dorthin geht es abwechselnd flach und steil abwärts, bis sich unterhalb der Seilbahn ein konkaver Geländekessel vor uns auftut. Diesen durchquerend steigen wir steil und geradeaus auf dem mit vielen Steinen in allen Größen bedeckten Pfad ab, bis sich das Gelände wieder in eine Linkskurve legt. Dort folgen wir in nurmehr sanftem Abstieg einem Band, das uns in den grünen Kessel unterhalb des Collado de Valdecoro führt. Dort stoßen wir an einer **Weggabelung** 03 auf den Weg, der in Tour 39 (Pico de Valdecoro, Seite 138) im Aufstieg beschrieben ist. Er ist von nun an durchgehend gut zu sehen und unschwierig zu verfolgen. Wir müssen nur aufpassen, dass wir hier nicht den scheinbar sinnvollen Direktastieg

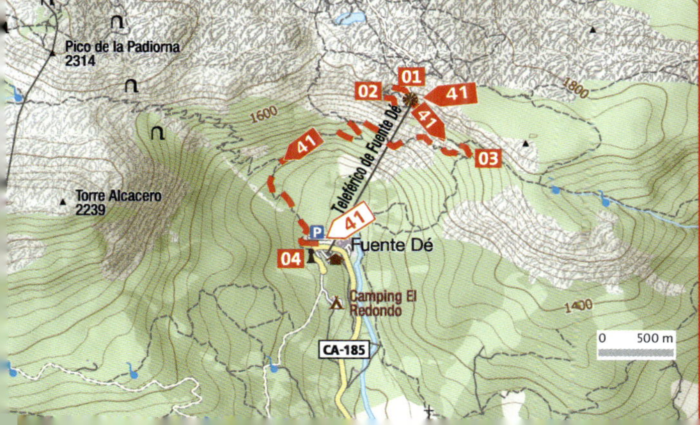

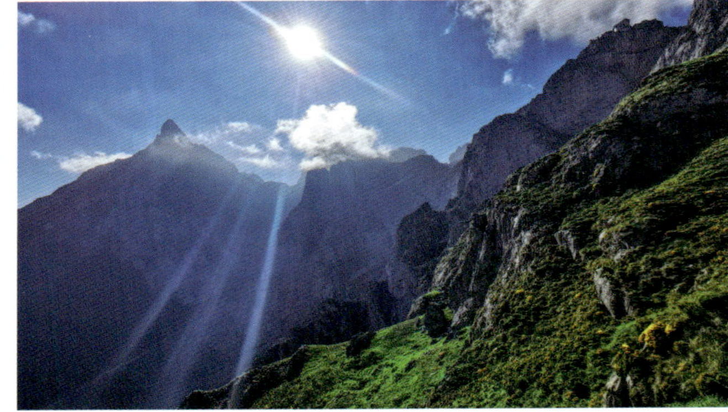

Im Mittelteil des Abstiegs: Oben rechts ist die Bergstation zu sehen.

nehmen, sondern zunächst dem nur leicht absteigenden Pfad nach Westen, in Richtung der Seilbahn, folgen. Der Pfad führt hinüber zu dem großen Mittelpfeiler des „Circo" von Fuente Dé. Anschließend führt er uns um den Pfeiler herum und dahinter in einem weiten Rechtsbogen hinunter nach Fuente Dé. Wir stoßen dabei noch auf zwei Weggabelungen, denen wir jeweils nach rechts abwärts folgen, bevor wir schließlich die große Wiese und das Ziel, die **Parkplätze bei der Talstation in Fuente Dé 04**, erreichen.

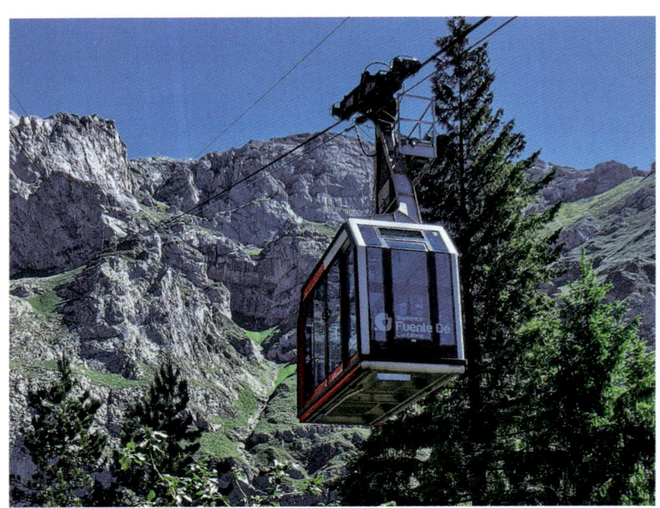

Die beiden Kabinen können jeweils etwa 20 Personen pro Fahrt transportieren.

PEÑA VIEJA • 2619 m

Großer Berg mit großer Aussicht

  10,7 km  5:45 h 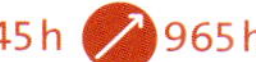  965 hm 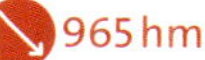 965 hm

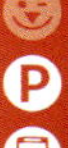

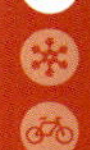

START | Bergstation „El Cable“ der Seilbahn „Teleférico de Fuente Dé“, 1823 m. Auffahrt mit der Seilbahn zur Bergstation. [GPS: UTM Zone 30T x: 353.213 m , y: 4.779.450 m]
CHARAKTER | Abwechslungsreiche Tour in überwiegend alpinem Gelände. Zwei steile und wegen des Schotters mühsame Abschnitte sind die Hürden auf dem Weg zu diesem großen Gipfel. Vorsicht: Bei dieser Tour ist in der Umgebung des Canalona-Canals bis in den Juli hinein mit Schnee zu rechnen.

Peña Vieja bedeutet soviel wie „alte Spitze“. Nicht gerade respektvoll für diesen mächtigen Klotz, der sich über saugender Tiefe und endloser Weite erhebt. Auch die relativ leichte und schnelle Erreichbarkeit durch die Seilbahn El Cable wird ihrer Größe nicht ganz gerecht. Doch wenn wir uns dankbar nähern, bekommen wir das unvergleichliche Panorama trotzdem geschenkt.

Von der **Bergstation „El Cable“** 01 folgen wir der breiten Wanderpiste, die die vielen Besucher in Richtung Norden verteilt. Über eine scharfe Rechtskurve wandern wir in Richtung der kleinen Senke Horcaina de Covarrobres. An ihr links vorbei folgen wir dem weiterhin gut ausgebauten Weg in Richtung Refugio Cabaña Veronica, der uns komfortabel durch die großen Geröllhalden führt. Links

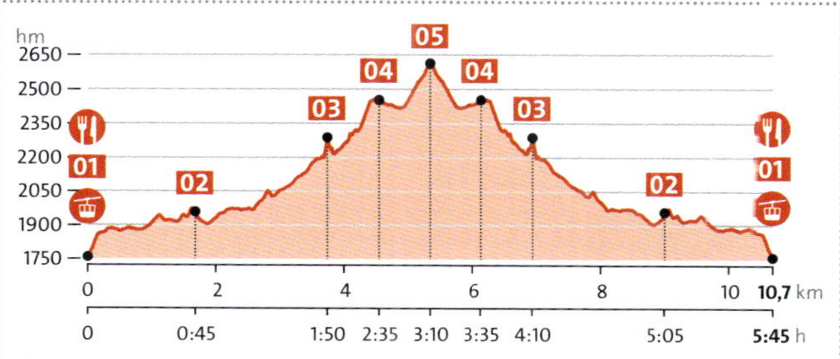

01 Bergstation „El Cable“, 1823 m; 02 Pozos de Lloroza, 1924 m; 03 Abzweig mit Hinweisschild, 2217 m; 04 Collado Canalona, 2444 m; 05 Peña Vieja, 2619 m

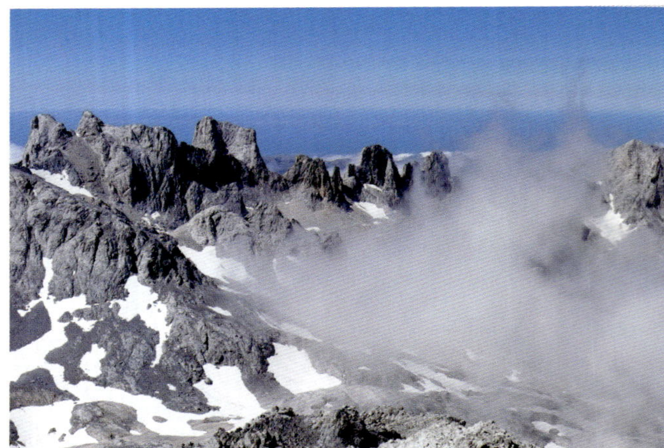
Die Urrielles und der Atlantik vom Gipfelhang aus (Tour 31).

erblicken wir zwei schöne kleine Bergseen, die **Pozos de Lloroza** 02. Nach und nach wird das Gelände steiler und der Weg macht einige Serpentinen. Knapp 100 Meter hinter der letzten Haarnadelkurve stoßen wir auf den rechts **abzweigenden Pfad** zur Peña Vieja, der angenehmerweise mit einem **Hinweisschild** 03 versehen ist. (Links geht es zum Refugio Cabaña Veronica.)

Dem Abzweig schräg den Hang hinauf folgend gelangen wir in ein Seitental, das uns direkt auf die gut sichtbare Scharte des Collado de la Canalona zu führt. Der Weg führt gut markiert durch die Schrofen- und Geröllhänge zur steilen Halde des Canalona-Kanals. Dieser wird zuerst von links nach rechts aufwärts querend und schließlich entlang der oberen Begrenzungsfelsen erklommen. In der Scharte des **Collado Canalona** 04 angekommen wenden wir uns nach rechts und erblicken dort den weiteren Weg und den schönen Gipfelaufbau der Penja Vieja.

Wir folgen dem Pfad auf gleicher Höhe bleibend, bis wir direkt unter der Gipfelpyramide stehen. Hier führen uns mehrere im braunen Erdboden ausgetretene Wegspuren über zunehmend steilere Geröllhänge aufwärts. Am wenigsten mühsam ist es, den Spuren auf der linken/östlichen Seite des Hangs zu folgen, die in Richtung des nördlichen Vorgipfels und über diesen oder rechts unterhalb von diesem auf den Hauptgipfel führen.

Am Gipfel der **Peña Vieja** 05 angekommen ermahnt uns eine Plakette, von hier die Erinnerungen mitzunehmen, aber keine an uns erinnernden Dinge zu hinterlassen. Vielleicht kein schlechter Hinweis, denn wer von hier die Türme der Urrielles vor den Blautönen des Himmels und des Atlantiks betrachtet, kann leicht alles andere vergessen.

Nach einem garantiert langen Gipfelaufenthalt kehren wir auf dem gleichen Weg zur **Bergstation „El Cable“** 01 zurück.

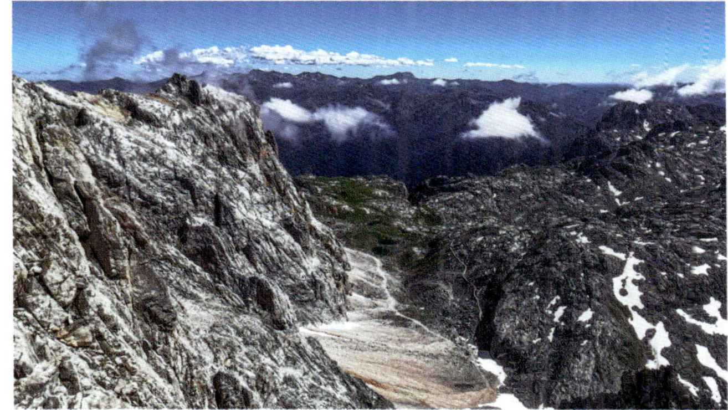

Vom Gipfelbereich schauen wir auf das Hochplateau mit der winzigen Bergstation „El Cable“ links an der Kante.

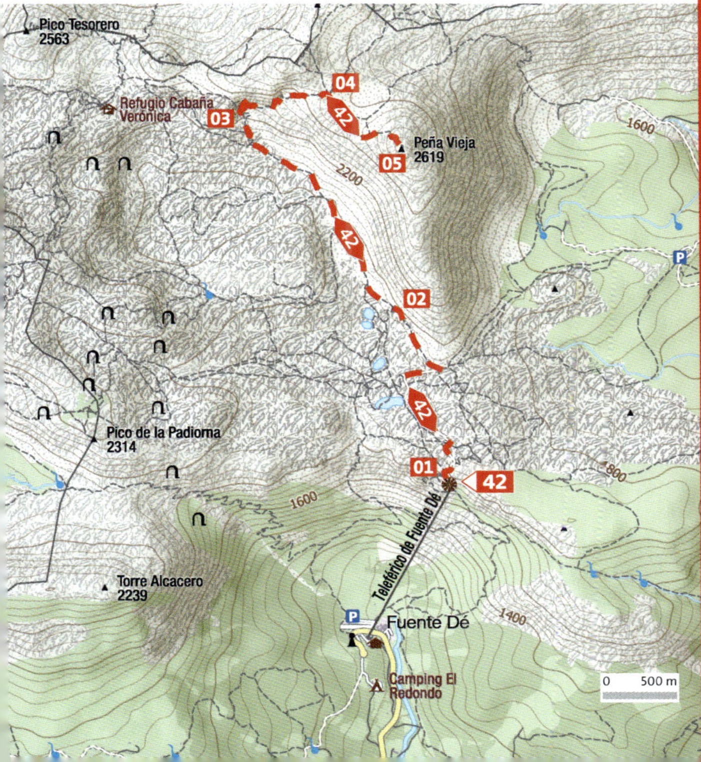

Pico Tesorero 2563
Refugio Cabaña Verónica
Peña Vieja 2619
Pico de la Padiorna 2314
Torre Alcacero 2239
Teleférico de Fuente Dé
Fuente Dé
Camping El Redondo
0 500 m

CANAL DE REMOÑA/PEDABEJO

Abwechslungsreiche Tour für Alpin-Einsteiger

  13,8 km  4:45 h 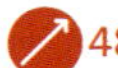 480 hm 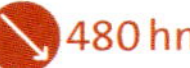 480 hm

START | Großer Parkplatz am Passübergang des Puerto de Pandetrave, 1566 m, oder Parkplatz Valcavao.
[GPS: UTM Zone 30T x: 347.299 m, y: 4.774.432 m]
CHARAKTER | Entspannte Wanderung durch offene, weite Landschaft mit etwas alpiner Würze als Kontrastpunkt. Hinweis: Wenn wir vom Puerto de Pandetrave die Schotterpiste zur Horcada de Valcavao mit dem Auto fahren, können wir die Tour um insgesamt ca. 2 Stunden abkürzen. Aber auch hier gilt wie im ähnlichen Fall der „Straße" zum Pandébano-Parkplatz: Will man keine Reifenpanne oder Aufsetzer riskieren, lässt man das Auto besser unten stehen.

Diese Tour ist mit ihrem kurzen Alpinabschnitt ein gutes Training und „Testpiece" für die schwierigen Touren dieses Buchs. Ihr „Zustieg" über die Schotterpiste kann mit dem Auto abgekürzt werden, bietet aber auch zu Fuß mehr Abwechslung, als man meinen könnte.

▶ Vom **Parkplatz am Puerto de Pandetrave** 01 folgen wir der Schotterpiste auf einen aussichtsreichen Bergrücken. Der nun stets geradeaus führende Fahrweg mag zunächst etwas monoton erscheinen, doch nach und nach ändern sich die Perspektiven und die Felsbastionen von Friero und Salinas richten sich zu beeindruckender Größe auf. Nach etwa 50 Minuten erreichen wir den kleinen Pass und den

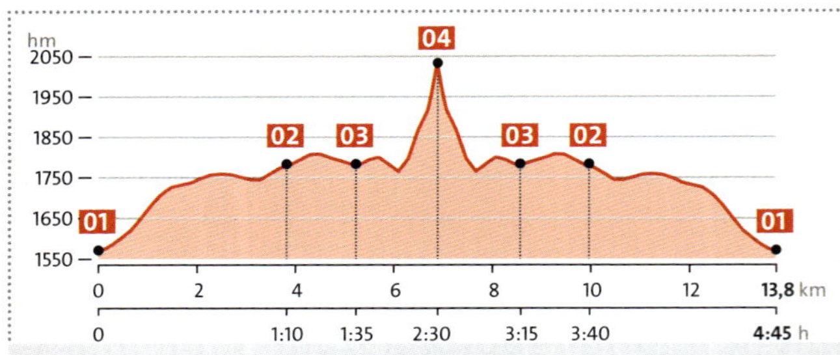

01 Parkplatz am Puerto de Pandetrave, 1566 m; 02 Parkplatz Valcavao, 1776 m; 03 Collado de Valdeón, 1775 m; 04 Alto de la Canal, 2035 m

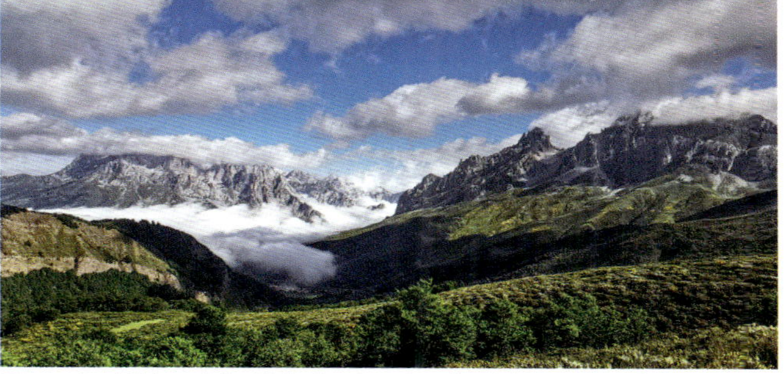

Dieser Ausblick auf die Südseite der Picos begleitet uns ein langes Wegstück.

Parkplatz Valcavao 02. Hier sorgen evtl. verschiedene Bezeichnungen für Verwirrung, da dieser Ort in Onlinekarten wie Opentopomap als Collado- oder Caben de Remoña bezeichnet wird. Der nächste Pass wird in den Papierkarten (Adrados und Alpina 25) als Caben de Remoña bezeichnet, während er online Collado de Valdeón heißt.

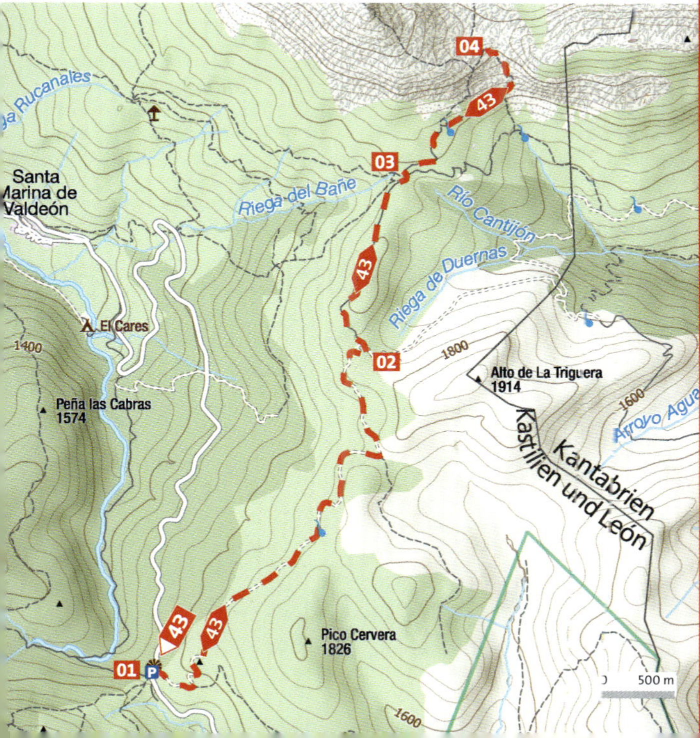

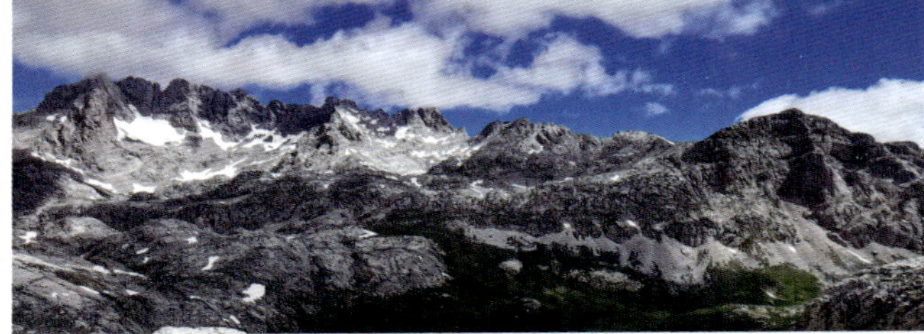
Die Bergumrahmung der Vega de Liordes kommt hier voll zur Geltung.

Wir folgen einfach weiter dem nun autofreien Bergkamm und stoßen nach gut einem Kilometer auf den nächsten Sattel, den **Collado de Valdeón** 03 der Onlinekarten. Im weitläufigen Wiesengelände sehen wir Schilder und einen gelb-weißen Markierungspfosten. Wir folgen dem Schild Richtung Collado Jermoso und wandern den schräg rechts aufwärts ziehenden Hang hinauf. Vorbei an einem verfallenden Weidezaun erreichen wir einen weiteren kleinen Sattel. Über diesen Hinweg erreichen wir, gelb-weißen Markierungen folgend und nachdem wir etwa 50 Meter an Höhe verloren haben, den Einstieg in den Canal de Remoña.

Die nächsten 250 Höhenmeter führen in einem leichten Rechtsbogen auf teilweise gerölligen, meist aber festen Untergrund aufwärts. Der Pfad ist mit gelb weißen Strichen und Steinmännern gut markiert. Rechts und links schieben sich die Felswände näher. In diesem kurzen, aber eindrucksvollen Canal kann man sich nahe am „sicheren Boden" an alpines Gelände herantasten und sich an die unübersichtlichen Senken und Kare der Picos gewöhnen. Schließlich erreichen wir mit der Scharte **Alto de la Canal** 04 das Ziel und genießen die Aussicht auf die Vega de Liordes samt umgebender Bergketten.
Die Rückkehr treten wir auf dem gleichen Weg an.

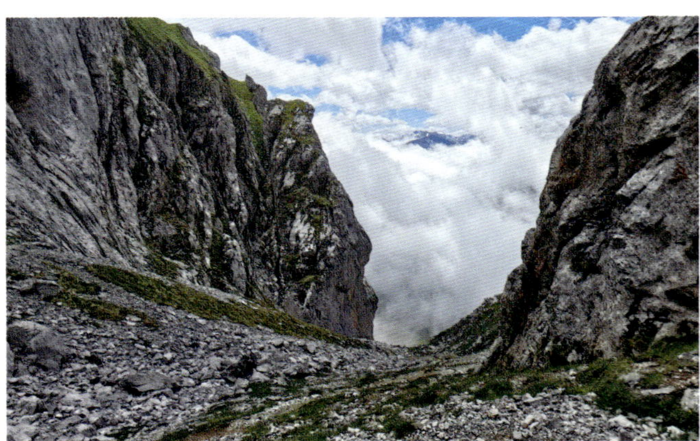
Die Seitenwände des Canal de Remoña kommen näher.

PEÑA GABANCEDA • 2042 m

Einsame Schönheit gegenüber der Picos

 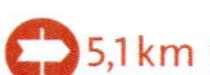 5,1 km 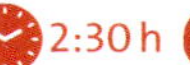 2:30 h 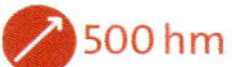 500 hm 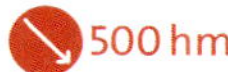 500 hm

START | Großer Parkplatz am Passübergang Puerto de Pandetrave, 1566 m.
[GPS: UTM Zone 30T x: 347.299 m, y: 4.774.432 m]
CHARAKTER | Abwechslungsreiche Tour in weitläufigem Gelände. Wer mit überschaubarem Aufwand erlebbare Einsamkeit und Ursprünglichkeit sucht, ist hier richtig.

▶ Vom **Parkplatz am Puerto de Pandetrave** 01 führt uns eine breite Wegschneise über die Wiese, die den Parkplatz an der Südseite umgibt. Ihr folgend begeben wir uns zwischen den Ginsterbüschen rechts aufwärts in Richtung des kleinen Waldes. Am Waldrand zeigt uns ein Steinmännchen den Weg links haltend hinein. Abwechselnd durch Wald und freies Gelände geht es nun schräg rechts einen Bergrücken hinauf. Links über uns erblicken wir deutliche Pfadspuren, die quer hinüber zu einem Passübergang führen. Wir halten jedoch die Richtung und folgen weiter dem rechts aufwärts führenden Pfad, der uns direkter in Richtung Peña Gabanceda führt. Dabei überqueren wir ebenfalls einen mit einer viereckigen Steinsäule markierten **Passübergang** 02. Von dort aus folgen wir dem deutlichen und mit Steinmännern markierten Pfad, der auf gleicher Höhe bleibend in einem Bogen von rechts nach links an den Vorgipfeln der Peña Gabanceda vorbei führt.

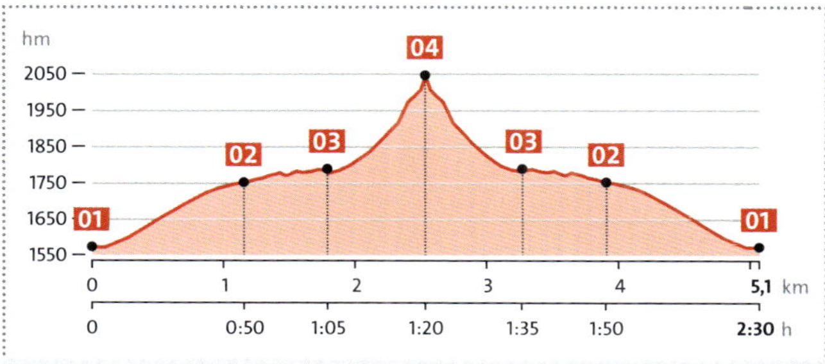

01 Parkplatz am Puerto de Pandetrave, 1566 m; 02 Passübergang, 1761 m; 03 Steinkreis, 1776 m; 04 Peña Gabanceda, 2042 m

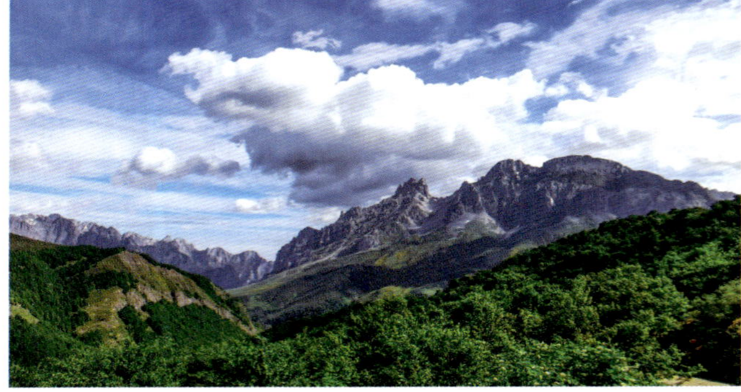

In der Mitte zeigt der Torre del Friero eine seiner eleganten Seiten.

Auf manchen Karten ist vom Pass aus ein Weg direkt geradeaus zum Gabanceda-Gipfel eingezeichnet. Die deutlicheren Pfadspuren und Steinmänner weisen jedoch um die Vorgipfel links herum, sodass ich hier diesen Weg vorschlage.
Direkt unterhalb des linken, kleinen Vorgipfels gelangen wir in steiniges Karst- und Schrofengelände. Wir finden einen **Steinkreis** 03 und andere von Menschenhand geschaffene Strukturen vor. Hier führen uns Steinmänner schräg rechts hinauf, in Richtung einer Scharte, die sich links unterhalb einer Felspyramide befindet. Anschließend geht es zu einer weiteren Scharte bzw. Schulter links unterhalb eines Felskopfs.
Es gilt hier, nach den nicht immer

1600
1800
Pico Cervera
1826
01
44
44
02
Peña Gabanceda
2042
04
44
03
Arroyo Gabanceda
Arroyo de Susiella
Pico de la Braña
1747
1600
0 500 m

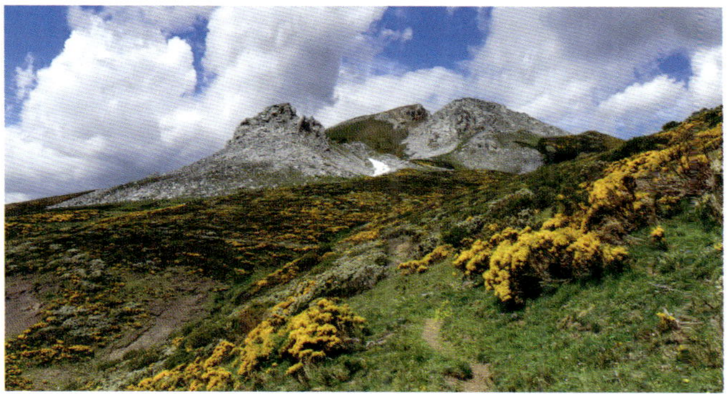

Den Vorgipfel umgehen wir links, um zur Peña Gabanceda (Mitte) zu gelangen. Laut einiger Karten gibt es auch einen geraden Direktweg.

leicht zu findenden, weiteren Steinmännern Ausschau zu halten. Wir sollten weder zu direkt nach rechts in die steilen Geröllhalden gelangen, noch in die mühsamen, weglosen Grashänge links. Das „Mischgelände“ dazwischen bietet den Weg des geringsten Widerstands. Auf diese Weise erreichen wir in einem Linksbogen den obersten Gipfelrücken und schließlich den Gipfel der **Peña Gabanceda** 04. Neben der Aussicht auf die nördlich ausgebreiteten Picos mit der tiefen Furche der Caresschlucht beeindruckt hier auch die fast schon spürbare Wildheit und Einsamkeit des südlich anschließenden Kantabrischen Gebirges.

Der Rückweg erfolgt auf demselben Weg.

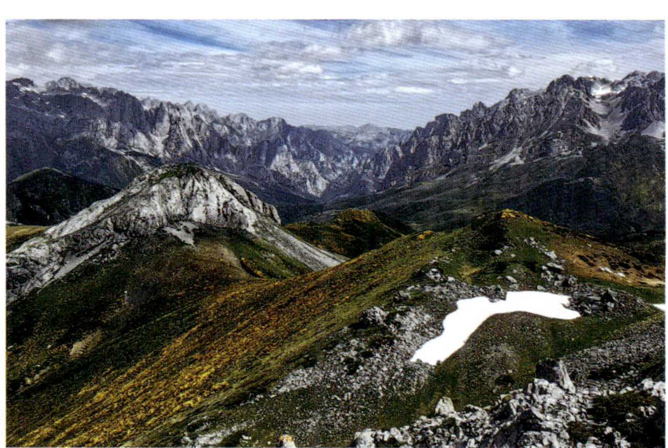

Blick vom Gipfel in die Caresschlucht.

CORISCAO • 2234 m

Endlose Weiten zwischen Picos und kantabrischem Gebirge

 8,4 km  3:45 h 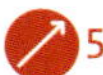 580 hm  580 hm

START | Parkplatz am Collado de Llesba, 1673 m. Anfahrt: Via Paso San Glorio auf asphaltierter Nebenstraße zum Pass.
[GPS: UTM Zone 30T x: 357.563 m, y: 4.770.788 m]
CHARAKTER | Einfache bis mittelschwere Bergwanderung durch offenes Gelände auf einen stattlichen Gipfel.

Etwas oberhalb vom **Parkplatz am Collado de Llesba** 01 erblicken wir einen Sockel, auf dem ein aus weißem Gestein gemeißelter Bär steht. Dieses „Monumento al Oso Pardo" ist dem unter Artenschutz stehenden, lange Zeit vom Aussterben bedrohten iberischen Braunbären gewidmet.
Wir folgen den Wegspuren, die in die Gegenrichtung, also nach Westen, direkt vom Parkplatz aus einen breiten und lang gezogenen Bergrücken hinauf ziehen. Das Ende dieses Bergrückens markiert der Coriscao, der in der Ferne als kleine Erhebung sichtbar ist.
Die erste, mit einer Stange markierte Erhebung überschreiten wir nach etwa 15 Minuten direkt auf dem Kamm, an der Grenze zwischen den nordseitigen Grashängen und den südseitigen, mit Büschen bewachsenen Hängen. Dahinter folgt die nächste Erhebung **Peña Gustal** 02, die wir, auf gleicher Höhe bleibend, links umgehen. Hinter der Peña Gustal schlägt der Weg den direkten Kurs auf die nackte Felskuppe des

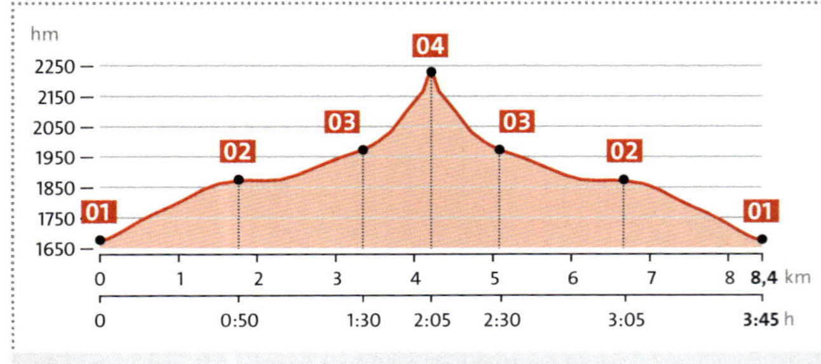

01 Parkplatz am Collado de Llesba, 1673 m; 02 Peña Gustal, 1884 m; 03 Collado de Valdeoso, 1983 m; 04 Coriscao, 2234 m

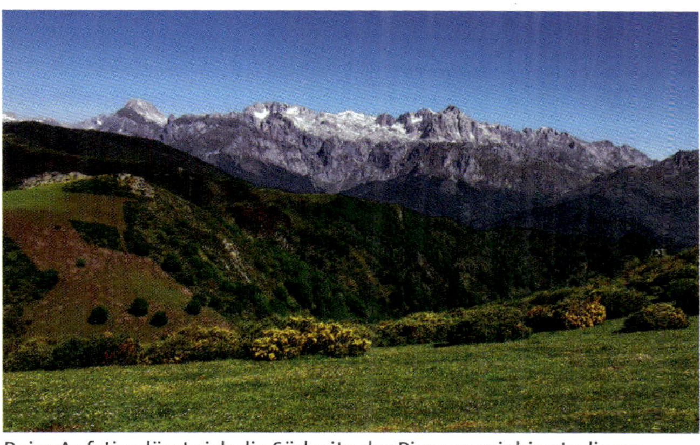

Beim Aufstieg lässt sich die Südseite der Picos ausgiebig studieren.

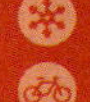

Coriscao ein. Es geht nun immer geradeaus weiter, zunächst ohne Höhengewinn an einer weiteren Bergkuppe links vorbei. Anschließend wandern wir in sanfter Steigung auf eine kleine Hochfläche,

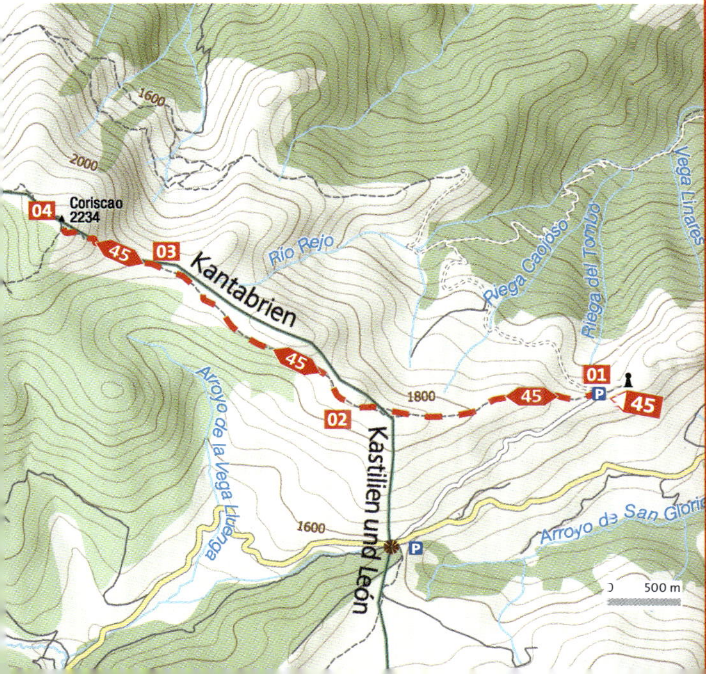

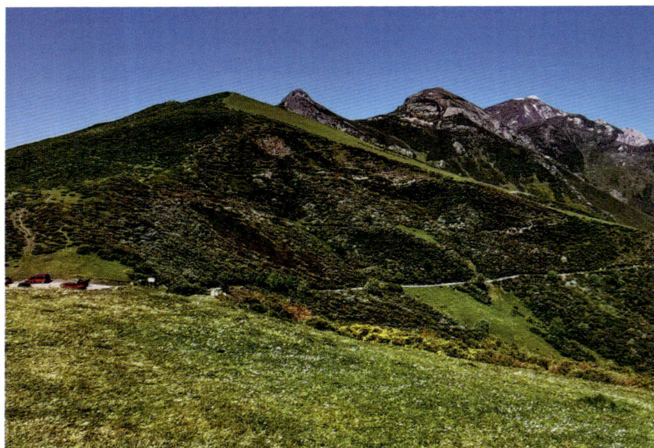

Der Gipfelkamm mit dem Coriscao hinten rechts.

den **Collado de Valdeoso** 03. Von hier aus gehen wir den finalen, gut 200 Meter hohen und deutlich steileren Gipfelhang an. Auf dem Gipfel des **Coriscao** 04 werden wir für diese etwas mühsamere letzte halbe Wegstunde reichlich entschädigt!

Der Abstieg erfolgt auf dem Hinweg.

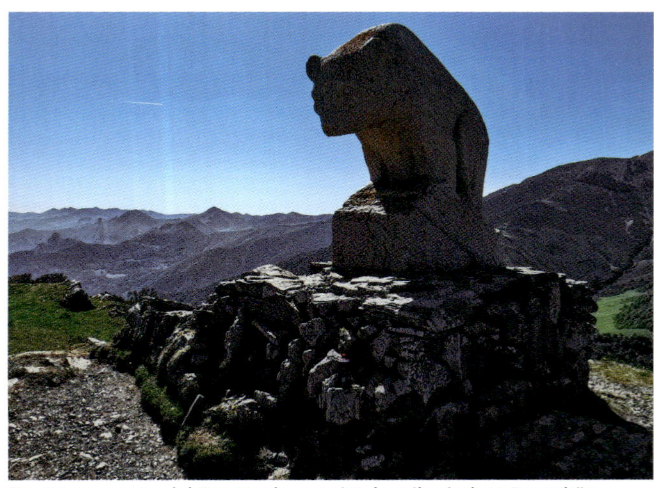

Das Monumento del Oso Pardo erweist dem iberischen Braunbären Respekt.

VALLE DE ANCILES

Auf der Suche nach den Bisons

 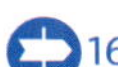 16,5 km 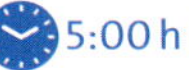 5:00 h 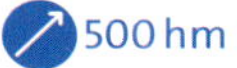 500 hm 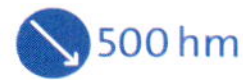 500 hm

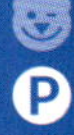
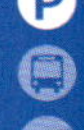
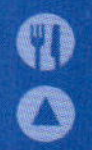
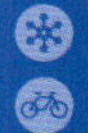

START | Am Ortsausgang von Liegos, 1123 m, am Ende der befestigten Durchfahrtsstraße. Dort befinden sich auch Parkplätze. Anfahrt: Aus Richtung der Picos-de-Europa-Kernzone über die N-625 zum Stausee Embalse de Riaño und dort rechts auf der CL-635 via Burón.
[GPS: UTM Zone 30T x: 331.035 m, y: 4.765.628 m]
CHARAKTER | Etwas längere aber sehr leichte Wanderung zu einem ganz besonderen Ziel. Die Forststraße bietet wenig Abwechslung, dafür ist die Umgebung sehr schön und ursprünglich. Hinweis: Diese spezielle Tour kann und darf man zwar auf eigene Faust durchführen, sicherer ist es aber, sich den geführten Touren mit einer der in Riaño ansässigen Agenturen anzuschließen.

Das Valle de Anciles ist ein weitgehend unbekanntes Kleinod inmitten der Sierra de Riaño, dem wild gezackten Gebirgszug südlich der Picos de Europa. Satte Weiden und dichte Wälder sind hier ringsum von schroffen Bergen und Felsen umschlossen. Neben seiner landschaftlichen Schönheit und Abgeschiedenheit weist dieser Talkessel noch eine weitere Besonderheit auf: die Ansiedlung von einst hier lebenden und lange Zeit ausgerotteten Wildtieren wie dem europäischen Bison. Die beeindruckenden Tiere können hier weitgehend unbehelligt vom Menschen wieder Fuß fassen und

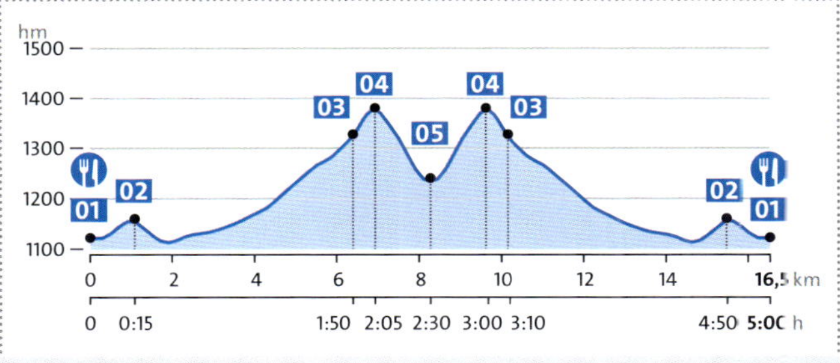

01 Liegos, 1123 m; 02 Pass, 1161 m; 03 Collado de Lois, 1315 m; 04 Collado de Anciles, 1372 m; 05 Valle de Anciles, 1222 m

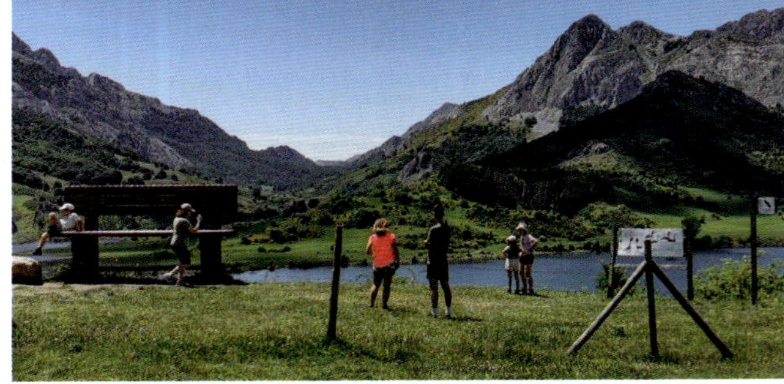

Die „größte Bank von León“ am Ortsrand von Burón blickt ins Valle San Pelayo.

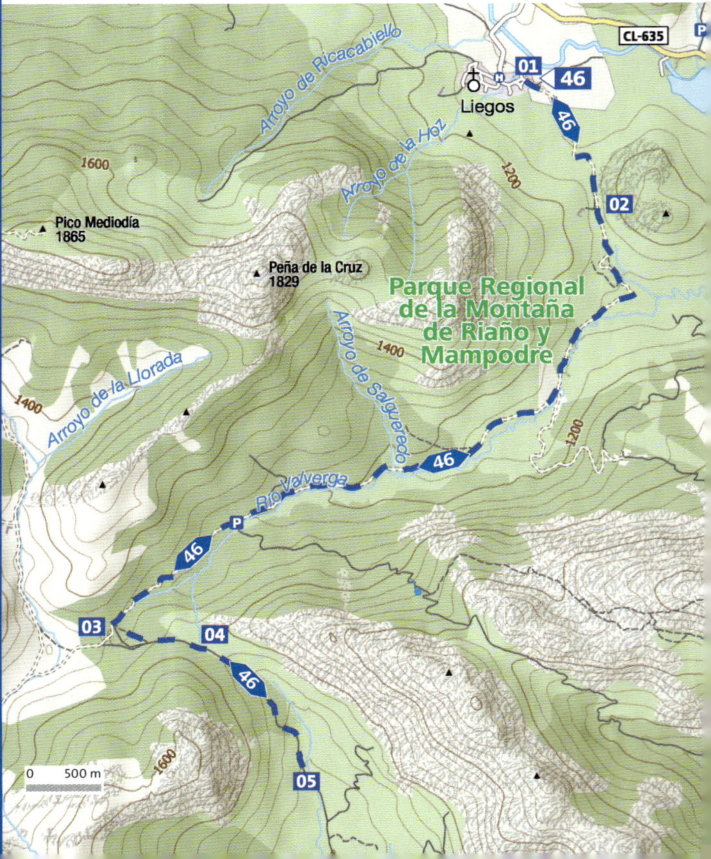

CL-635
01
46
Liegos
Arroyo de Ricacabiello
Arroyo de la Hoz
1600
1200
02
Pico Mediodía
1865
Peña de la Cruz
1829
Parque Regional
de la Montaña
de Riaño y
Mampodre
Arroyo de Salgueredo
1400
Arroyo de la Llorada
1400
1200
Río Valverga
46
P
03
04
05
1600
0 500 m

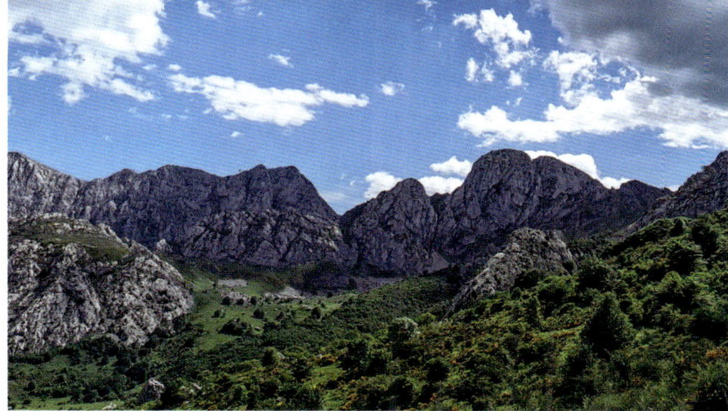

Die wilde Bergnatur rund um das Valle de Anciles ist nahezu unberührt.

zugleich kann ihre Verbreitung gut kontrolliert werden. Letzteres wird auch mithilfe eines hohen Zauns bewerkstelligt.

▶ Die Durchfahrtsstraße von **Liegos** 01 setzt sich am Ortsausgang als Schotterpiste und gelb-weiß markierter Wanderweg PR-LE 32 fort. Wir folgen der Piste einen weitläufigen, flachen Hang hinauf und über einen kleinen **Pass** 02 bei einem Farmgebäude hinweg. Auf der anderen Seite wandern wir hinab in ein idyllisches Wald- und Wiesental, in dem viele Pferde und Rinder grasen. Der bequeme Weg macht eine scharfe Rechtskurve und führt dann in sanfter Steigung das San-Pelayo-Tal hinauf. Gelegentliche Markierungspfosten sorgen für Gewissheit bei der Orientierung. Gegen Ende des Tals wird der breite Weg ein wenig steiler und überwindet kleinere Geländestufen. Schließlich erreichen wir das kleine Plateau am **Collado de Lois** 03, an dem sich das Tal in mehrere Richtungen verzweigt. Wir peilen das Seitental auf der linken Seite an und folgen dem mit einem Fahrverbotsschild versehenen Fahrweg. In einem Rechtsbogen führt er uns zwischen Weiden hinauf zum **Collado de Anciles** 04.

Wir stoßen auf Hinweisschilder, die uns warnen, dass der Zugang zum Valle Anciles auf eigene Gefahr und Verantwortung erfolgt. Die Begegnung mit einem der Wildtiere ist zwar eher unwahrscheinlich und bei Einhaltung der auf den Schildern gezeigten Verhaltensregeln auch nicht prinzipiell gefährlich. Jedoch ist sie keineswegs ausgeschlossen und die Reaktionen der Tiere können nicht vorhergesehen werden. Ist man sich der Sache nicht völlig sicher, sollte die Tour am Collado de Anciles, wo ein hoher Zaun das Reservat markiert, beendet werden. Die wohl beste Alternative, das Tal auf Nummer sicher zu erkunden, ist eine geführte Tour.

Der weitere Weg führt durch einen Wald hinunter in das **Valle de Anciles** 05. Kurz vor Erreichen des Talgrunds lichtet sich der Wald und gibt den Blick frei auf die urtümliche Landschaft. Der Hauptweg durch das Tal führt weiter zu einem weithin sichtbaren Beobachtungsturm und endet an einem Seitenarm der Embalse de Riaño.

Wir kehren auf dem gleichen Weg zurück nach **Liegos** 01.

PICO GILBO • 1679 m

Elegante Spitze über den „Fjorden von León“

  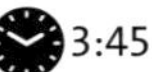 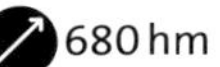 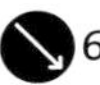

6,8 km | 3:45 h | 680 hm | 680 hm

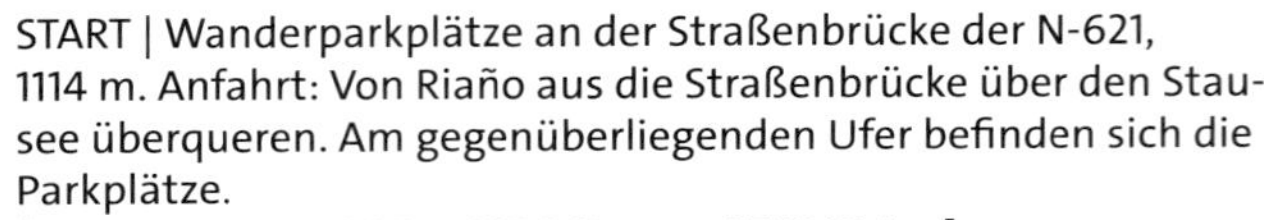

START | Wanderparkplätze an der Straßenbrücke der N-621, 1114 m. Anfahrt: Von Riaño aus die Straßenbrücke über den Stausee überqueren. Am gegenüberliegenden Ufer befinden sich die Parkplätze.
[GPS: UTM Zone 30T x: 335.361 m, y: 4.759.224 m]
CHARAKTER | Markanter Felsgipfel, der angesichts seiner Steilheit erstaunlich leicht und schnell erreichbar ist. Nur die kurzen Kraxelstellen und eine ausgesetzte Passage machen ihn für Wanderer zur schwarzen Tour.

Dass der Pico Gilbo manchmal als „Cervino Leonés“, also „Matterhorn von León“ bezeichnet wird, ist natürlich übertrieben. Dennoch lässt seine elegante, schmale Silhouette jedes Bergsteigerherz höher schlagen.

Vom **Wanderparkplatz 01** führt uns ein breiter und bequemer Weg am Ufer zu einem kleinen Seitenarm der Embalse de Riaño. Die Arme und Buchten, die dieser große Stausee weit ins Gebirge hinein entsendet, tragen durchaus zurecht den Spitznamen „Fiordos Leoneses“, Fjorde von León.
Am spitz zulaufenden Ende einer dieser Buchten stoßen wir auf einen **Markierungspfosten 02** mit gelbem Pfeil und Jakobsmuschel. Dem Pfeil folgend zweigt links unser gut sichtbarer Weg ab, der uns in den Wald und in das par-

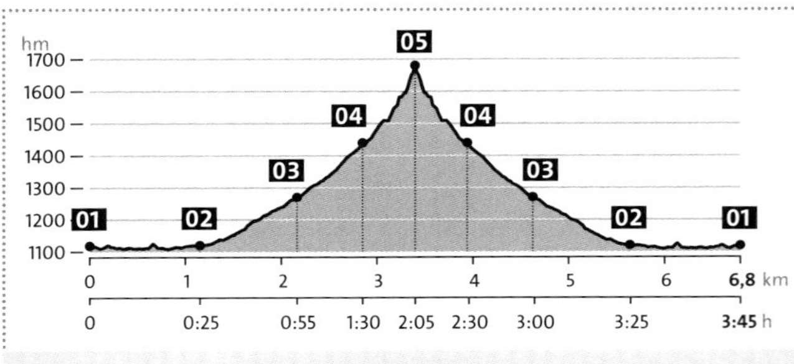

01 Wanderparkplatz, 1114 m; **02** Markierungspfosten, 1106 m; **03** Holzpfosten, 1264 m; **04** Scharte, 1438 m; **05** Pico Gilbo, 1679 m

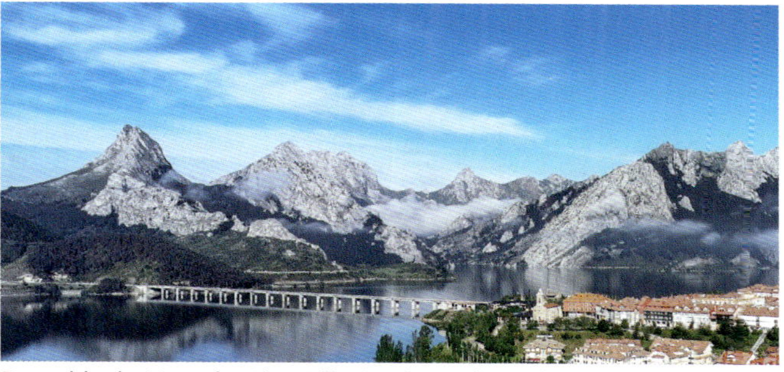

Das schlanke Horn des Pico Gilbo ist das Wahrzeichen von Riaño.

allel zum Kamm des Pico Gilbo hinauf ziehende Tal führt. Knapp 250 Höhenmeter überwinden wir nun auf diesem Waldweg, der gut erkennbar und problemlos zu begehen ist. Nach diesem Aufstieg lichtet sich der Wald und wir stoßen im offenen Gelände auf einen weiteren derartigen **Holzpfosten 03**. Diesmal folgen wir jedoch nicht dem Pfeil, sondern halten uns rechts und stoßen auf den Weg, der uns zu einer Scharte rechts unterhalb des Pico Gilbo führt. Dabei stoßen wir auf gelbe Striche als Markierungen.

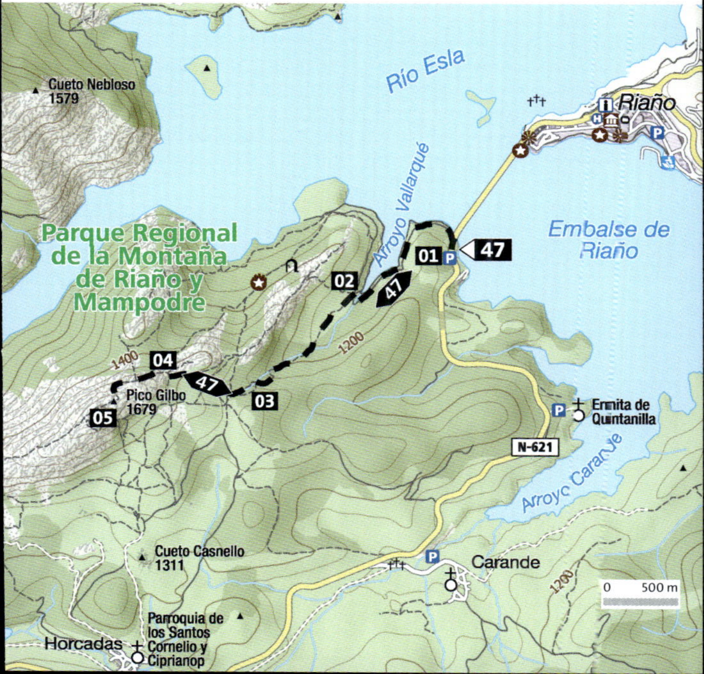

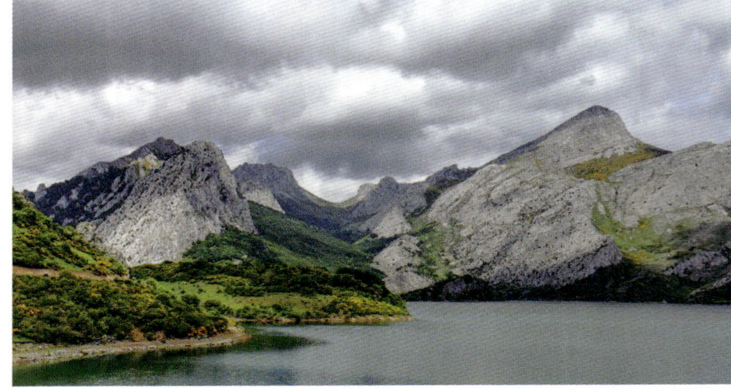

Die Sierra de Riaño zeigt schon vom Tal aus ihre Schokoladenseiten.

Über zunehmend steiles Gelände erreichen wir die **Scharte 04** zwischen der kleinen Erhebung Peña Sarnosa und dem Pico Gilbo. Hier wenden wir uns nach links und folgen dem Weg, der nun schräg aufwärts dem Gipfel entgegenstrebt. Dabei folgt er einem Band in der Flanke rechts unterhalb des Gipfelgrats. Wir erreichen bald eine ca. 2 Meter hohe Felsstufe, an der wir die Hände zum Abstützen brauchen. Danach geht es wieder im Gehgelände weiter, bis wir vor einer nach rechts unten abbrechenden Felswand stehen. Hier wendet sich der Weg nach links oben und führt direkt zum Gipfelgrat hinauf. Über schrofige Felsstufen geht es auf den Grat und von dort aus in steilem Gehgelände weiter zum Gipfel des **Pico Gilbo 05**. Dort erwartet uns eine unvergleichliche Aussicht über die „Fjorde" und die einzigartige, steile Bergwelt von Riaño. Und ein Paar alte Bergschuhe, die mit Steinen beschwert hier einst zurückgelassen wurden...
Zurück gehen wir auf dem gleichen Weg.

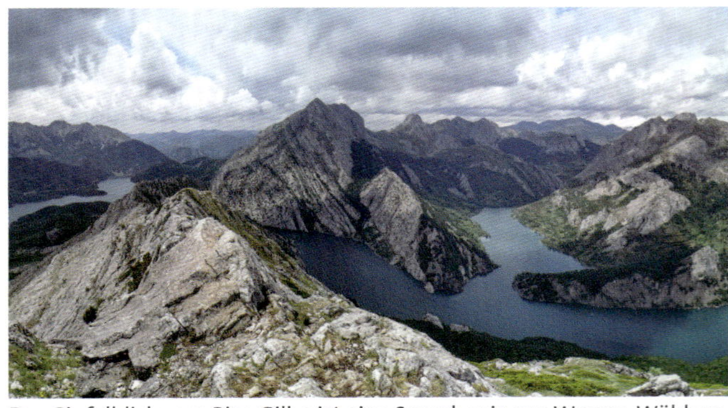

Der Gipfelblick vom Pico Gilbo ist eine Symphonie aus Wasser, Wäldern, Felsen und Wolken.

PICA PEÑAMELLERA • 765 m

Hochgefühle auf unter 1000 Metern

 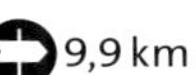 9,9 km 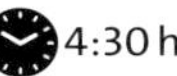 4:30 h 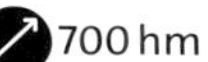 700 hm 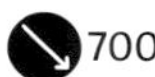 700 hm

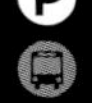
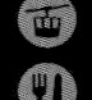

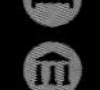

START | Mier, 79 m. Anfahrt: Von der Hauptstraße AS-114 fahren wir über die Brücke in das Örtchen Mier. Falls dort kein Parkplatz frei ist, fahren wir die zur Forstpiste werdende Dorfstraße weiter hinauf bis zu einer Rechtskurve mit Seitenstreifen und wenigen Parkplätzen.
[GPS: UTM Zone 30T x: 364.336 m, y: 4.797.122 m]
CHARAKTER | Besondere Bergtour mit ausgeprägten Kontrasten: Über weite Strecken bequemes Flanieren steigert sich nach oben hin zu anspruchsvollem Alpinwandern.

Wir starten in **Mier** **01** und folgen der Dorfstraße hinauf. In einer Rechtskurve etwa 1,5 km hinter dem Ort wölbt sich ein kurzer **Seitenstreifen** **02** mit Platz für 2–3 Autos am Weg aus. Auf der Alpina 25 Karte ist von hier aus ein gepunkteter Pfad eingezeichnet, der unsere Route deutlich abkürzen würde. Er endet jedoch auf Privatgrund. Wir bleiben deshalb auf der Forststraße, die zugleich ein rot markierter und beschilderter Fernwanderweg ist (GR 109). Wir folgen ihm noch etwa eineinhalb Kilometer durch den Wald aufwärts, bis er eine spitze **Rechtskehre** **03** macht, auf der wir den nach links abzweigenden Weg einschlagen. Diese ebenfalls recht breite Piste umrundet den Vorbau der Peñamellera, deren Gipfel wir bald rechts erblicken. Hinter einer scharfen Rechtskurve erreichen

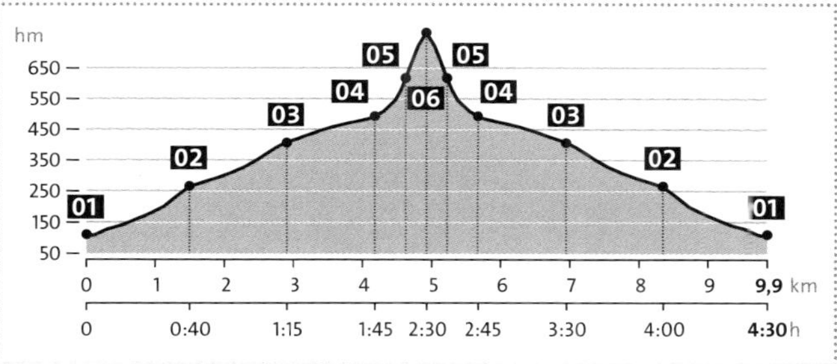

01 Mier, 79 m; **02** Seitenstreifen, 259 m; **03** Rechtskehre, 415 m; **04** El Collau, 491 m; **05** Scharte, 619 m; **06** Pica Peñamellera, 765 m

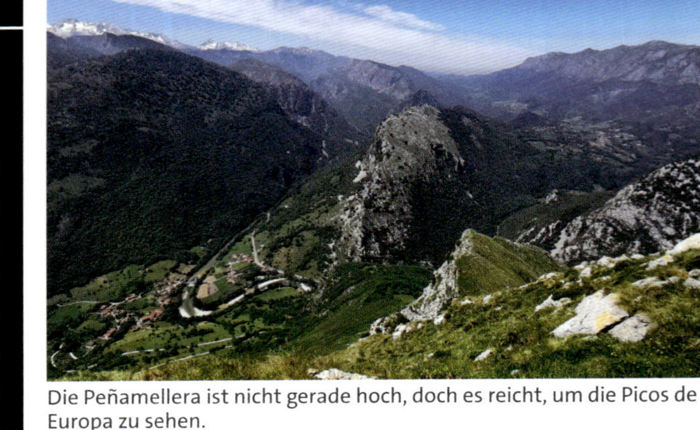
Die Peñamellera ist nicht gerade hoch, doch es reicht, um die Picos de Europa zu sehen.

wir den kleinen Sattel **El Collau** **04**, von dem aus wir halblinks auf schwach erkennbaren Wegspuren über die Weide hinauf zu einem kleinen Waldgürtel gehen. Dort gilt es aufzupassen, nicht über den Draht des Weidezauns zu stolpern und die Geröllfelder hinter dem Wäldchen anzusteuern.

Von hier an helfen Steinmänner, die Pfadspuren, die schräg rechts das Geröllfeld hinaufführen, zu verfolgen. Der teils lockere Kies und Schotter macht das Gehen stellenweise mühsam. Der Abschnitt ist jedoch nicht allzu lang und bald ist die markante **Scharte** **05** erreicht, die den Beginn des

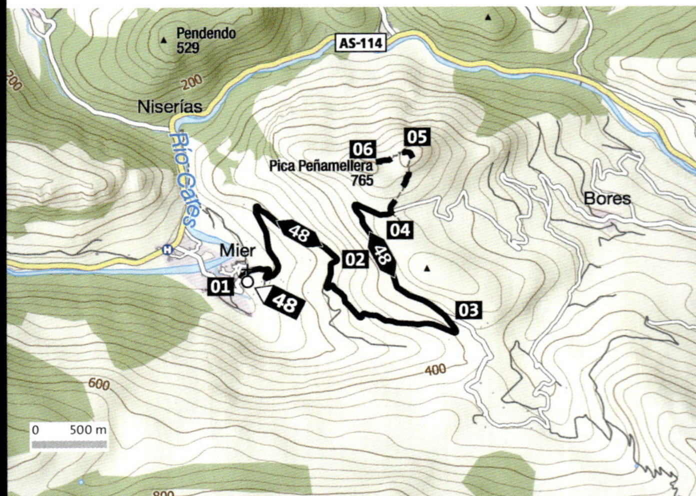

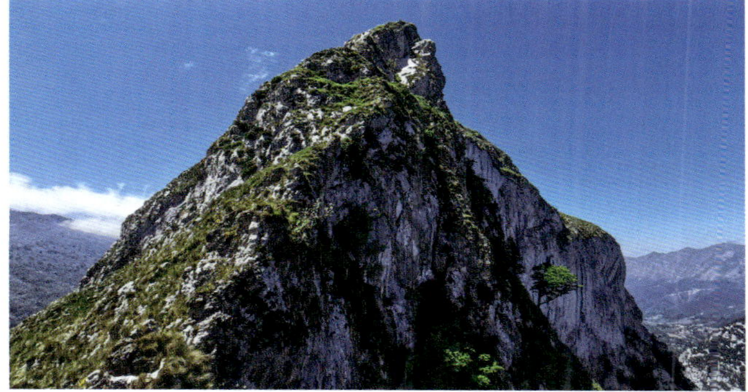

Gipfelaufbau der Peñamellera: tolles Terrain für erfahrene Alpinwanderer.

Gipfelaufbaus und Gipfelgrats markiert. Ab hier geht es nur für absolut trittsichere und schwindelfreie Berggänger weiter, ein Fehltritt in diesem Wegabschnitt führt sehr wahrscheinlich zum Absturz. Die Wegspuren führen steil und direkt den ausgesetzten ersten Grataufschwung hinauf. Den zweiten Aufschwung umgehen wir rechts, vorbei an einem sich im Steilhang festkrallenden Baum, hinter dem es wieder links hinauf geht. Nun wird der Grat nach und nach breiter und zuletzt gelangen wir über einen breiten Rücken ohne weitere Schwierigkeiten zum Gipfel der **Pica Peñamellera 06** hinauf. Dieser bietet viel Platz, um die nach allen Seiten hin grandiose Aussicht zu genießen. Kaum zu glauben, wie elegant ein so kleiner Berg sein kann. Und welch dramatische Eindrücke von Höhe und Tiefe ein so niedriger Gipfel bieten kann!

Den Rückweg treten wir auf der gleichen Route an.

Tiefblick vom Gipfelgrat.

49

URDÓN – TRESVISO

Auf Zickzackkurs im wilden Canyon

  11,8 km  5:30 h  850 hm  850 hm

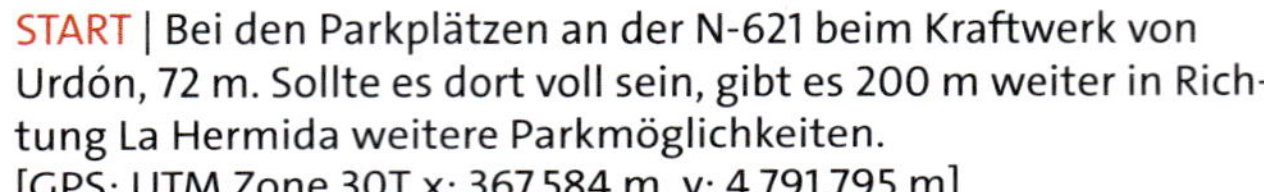
START | Bei den Parkplätzen an der N-621 beim Kraftwerk von Urdón, 72 m. Sollte es dort voll sein, gibt es 200 m weiter in Richtung La Hermida weitere Parkmöglichkeiten.
[GPS: UTM Zone 30T x: 367.584 m, y: 4.791.795 m]
CHARAKTER | Spektakulärer Steig durch eine wilde Schlucht. Schöner Ausklang im idyllischen Bergdorf.

Unsere Strecke von Urdón hinauf nach Tresviso nutzt einen mit viel Mühe und Ingenieurskunst in den Berg gehauenen Weg. Der diente einst dem Abtransport des in den Minen bei Tresviso abgebauten Zinks.

▶ Vom **Parkplatz in Urdón** 01 starten wir mäßig steil durch eine enge Seitenschlucht und lassen das Kraftwerk zur Linken schnell hinter uns. Wir folgen dem Bett des Baches, den wir zwei Mal überqueren. Die Schlucht weitet sich zu einem kleinen Tal, das sich immer steiler in die Berge frisst und schließlich zu einer Art Rinne wird, den Canal de Cerros. Der zu Beginn bequeme Kies- und Schotterweg wird immer steiniger und verlässt vor einer markanten **Felsnase** 02 den Talboden, um sich am rechten Hang in vielen Spitzkehren höher zu schrauben. Die Vegetation weicht zurück, im Sommer gibt es nun wegen der Südausrichtung kaum noch Schatten. Der nun durchgehend steile Weg legt sich erst nach insgesamt

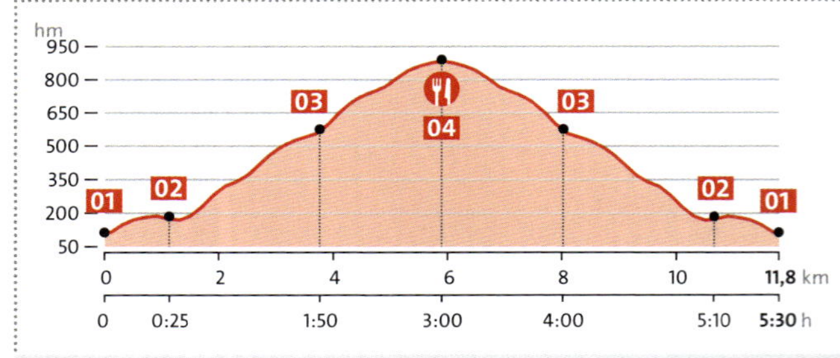

01 Parkplatz in Urdón, 72 m; 02 Felsnase, 181 m; 03 Balcón de Pilatos, 598 m; 04 Tresviso, 891 m

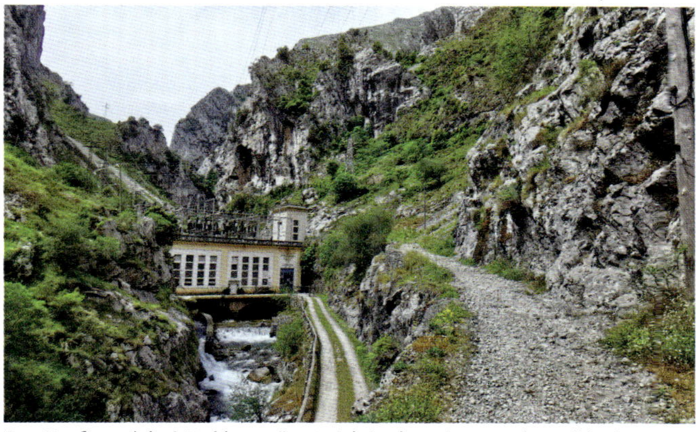

Das Kraftwerk bei Urdón zwängt sich in den Eingang der Schlucht.

gut eineinhalb Stunden am **Balcón de Pilatos** 03 etwas zurück. Von hier aus hat man einen tollen Tiefblick auf den zurückgelegten Zickzack-Kurs und die Schlucht. Fortan schreiten wir tatsächlich wie auf einem Balkon weit über dem wilden Hochtal direkt in Rich-

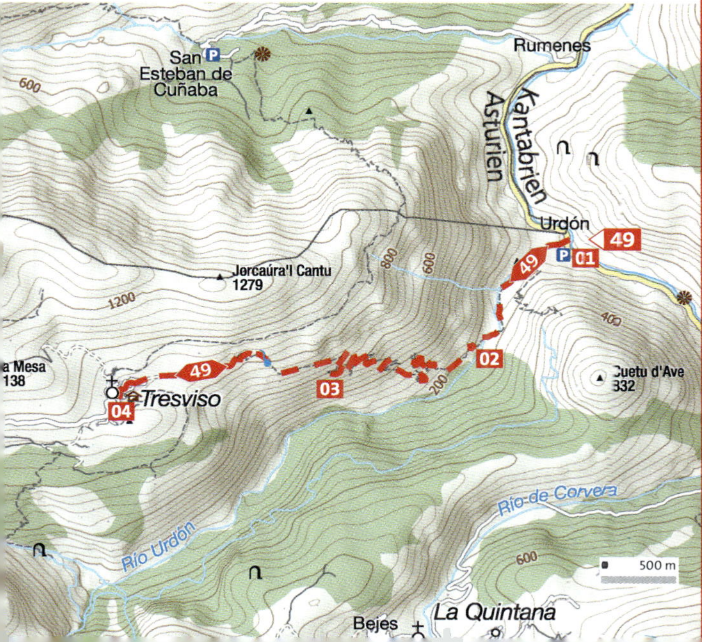

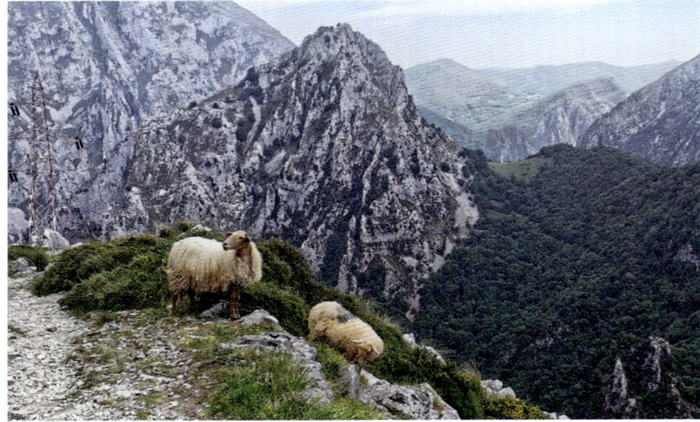

Schafe am Weg.

tung Tresviso. Mit den Tiefblicken konkurrieren die tollen Blicke auf das Ándara-Massiv mit seinem wilden Vorbau, der, mit dschungelartigem Bergwald bewachsen, in die Schlucht abstürzt. Der Weg ist wieder von etwas mehr Vegetation gesäumt, bleibt aber weiterhin steinig und unbequem. Dafür geht es nicht mehr ganz so steil zur Sache und es gibt weiterhin keinerlei Orientierungsprobleme.

Das letzte Stück nach **Tresviso** **04** ist ein mit Natursteinen gepflasterter und von einem Rastplatz gesäumter Bürgersteig. Im Ort warten eine knappe Handvoll gemütliche Bars und Gaststätten auf Gäste. Das kleine Dorf mit knapp 70 Einwohnern ist für hervorragenden Käse bekannt – und dafür, bei starkem Schneefall von der Außenwelt abgeschnitten zu sein.

Zurück geht es auf demselben Weg.

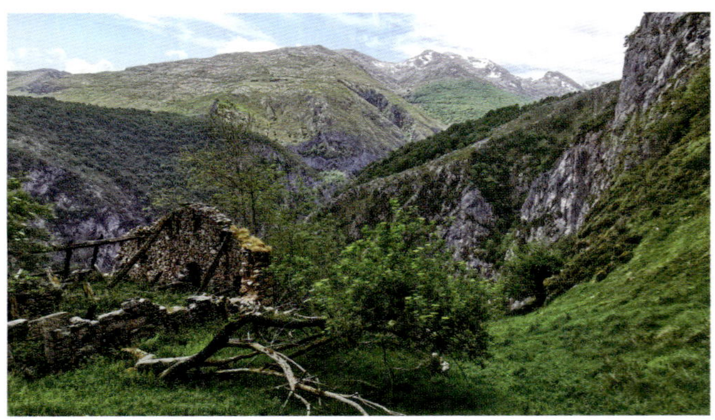

Verfallene Alm zwischen Balcón de Pilatos und Tresviso.

SENDA MITOLÓGICA – MIRADOR DE SANTA CATALINA • 754 m

Unterhaltsamer Waldweg und grandioser Schluchtenblick

  1,9 km  0:40 h 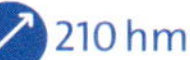 210 hm 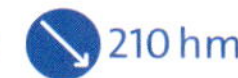 210 hm

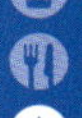

START | Parkplatz an der Kurve des Sträßchens von Piñeres nach Cicera, hinter der Kapelle Santa Catalina, 551 m. Dort gibt es für 2 € Parkgebühr ein Erfrischungsgetränk nach Wahl. Alternativ kann in Piñeres oder oben beim Mirador geparkt werden.
[GPS: UTM Zone 30T x: 373.117 m, y: 4.788.592 m]
CHARAKTER | Durchgehend breiter, perfekt ausgeschilderter und für Kinder spannender Weg zum Mirador de Santa Catalina über der gewaltigen Hermida-Schlucht.

Um die Pointe vorwegzunehmen: Man kann sich den Fußweg „sparen" und die faszinierende Aussicht einfach mit dem Auto erfahren. Doch dann lässt man sich den Senda Mitológica entgehen, mit seiner liebevoll gestalteten Sammlung kantabrischer Fabelwesen.

▶ Wir verlassen den **Parkplatz 01** über den Weg, der in einem Linksbogen in den Wald führt und dann ein Stück parallel zur Fahrstraße verläuft. Bald erblicken wir das erste der mythologischen Wesen von Kantabrien. Die Figuren sind kreativ gestaltet und harmonisch in die natürliche Umgebung des Waldes

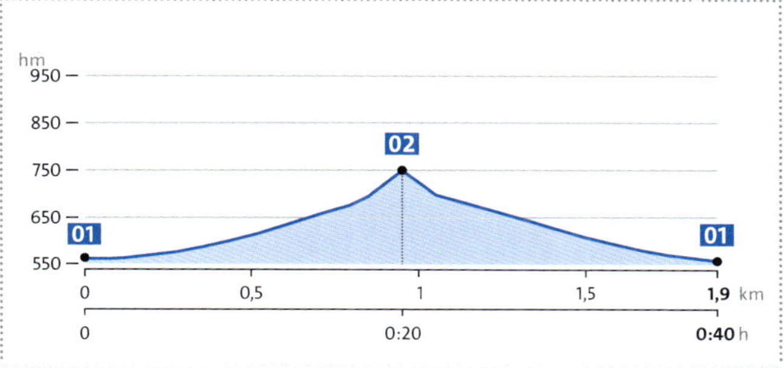

01 Parkplatz hinter der Kapelle Santa Catalina, 551 m; 02 Aussichtsplattformen Mirador de Santa Catalina, 754 m

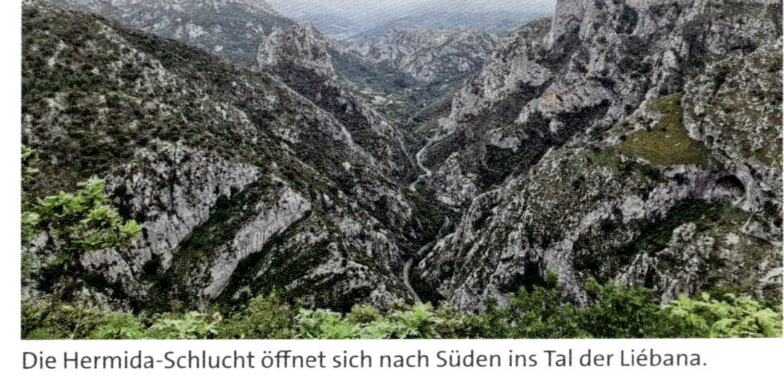

Die Hermida-Schlucht öffnet sich nach Süden ins Tal der Liébana.

eingebettet. Jedes Wesen ist perfekt beschildert und erklärt, sodass die Fantasie freien Lauf hat. Bald erreichen wir auch die ersten Sitzgruppen mit Bänken und Tischen, die zum Verweilen und Picknicken in schönen kleinen Waldlichtungen einladen. Der Weg entfernt sich nun auch weit genug von der Straße, dass wir die Umgebung ungestört genießen können.
Bei der Figur des Culebre – einem Mischling aus Drachen und Schlange – sind wir dem Ziel schon recht nah. Dafür wird der Hang jetzt kurz vor unserem bewaldeten Gipfel steiler. Der Weg ist jedoch weiterhin gut ausgebaut und kann dank einiger Serpentinen „abgemildert" werden. So haben auch kleinere Kinder keine Probleme, die letzten Meter durch den Wald zurückzulegen.
Oben am **Mirador de Santa Catalina** finden wir gleich zwei **Aussichtsplattformen** 02 vor. Die eine mit der vollen Aussicht nach Süden und Westen, die andere nach Westen auf den unteren Teil der grandiosen Hermida-Schlucht gerichtet. Nur wenige Meter vom größeren, oberen Aussichtspunkt entfernt lassen sich auch noch die Ruinen der mittelalterlichen **Festung La Bolera de los Moros** erkunden.
Der Rückweg erfolgt auf dem Hinweg.

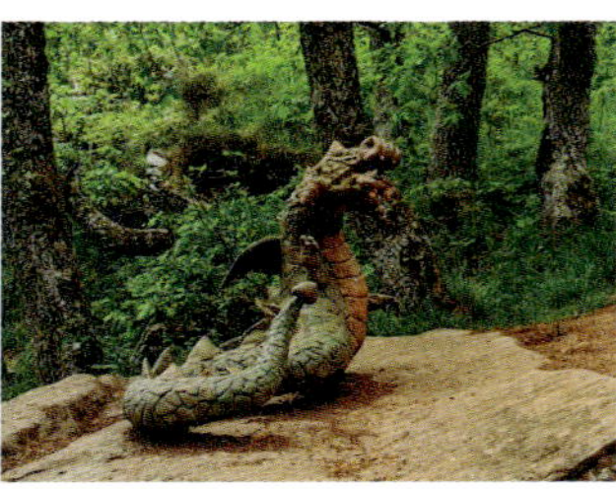

Der Culebre ist eine Mischung aus Drachen und Schlange.

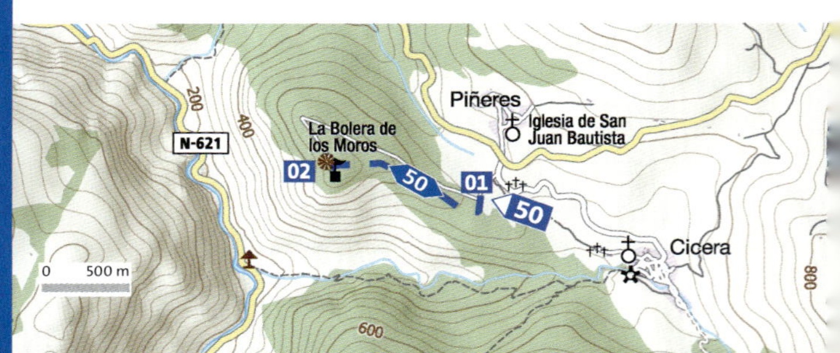

PEÑA OVIEDO • 1309 m

Vom preisgekrönten Bergdorf zum aussichtsreichen Gipfel

  9 km  3:20 h 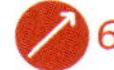 670 hm 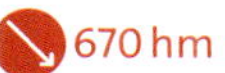 670 hm

START | An den Parkplätzen in Mogrovejo, 653 m, kurz vor der nur für Anwohner befahrbaren Zone.
[GPS: UTM Zone 30T x: 360.956 m, y: 4.778.479 m]
CHARAKTER | Abwechslungsreiche Wanderung mit viel Wald, vielen Lichtungen und Wiesen sowie immer wieder beeindruckenden Blicken auf die Steilwände des Ostmassivs.

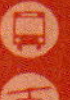
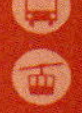

Mogrovejo gilt als besonders schönes Dorf und diente schon als Kulisse für eine spanische „Heidi"-Verfilmung. Die alte Bausubstanz sieht in der Tat gut erhalten und gepflegt aus, vor allem im Vergleich zu anderen Ortschaften der Region. Auf jeden Fall lädt Mogrovejo zu einem Bummel und zur Einkehr ein.

▶ Vom Startpunkt im Ortskern von **Mogrovejo** 01 führt unser ausgeschilderter und markierter Weg am Schulmuseum (Museo de Escuela) vorbei in Richtung des markanten Burgturms Torre de Mogrovejo. Die Peña Oviedo ist mit einer Wegstunde angegeben, was zwar machbar ist, aber einen zügigen Schritt erfordert. Wenn wir es gemütlich angehen lassen, dauert es 15–20 Minuten länger.
Wir folgen zunächst der Dorfstraße am Burgturm und der Palastruine vorbei und gelangen

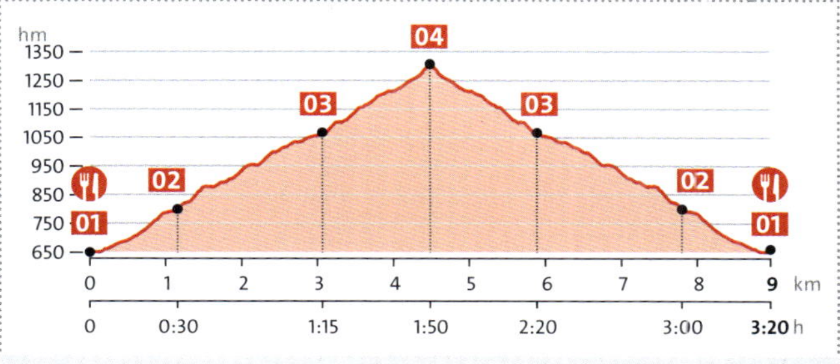

01 Mogrovejo, 653 m; 02 Abzweig, 790 m; 03 Pass, 1062 m; 04 Peña Oviedo, 1309 m

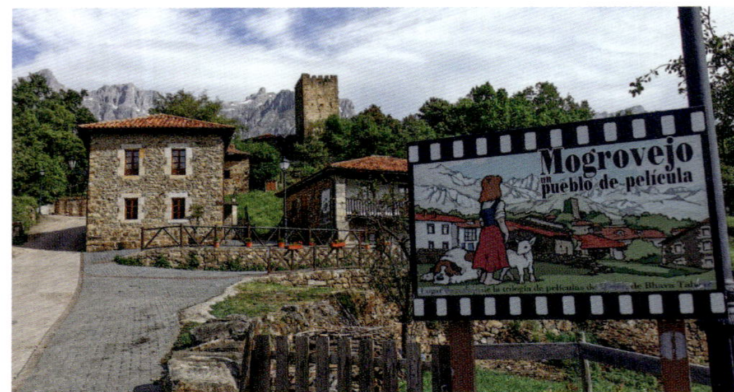

Mogrovejo diente als Schauplatz einer spanischen Heidi-Verfilmung.

in den Wald oberhalb des Dorfs. Nach etwa 500 Metern zweigt rechts der breite Waldweg ab, dem wir folgen. Bald kommt der nächste Abzweig, an dem wir der Beschilderung nach links folgen. Ein weiterer **Abzweig** 02 kurz später ist zwar nicht beschildert, doch eine durchkreuzte gelb-weiße Markierung links zeigt uns an, wo es NICHT langgeht. Wir biegen also rechts ab und folgen dem bequemen Waldweg, der nun einen Bergrücken gegen den Uhrzeigersinn umrundet. Das Wald- und Wiesengelände bietet ebenso Abwechslung wie die gelegentlichen Ausblicke auf das steil aufragende Ostmassiv der Picos de Europa. Wir gelangen in offeneres Gelände und genießen eine immer bessere Rundumsicht. Nach einer weit ausholenden Serpentine und einer Hangquerung erreichen wir einen kleinen **Pass** 03, an dem wir rechts abbiegen. Der breite Schotterweg führt nun wieder durch ein Waldstück und legt etwas an Steilheit zu. Bei der nächsten Geländeschulter folgen wir dem Hang um eine Rechtskurve. Wir erreichen wieder offenes, flacheres Gelände und erblicken links oben den flachen Felskopf

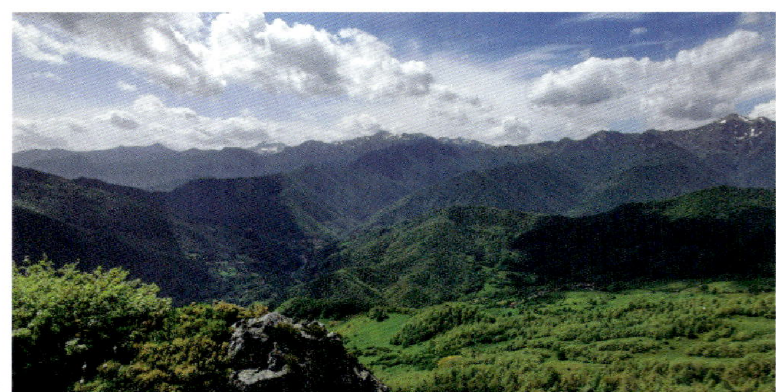

Gipfelblick über die wilden Vorberge im Süden.

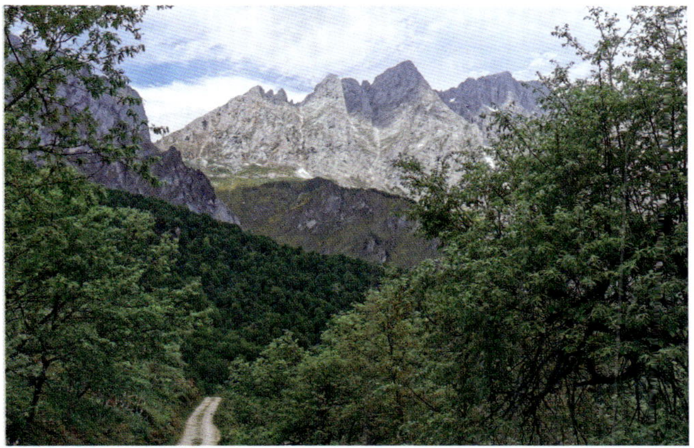

Das Ándara-Massiv präsentiert seine mächtigen Ostwände.

der Peña Oviedo. Kurz vor diesem zweigt links eine Wegschneise durch die Wiesen ab, die uns zu dem Felsen hinführt. Den sich vor uns aufbauenden kleinen Felsriegel umgehen wir in einer Linksschleife und stehen wenige Minuten später auf dem Gipfelplateau der **Peña Oviedo** 04. An diesem Logenplatz sind wir auf Tuchfühlung mit den steilen Wänden, Rinnen und Gipfeln des Ándara-Massivs und schauen über die lieblichen Täler der Liébana hinweg auf die endlosen Weiten der kantabrischen Kordillere.

Der Rückweg erfolgt auf dem Hinweg.

52

CORRAL DE LOS MOROS • 600 m

Eindrucksvoller Spaziergang über Hermida-Schlucht und Liébana

 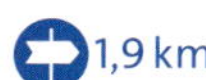 1,9 km 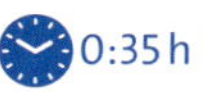 0:35 h 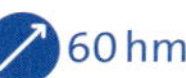 60 hm 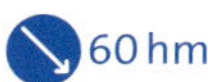 60 hm

START | Parkplatz bei Pendes, 541 m. Anfahrt: Der Parkplatz befindet sich beim Fußballplatz an der Straße von Pendes Richtung Cabeñes.
[GPS: UTM Zone 30T x: 368.941 m, y: 4.784.889 m]
CHARAKTER | Anregender Spaziergang ohne nennenswerte Mühen und Schwierigkeiten. Wir schreiten auf einem sanften und zugleich spektakulären Höhenrücken entlang.

Großartiger Spaziergang über einen weitläufigen Höhenrücken in einzigartiger Umgebung. Wer ganz viel Natur mit wenig Anstrengung sucht, ist hier richtig.

Wir beginnen diese entspannte Kurzwanderung am **Parkplatz bei Pendes** 01, der sich etwa einen halben Kilometer hinter der Ortschaft Pendes befindet. Die parkartige Umgebung ist mit ihren üppigen Wiesen und gemütlichen Sitzgruppen unter großen, alten Kastanienbäumen sehr einladend. Hier lässt es sich sehr angenehm verweilen und picknicken. Für Kinder gibt es viele Möglichkeiten zum Spielen und Entdecken.
Unser Weg beginnt als breite Trampelspur und führt direkt auf den östlich gelegenen, markanten Höhenrücken zu. Ein kurzes Stück spazieren wir parallel zur Straße, dann geht es ins dicht von Büschen bewachsene Gelän-

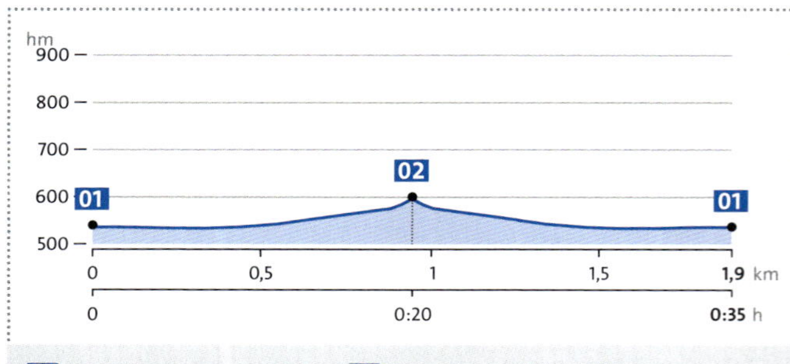

01 Parkplatz bei Pendes, 541 m; 02 Corral de los Moros, 600 m

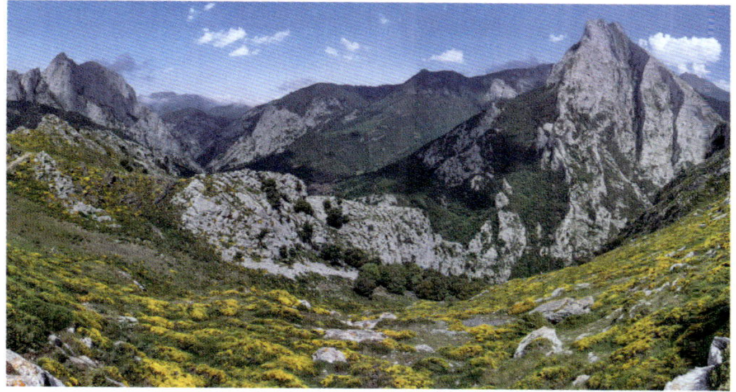

Die links zu sehende Hermida-Schlucht wird von der mächtigen Peña Ventosa bewacht.

de hinein. Wie so oft in den Picos de Europa, wird die Vegetation von den gelben Blüten der dornigen Ginsterbüsche dominiert. In leichtem Auf und Ab geht es auf angenehm erdigem Untergrund zwischen den sanften Hängen auf eine flache Einsattelung zwischen zwei kleinen Gipfeln zu. Vor diesem Sattel wird der Weg steiler und überwindet die überschaubaren Höhenmeter dieses Anstiegs. Oben angekommen folgen wir dem Schild, das nach rechts zu

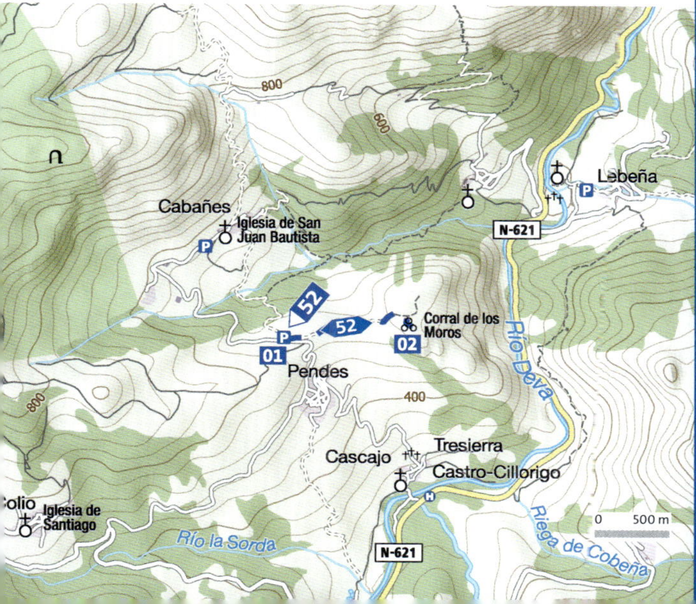

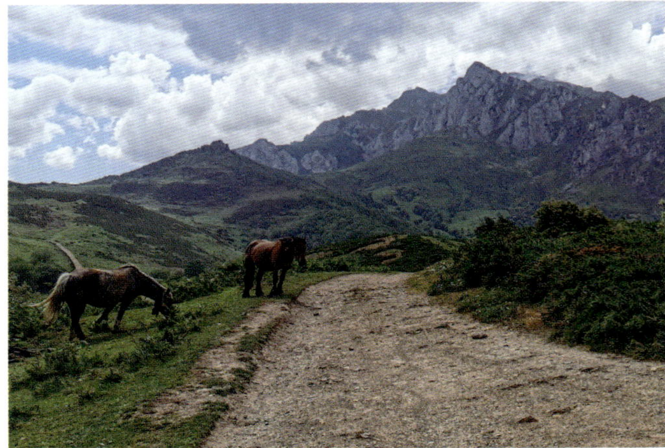
Am Corral de los Moros stößt man auf viele Wegbegleiter.

der archäologischen Fundstelle **Corral de los Moros** 02 weist. Bei den steinernen Relikten haben wir auch den **Gipfel** des Gratrückens erreicht, der uns beeindruckende Ein- und Aussichten bietet. Unter uns breitet sich die südliche Hermida-Schlucht aus, gegenüber ragt das mächtige Felsriff der Peña Ventosa wie ein Pfeil in den Himmel. Wir befinden uns zwischen mediterran anmutender Karstlandschaft, Wiesen, Wäldern und schroffem Hochgebirge. Nur selten ist ein so herausragender Platz fernab von Verbauung und Touristentrubel mit so geringer Mühe zu erreichen!
Zurück geht es auf dem gleichen Weg.

Tipp

Statt am Parkplatz gleich abzureisen sollte man noch einen Abstecher in den Wald El Habario mit den Castañeros Milenarios, den tausendjährigen Kastanien, machen. Dieser beginnt direkt beim Parkplatz und erstreckt sich einige hundert Meter entlang des ausgeschilderten GR Fernwanderwegs, der Richtung Nordwest zur nächsten Ortschaft Cabañes führt. Dieser besondere Flecken wirkt wie ein idyllischer Park inmitten der Berge.

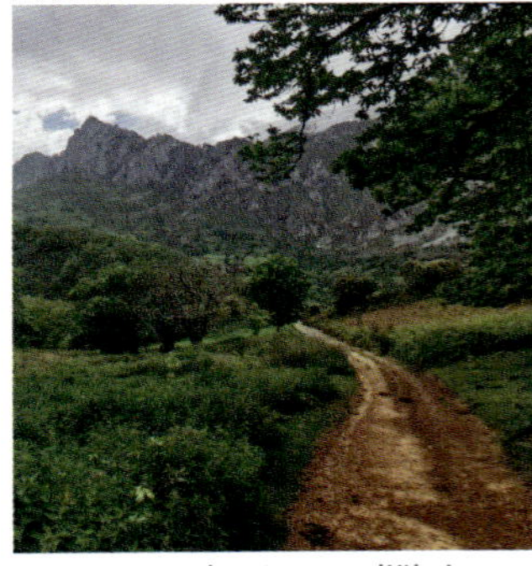
Der Weg zu den tausendjährigen Kastanien von El Habario.

CUCAYO-RUNDE

Durchs Reich der bizarren Felsen

 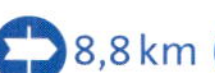 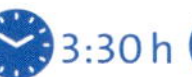 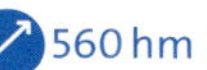 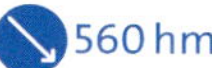

START | Etwa 100 Meter vor Cucayo, 953 m, in einer Kurve mit Parkbucht neben Altglascontainern. Dort ist Platz für mehrere Autos. Anfahrt: Auf der N-621 nach La Vega fahren und dort in das südliche Seitental des Río Frío Richtung Dobres.
[GPS: UTM Zone 30T x: 366.501 m, y: 4.768.551 m]
CHARAKTER | Entspannte Rundtour mit mäßigen Höhenunterschieden durch Wald, Weideland und einen weitläufigen Talkessel.

Das bei La Vega abzweigende südlichste Seitental der Liébana wartet mit faszinierenden Felsformationen auf, die den Besucher phasenweise in einen Fantasyfilm versetzen.
Erstaunlicherweise (oder erfreulicherweise?) wird diese außergewöhnliche Gegend weitgehend ignoriert von den Besuchermassen. Das hübsche Dörfchen Cucayo befindet sich im hintersten Winkel dieses Tals.

Von der **Parkbucht vor Cucayo** 01 treten wir die Wanderung auf zunächst asphaltiertem Weg an. Rechts vorbei an einer Pension mit Restaurant stoßen wir auf einen beschilderten Abzweig, der uns halbrechts auf einem betonierten Nebenweg am Cucayo vorbei führt. Infotafeln schlagen uns Wander- und Radtouren vor. Wir folgen einem etwas anderen Verlauf, zunächst dem Schild in Richtung Río Frio, dem kalten

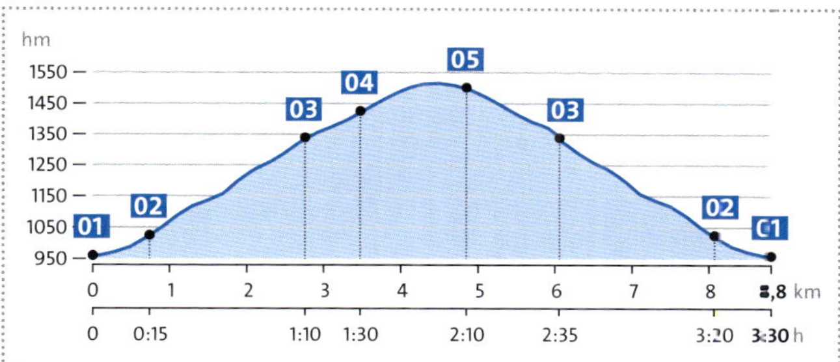

01 Parkbucht vor Cucayo, 953 m; 02 Landwirtschaftsgebäude, 1028 m; 03 Eisentor, 1322 m; 04 Verzweigung, 1411 m; 05 Almhütte, 1499 m

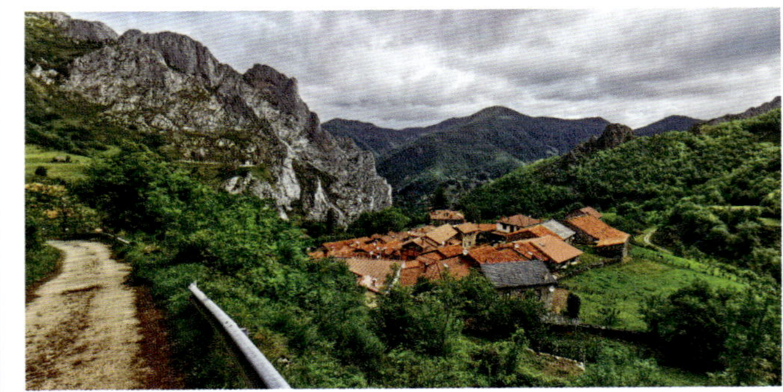
Cucayo bettet sich harmonisch in die schöne Landschaft ein.

Fluss, folgend. Der Weg biegt rechts in das Tal jenes Flüsschens ein und verzweigt sich neben einem **Landwirtschaftsgebäude** **02**. Wir nehmen den linken Abzweig, überqueren den Bach auf einer Brücke und erreichen den gegenüberliegenden Hang mit seinen prägnan-ten Komglomeratfelsen. An diesen vorbei schlängelt sich der nun unbefestigte und schottrige Forstweg in Serpentinen höher. Nach etwa 150 Höhenmetern erreichen wir ein idyllisches Seitental. Durch offenes Gelände folgen wir dem bequemen Weg nun bis zum nächsten Waldstück, wo wir linker Hand ein Steinhaus erblicken und an einem **Eisentor** **03** vorbeikommen. Hier gabelt sich

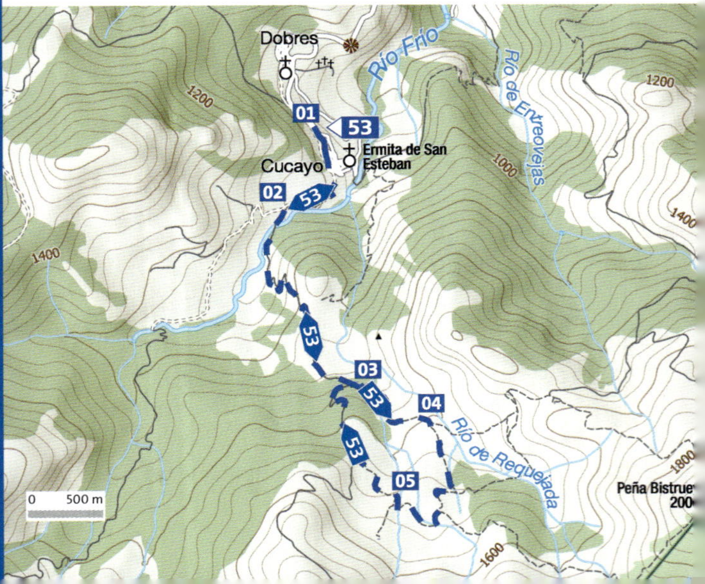

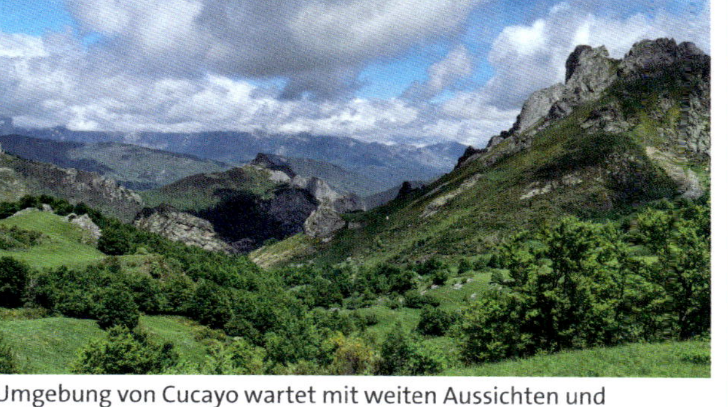

Die Umgebung von Cucayo wartet mit weiten Aussichten und einmaligen Felsformationen auf.

der Weg und wir können uns die Richtung aussuchen, da hier unsere Runde über das aussichtsreiche Hochplateau beginnt und endet. Gehen wir im Uhrzeigersinn, halten wir uns links und kommen bald an einem quer über den Weg fließenden Bächlein vorbei. Nach einem guten halben Kilometer kommt die nächste **Verzweigung** 04, an der wir rechts abbiegen. Durch offenes und weites Gelände durchschreiten wir eine wunderschöne Bergumgebung. Wir biegen ein weiteres Mal rechts ab und wenig später nochmals. Der Weg besteht nun stellenweise nur aus Fahrspuren in der Wiese. Das klingt vielleicht etwas kompliziert, doch das Gelände ist übersichtlich, sodass keine Orientierungsprobleme aufkommen sollten. Wir drehen hier im Talschluss einen Bogen nach rechts und gelangen so zurück in Richtung „eisernes Tor". Der Weg wird auch direkt wieder deutlich erkennbar und führt sanft abwärts auf eine weithin sichtbare **Almhütte** 05 zu. Diese lassen wir links liegen und wandern ein steileres Stück bergab, um nach einigen Serpentinen das Haus und das **Eisentor** 03 wieder zu erreichen. Von hier aus geht es auf dem bekannten Hinweg zurück zur **Parkbucht vor Cucayo** 01.

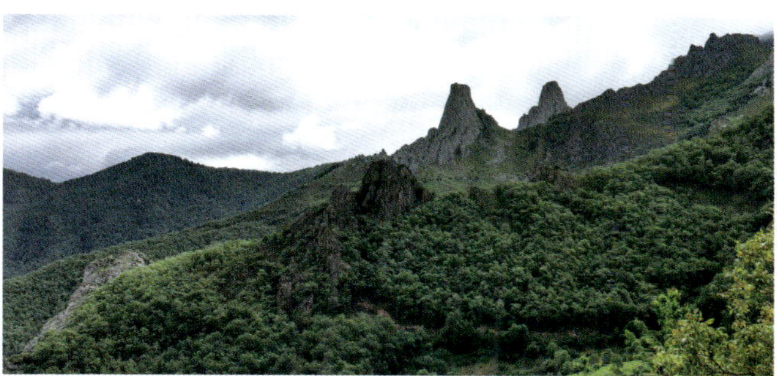

Zwei der markanten Felshörner zwischen Cucayo und Barago.

CAMPOS DE VALDOMINGUERO

Durchs Ándara-Gebirge zur grünen Panorama-Terrasse

  15,5 km 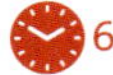 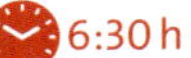 6:30 h  980 hm  980 hm

START | Großer Wanderparkplatz an der Straße von Sotres nach Tresviso, beim Passübergang Jitu Escarandi, 1299 m. [GPS: UTM Zone 30T x: 360.440 m, y: 4.788.577 m]
CHARAKTER | Stimmungsvolle Tour durch karges und von Spuren des Bergbaus geprägtes Hochgebirge. Lohnendes Ziel mit Ambiente und Aussicht.

Vom **Parkplatz am Jitu Escarandi** 01 nehmen wir den breiten Wanderweg nach Süden, der hinauf zum Refugio Casetón de Ándara und in die Berge des Ándara-Massivs führt. Über eine kleine Kuppe hinweg und um ein kleines Bergmassiv herum führt er gemächlich in ein weites Hochtal hinein. Zunächst schlägt er an der rechten Seite des Tals einige weit ausholende Kurven, dann geht es in der zweiten Hälfte immer geradeaus in immer gleicher, gemütlicher Steigung zur Ándara-Hütte hinauf. Bis dorthin ist der durchgehend breit ausgebaute Weg eigentlich nicht zu verfehlen, zur Sicherheit aber dennoch gelegentlich gelb-weiß markiert.
An der eigenwillig in den Hang hineingebauten Hütte **Refugio Casetón de Ándara** 02 kann man Quellwasser aus einem Hahn zapfen.
Die Hütte steht vor einer kurzen, steilen und geröllbedeckten Geländestufe, auf die mehrere Wegspuren hinauf führen. Der „offizielle" Weg führt links vor der

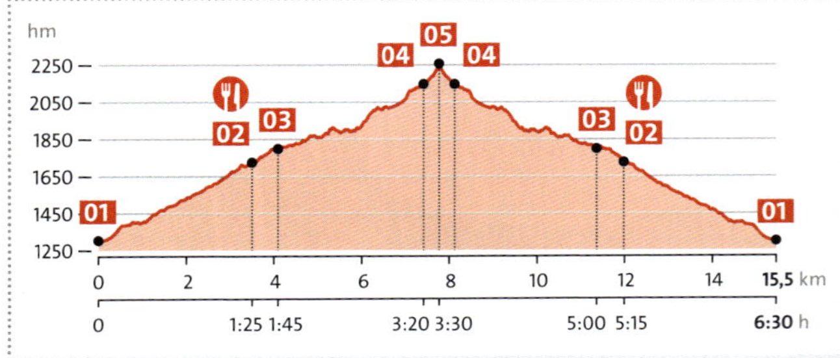

01 Parkplatz am Jitu Escarandi, 1299 m; 02 Refugio Casetón de Ándara, 1725 m; 03 Abzweig, 1791 m; 04 Collado Valdominguero, 2145 m; 05 Campos de Valdominguero, 2255 m

Unterwegs beim Collado de la Aldea.

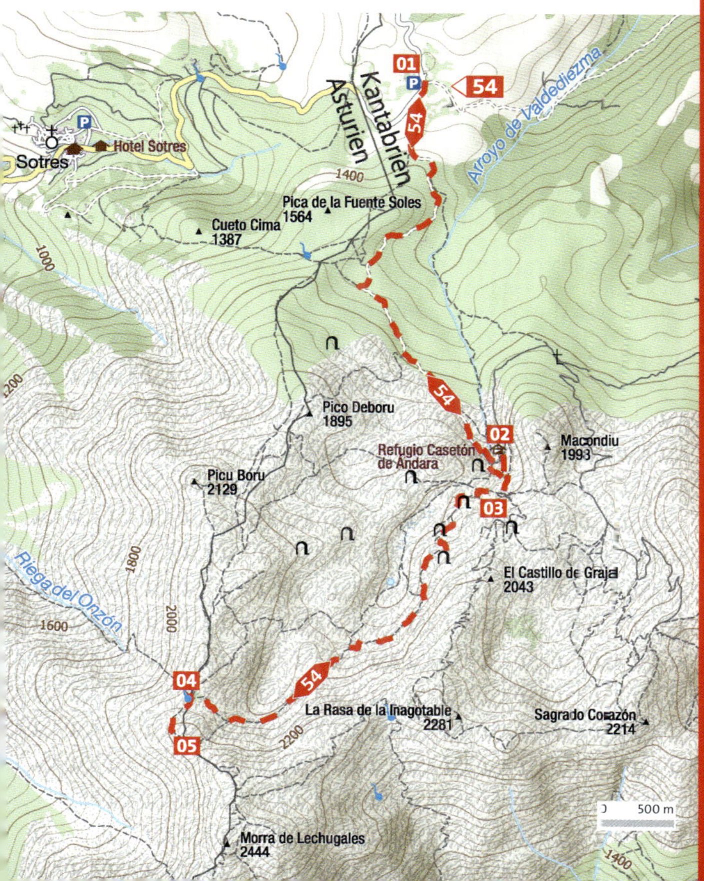

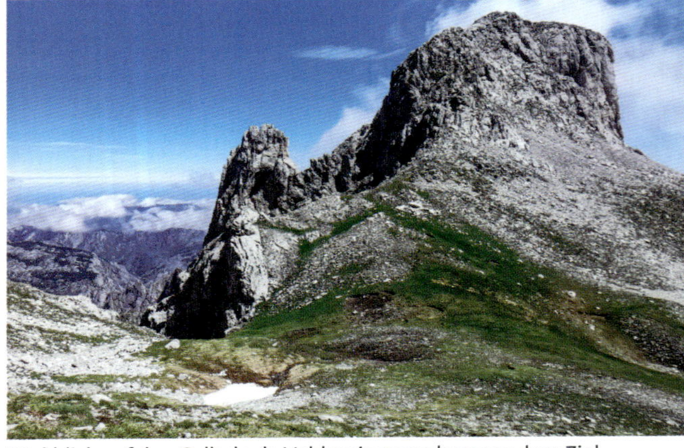
Rückblick auf den Collado de Valdominguero kurz vor dem Ziel.

Hütte vorbei auf der von unten gesehen linken Hangseite auf das nächste Plateau (Collado Aldea). Von diesem Plateau aus verzweigen sich mehrere Wege. Der unsrige führt unterhalb der nächsten Steilstufe nach rechts in Richtung Westen. Nach etwa 100 Metern nehmen wir den **Abzweig** 03 nach links und wandern direkt neben den linken Begrenzungsfelsen in das sich links öffnende Tal hinein. Dieses schöne, abgeschieden wirkende Hochtal durchwandern wir nun bis zu seinem weit hinten zu sehenden Ende am Pass Collado Valdominguero. Dabei hält sich unser Weg immer auf der linken Talflanke, gut 100 Höhenmeter oberhalb des Talbodens.

Wir durchwandern eine bizarre Hochgebirgslandschaft, in der sich ehemalige Minen und Schächte mit tiefen Karstlöchern und Höhlen mischen. Rechts unten im Talboden sehen wir eine üppige grüne Wiese. Sie ist der ehemalige Grund des einstigen schönen Bergsees Lago de Ándara. Durch den Bergbau wurde er Anfang des 20. Jh. versehentlich entwässert. Der meist erdige Wanderweg führt gleichmäßig in mäßiger Steilheit aufwärts, bis er an den beiden letzten Aufschwüngen vor dem Pass an Steilheit zulegt und von zunehmend mehr Steinen bedeckt ist. Steinmänner und rote Markierungen erleichtern im letzten Geröllhang vor dem **Collado Valdominguero** 04 das Einhalten der richtigen Spur.

Am Pass angekommen fehlen uns nur noch etwas mehr als 100 Höhenmeter zum Ziel. Wir halten uns links/südwärts, um dem steindurchsetzten Grashang hinauf zu folgen, der uns auf das Hochplateau **Campos de Valdominguero** 05 führt. Auf dieser grünen Aussichtsterrasse angekommen, verstehen wir, warum sie auch als Biwakplatz beliebt ist. Wir genießen hier ganz unbeschwert ein majestätisches Hochgebirgsambiente mit gewaltiger Aussicht vom Zentralmassiv bis zum Atlantik.

Der Rückweg erfolgt auf demselben Weg.

PICO MACONDÍU • 1998 m

Auf die schlanke Pyramide des Ostmassivs

 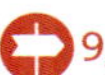 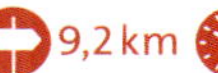 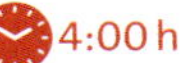 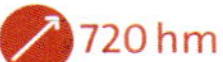 

9,2 km | 4:00 h | 720 hm | 720 hm

START | Großer Wanderparkplatz an der Straße von Sotres nach Tresviso, beim Passübergang Jitu Escarandi, 1299 m. [GPS: UTM Zone 30T x: 360.440 m, y: 4.788.577 m]
CHARAKTER | Stimmungsvolle Gipfeltour durch karges und von Spuren des Bergbaus geprägtes Hochgebirge. Einfacher Anstieg abgesehen vom Gipfelbereich mit kurzen Steilstücken und etwas ausgesetzten Passagen.

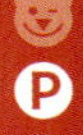

Wir starten am großen **Parkplatz am Jitu Escarandi** 01. Unser Ziel, der Pico Macondíu, ist schon von hier aus als markante, ebenmäßige Pyramide zu sehen. Wir nehmen den breiten Wanderweg nach Süden, der hinauf zum Refugio Casetón de Ándara und in die Berge des Ándara-Massivs führt (vgl. Tour 54, Seite 132). Über eine Kuppe hinweg führt er gemächlich in ein weites Hochtal hinein. Die bald erreichte Hütte **Refugio Casetón de Ándara** 02 befindet sich unter einer Geländestufe. Der einfachste Weg dort hinauf führt uns links vor der Hütte vorbei auf der von unten gesehen linken Hangseite hinauf. Wir erreichen so das nächst höhere Plateau, **Collado Aldea** 03, von dem mehrere Wege abzweigen. Wir wählen den Weg, der links/östlich auf den nächsten, gut 50 Meter höheren Pass, den **Collada de Trasmacondíu** 04, hinaufführt.

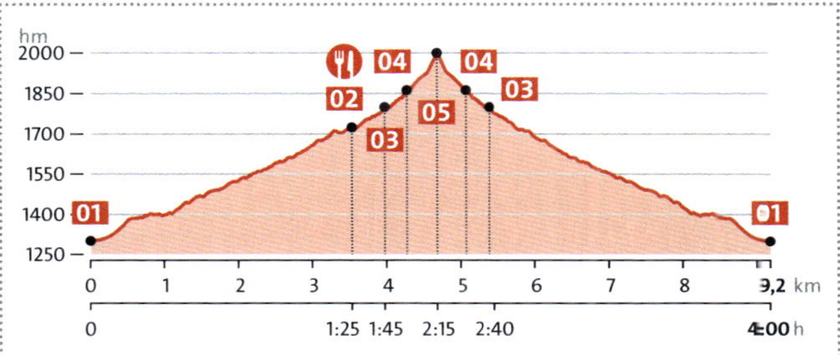

01 Parkplatz am Jitu Escarandi, 1299 m; 02 Refugio Casetón de Ándara, 1725 m; 03 Collado Aldea, 1795 m; 04 Collada de Trasmacondíu, 1849 m; 05 Pico Macondíu, 1998 m

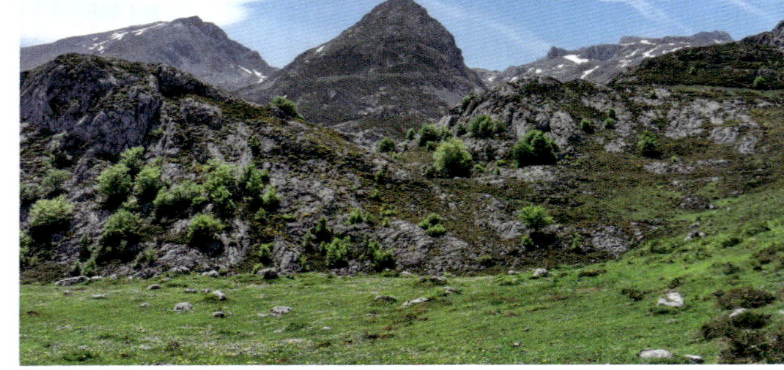

Vom Anfang an ist das Ziel klar: Pico Macondíu vom Parkplatz Jitu Escarandi aus gesehen.

Dort befinden wir uns dem Namen entsprechend tatsächlich „hinter dem Macondíu", dessen Vorgipfel als Felskopf über der vor uns liegenden Geröllhalde aufragt. Der weitere Weg zweigt links/nordwärts ab und führt als gezackte Wegspur die Halde rechts unterhalb des Felskopfs hinauf. An der Basis der Felsen angekommen, folgen wir dem Pfad rechts (östlich) um sie herum. Dort geht es schräg links hinauf in eine Scharte und von dieser rechts auf eine kleine Felsschulter. Hier im steilen Schrofen- und Blockgelände benötigen wir kurz die Hände zum Abstützen. Von diesem ersten Aufschwung führt der Weg nun knapp rechts unterhalb des Grats zum zweiten und letzten Steilaufschwung, den wir durch steile Schrofen auf den mit Steinmännern markierten Pfadspuren überwinden. Direkt unterhalb des Gipfels kommen dabei in einer leicht ausgesetzten Kraxelstelle nochmal kurz die Hände zum Einsatz.

Am Gipfel des **Pico Macondíu** 05 stoßen wir auf eine Metallplakette mit der Aufschrift: „ESTAS MAS CERCA DEL CIELO" – „Du bist näher am Himmel". Damit sind die Gipfelgefühle hier sehr gut beschrieben. Es gibt aber noch eine Steigerung,

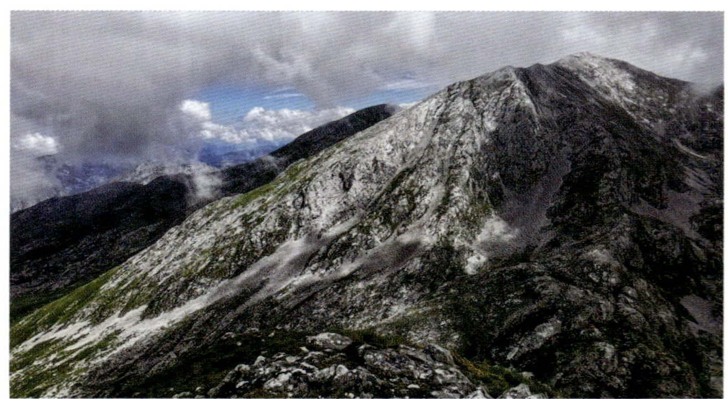

Blick hinüber zu den Nachbarn im Macizo Oriental (Ostmassiv).

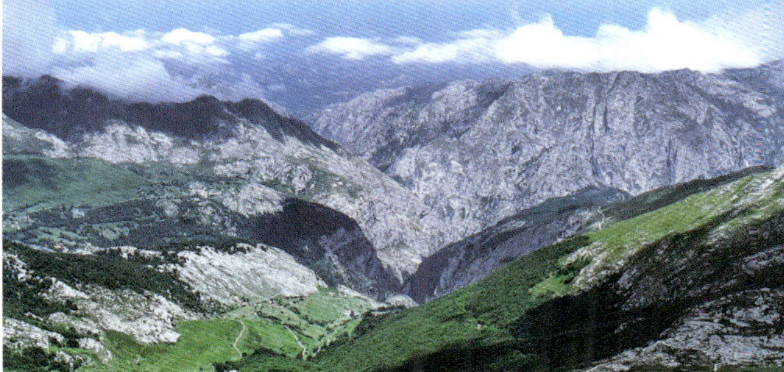

Der Blick vom Gipfel nach Osten schweift in die Schluchten von Urdón und La Hermida.

und zwar die kurze Überschreitung zum nördlichen Nebengipfel. Von dort ist die Aussicht auf endlose Täler und Canyons sowie den Atlantik völlig frei.

Der Blick von hier die Nordflanke hinunter lädt eventuell zu einem direkten Abstieg und damit einer Überschreitung ein. Es empfiehlt sich jedoch eher, auf dem Hinweg zurückzukehren, da der weglose Abstieg über diese Flanke mühsam ist und kaum Zeit spart.

Wer schon auf dem Hinweg eingekehrt ist, kann den Rückweg etwas abkürzen und die Hütte umgehen.

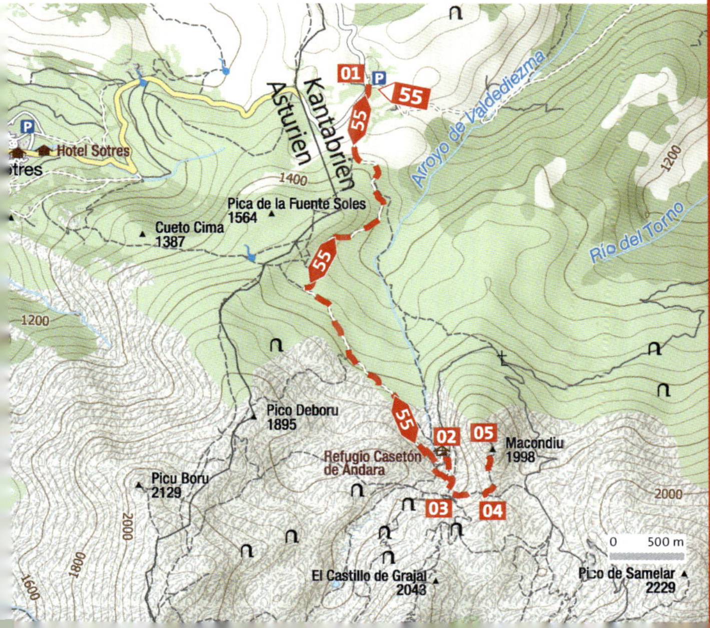

ALLES AUSSER WANDERN

Strände, Küsten

Playa de San Antonio und Playa Cuevas del Mar
10 km östlich von Ribadesella befinden sich mit der Playa de San Antonio und der Playa Cuevas del Mar zwischen spektakulären Klippen zwei besonders schöne Strandbuchten mit Sportplätzen, Bar und Restaurant.

Playa Oyambre
Auf halbem Weg zwischen den Picos und Santander befindet sich die Playa Oyambre, die als einer der größten und schönsten Strände Kantabriens gilt.

Los Bufones
Dieses Naturschauspiel findet nur bei Wind und „schlechtem" Wetter mit genügend Brandung statt. Dann schießen geysirartige Fontänen durch Aushöhlungen in den Klippen empor und versprühen ihre Gischt über die Küste. Als besonders eindrucksvoll gelten die Bufones bei Arenillas, am Küstenwanderweg E-9 zwischen Llanes und Pendueles.

Rafting und Kayak

Die wilden Flüsse der Picos sind ein erstklassiges Revier für Wildwasser- und Raftingfans. In allen größeren Ortschaften finden sich Agenturen, die Ausrüstung und Touren organisieren. Gute Adressen erfragt man am besten bei den Touristeninformationen.

Höhlen

La Cuevona de Cueves
Die spektakuläre Höhle bei Ribadesella dient zugleich als Tunnel, der den einzigen Straßenzugang zur kleinen Ortschaft Cueves schafft. Sie kann kostenlos zu Fuß besichtigt werden. Einkehr nebenan im Restaurante La Solana möglich.

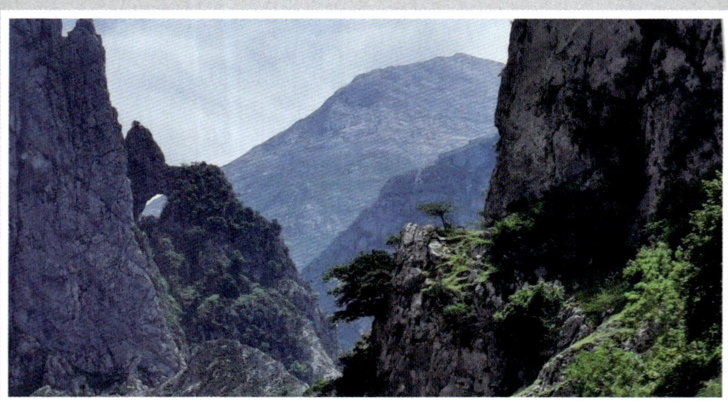

Das Felsenloch ziert die Caresschlucht über Poncebos.

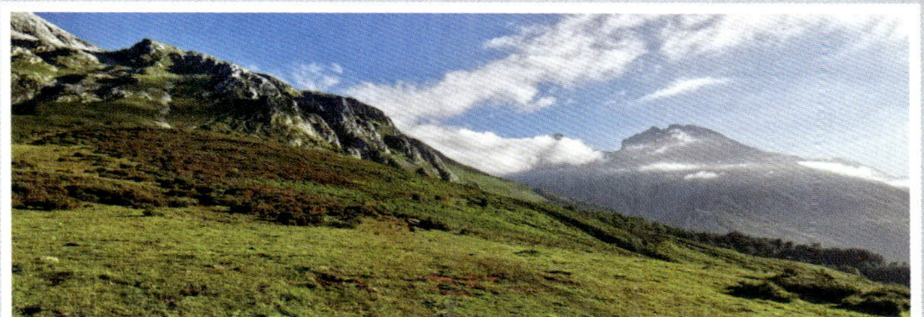

Schönes Wetter am Collado Pandébano, dem Drehkreuz für Touren im Zentralmassiv (Touren 23, 30 und 31).

Cueva de Tito Bustillo
Die Tropfsteinhöhle liegt in der Hafenbucht von Ribadesella und ist bekannt für ihre steinzeitliche Höhlenmalerei. Sie ist Teil des Ardines-Massivs, eines großen Karstsystems. Die Malereien sind Teil des UNESCO-Welterbes.

Mehr zu den asturischen Höhlen und der steinzeitlichen Höhlenkunst unter:
www.turismoasturias.es/de/cultura/arte-rupestre (Deutsch)

Besucherzentren und Museen

Centro de Visitantes Sotama (nahe Potes)
Sehr aufwändig und eindrucksvoll gestaltetes Informationszentrum zu den Picos de Europa. Auch für Kinder gibt es viel Anschauliches und Spannendes. In den verwinkelten Räumen auf mehreren Stockwerken kann man problemlos einen halben Tag sehr unterhaltsam und informativ verbringen. Infos dazu und zu den weiteren Besucherzentren in Lagos de Covadonga, Posada de Valdeón und Oseja de Sambre unter:
www.parquenacionalpicoseuropa.es (auch auf Englisch und Französisch)

Auf dieser Seite findet man ein weiteres interessantes Angebot, nämlich die teils kostenlosen geführten Wanderungen.

Cueva Exposición Cabrales
Die „Käsehöhle“ ist ein Museum in einer Höhle unmittelbar bei Las Arenas (Cabrales). Geführte Touren mit abschließender Verköstigung. Infos unter:
www.fundacioncabrales.com/cueva-exposicion (nur Spanisch)

Centro „Las Montañas del Quebrantahuesos“ in Benía de Onís
Interaktives Museum zu den Themen Biodiversität, Umwelt und nachhaltige Entwicklung in den Picos de Europa. Infos unter:
www.quebrantahuesos.org (Spanisch und Englisch)

Centro de Arte Rupestre
Spektakuläres Kunstmuseum, das mit den Tito-Bustillo-Höhlen bei Ribadesella verbunden ist (s.o.).

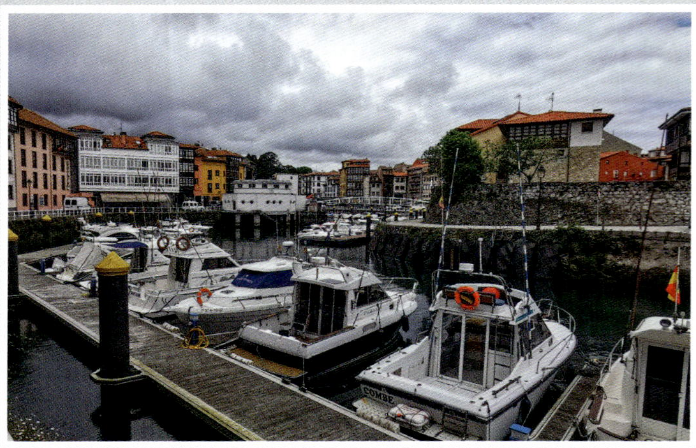

Das Städtchen Llanes mit seinem Hafen ist ein schönes Ausflugsziel.

Städte

POTES

Unter den kleinen Städtchen zu Füßen der Picos ist Potes wohl das quirligste und interessanteste. Wer gern durch romantische Gassen schlendert und dabei Gastronomie und Geschäfte erkundet, kann hier einen schönen Tag verbringen. Für Wanderer interessant ist das traditionsreiche Geschäft der Bustamante in den Arkaden der Hauptstraße. Dort gibt es topografische Karten des spanischen Geographischen Instituts, die auch die abgelegenen Bereiche außerhalb der Nationalparkzone der Picos abdecken.

LAS ARENAS (CABRALES)

An der Hauptstraße befinden sich die Bergsport- und Outdoorläden, in denen man alles bekommt, was man vielleicht zuhause vergessen hat. Auch die vollständigste Auswahl an Büchern, Führern und Karten zu den Picos de Europa gibt es hier. Hinter der Hauptstraße finden sich auch einige schöne Gässchen mit Cafés und Restaurants. Wer den wohl berühmtesten asturischen Käse, den Queso de Cabrales, probieren und kaufen will, findet die Spezialitätengeschäfte an der Hauptkreuzung bei der BBVA Bank.

LLANES

ist die größte Küstenstadt in der Nähe der Picos und die „Fischerhauptstadt“ Asturiens. Am verwinkelten Hafen gibt es urbanes Flair mit guten Restaurants und Spezialitätengeschäften. In den prächtigen alten Gebäuden wie dem ehemaligen Casino oder der Basilica Santa Maria del Concejo finden Konzerte und andere Kulturveranstaltungen statt.

CANGAS DE ONÍS
Die quirlige Kleinstadt am Fuße der Picos bietet einen sehenswerten Stadtkern mit guter Gastronomie und vielen Geschäften. Hauptattraktion ist das Wahrzeichen Asturiens, die Puente Romano, unter deren Spitzbogen eine Nachbildung des asturischen Siegeskreuzes hängt.

SANTANDER
Die Hauptstadt Kantabriens glänzt mit schöner Architektur, vielen Sehenswürdigkeiten und hervorragender Gastronomie. Wegen der recht langen Anfahrt aus den Picos empfiehlt sich eine Übernachtung.

OVIEDO
Auch die Hauptstadt Asturiens bietet alles, was das Herz des Städtetouristen begehrt. Auch hier kann man Schlechtwettertage mehr als nur überbrücken. Aber auch hier sollte wegen der recht großen Entfernung zu den Picos eine Übernachtung eingeplant werden.

Bergbahnen

Teleférico de Fuente Dé
Die Seilbahn überwindet den gesamten Höhenunterschied von der Talstation Fuente Dé (1070m) zur Bergstation „El Cable“ (1823 m) an einem frei hängenden Kabel. Aktuelle Infos und Tickets unter:
entradas.telefericofuentede.com

Funicular de Bulnes
Infos auf Deutsch und Tickets unter:
www.alsa.com/de/web/bus/fernbusse/asturien/standseilbahn-bulnes

Auffahrt zu den Lagos de Covadonga
Keine Bergbahn im eigentlichen Sinne, aber die Straße zu den (in Spanien) berühmten Bergseen ist je nach Saison und Tageszeit nur mit kostenpflichtigem Busverkehr befahrbar. Oben an den Seen verkehren Taxis für einen Euro zwischen den Parkplätzen. Die Schranke bei der Basilika von Covadonga wird in der Nebensaison morgens um 7 oder 8 Uhr geschlossen und abends geöffnet, in der Hauptsaison bleibt sie durchgehend geschlossen. Aktuelle Infos dazu bei den Hotels, Campingplätzen und Tourismusbüros der Umgebung.

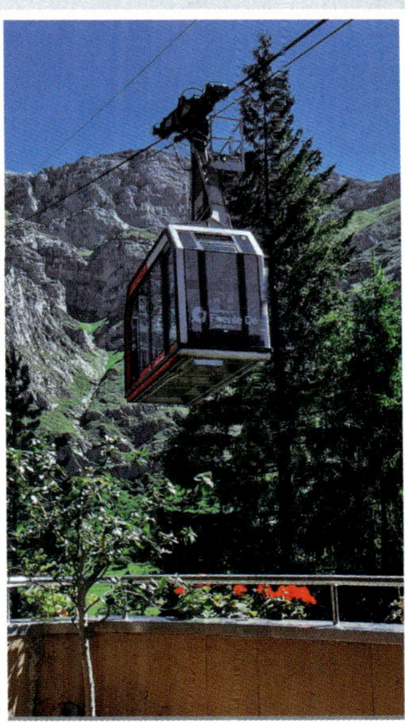

Die Gondel der „Teleférico de Fuente Dé“.

Portal für Unterkünfte (Alojamiento) und Landhäuser (Casa Rural) in den Picos de Europa, Suchfilter nach Region und Kategorie.
www.alojamientospicoseuropa.com

Portal für teils exklusive Hotels, Landgasthäuser und Ferienwohnungen, mit Kartensuchfunktion.
www.escapadarural.com/casas-rurales/picos-de-europa

Auswahl von Unterkünften mit Nachhaltigkeitsmaßnahmen.
www.ecopicosdeeuropa.com/alojamientos

Hütten, Almen, Berggasthöfe, Einkehrmöglichkeiten

CORNIÓN UND UMGEBUNG

Refugio Vega de Enol, 1100 m
Private Unterkunft mit Restaurant nahe der beiden Seen Lagos de Covadonga.
www.refugiovegadeenol.com

Refugio Vega de Ario, 1630 m
Übernachtung mit oder ohne Halbpension.
www.refugiovegadeario.es

Refugio Vegarredonda, 1460 m
Übernachtung und Halbpension, tagsüber Getränke und kleinere Speisen.
www.refugiovegarredonda.com

Refugio de Vegabaño, 1332 m
Übernachtung mit oder ohne Halbpension, tagsüber Getränke und kleinere Speisen.
www.refugiopicos.com

Refugio de Vega Huerta, 2040 m
Schutzhütte, 6 Plätze, nur Übernachtung, keine Reservierung möglich, Wasserquelle in der Nähe, kann im Sommer jedoch trocken sein.
www.picoseuropa.net/vhuerta/

LOS URRIELLES UND UMGEBUNG

Refugio de la Terenosa, 1300 m
Vereinshütte des spanischen Bergsportverbands, Übernachtung mit offener Küche, keine Gastronomie.
www.fempa.net/refugios/la-terenosa

Refugio de Urriellu, 1953 m
Große und traditionsreiche Unterkunft, Übernachtung mit oder ohne Halbpension, tagsüber Getränke und Speisen; Barbetrieb.
www.refugiodeurriellu.com

Refugio Jou de los Cabrones, 2034 m
Übernachtung mit oder ohne Halbpension, tagsüber Getränke und Snacks.
www.refugiojoudeloscabrones.com

Refugio Collado Jermoso, 2064 m
Übernachtung mit oder ohne Halbpension, tagsüber Getränke und kleinere Speisen.
www.colladojermoso.com

Refugio Cabaña Verónica, 2325 m
Mini-Hütte im Format einer Biwakschachtel, betrieben vom kantabrischen Bergsportverband, 6 Übernachtungsplätze mit oder ohne Halbpension.
www.reservarefugios.com/es/refugios/cabana-veronica

Hotel Áliva, 1650 m
Traditionsreiches Berghotel im obersten Kessel des Rio-Duje-Tals, Restau-

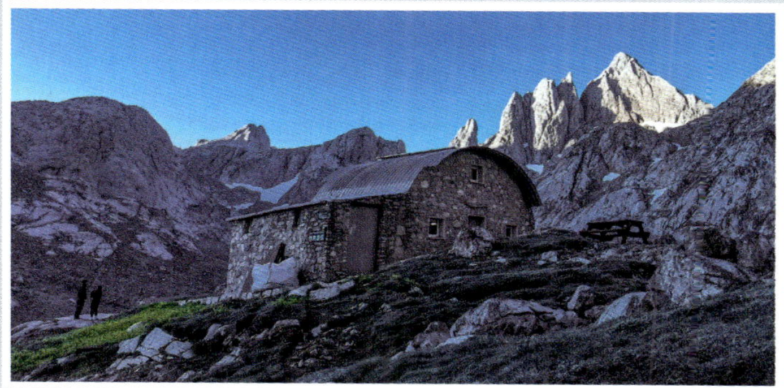

Das Refugio Jou de los Cabrones (Touren 26 und 27).

rant und Cafeteria.
www.cantur.com/instalaciones/7-hotel-aliva

Bergrestaurant und Cafeteria „El Cable", 1853 m
An der Bergstation der Fuente DéSeilbahn. Bei der Talstation befindet sich ebenfalls ein Restaurant mit Cafeteria.
www.cantur.com/instalaciones/informacion-adicional/41-cafeteria-restaurante--ii/categoria-5

ÁNDARA UND UMGEBUNG

Refugio Casetón de Ándara, 1725 m
20 Übernachtungsplätze, mit oder ohne Halbpension, tagsüber Getränke und Snacks.
www.reservarefugios.com/es/refugios/caseton-de-andara

Jugendherbergen (Albergues)

Albergue Villa de Bulnes (Bulnes)
Tel. +34 985 845953
www.alberguevilladebulnes.com

Albergue Peña Maín (Bulnes)
Tel. +34 985 845939
www.turismocabrales.com

Albergue Peña Castil (Sotres)
Tel. +34 985 945070
www.alberguepeñacastil.es

Albergue Cabrales (Carreña)
Tel. +34 985 945070
www.alberguecabrales.com

Albergue Turístico de Valdebaró (Camaleño)
Tel. +34 942 733092
www.valdebaro.es

Albergue La Aldea (Bejes)
Tel. +34 942 733561
www.alberguelaaldea.com

Campingplätze

PERSÖNLICHE AUTORENTIPPS

El Cares Camping (zwischen Posada de Valdeón und dem Pandertrave-Pass)
Harmonisch und auf kreative Art eingebettet in die ursprünglicher Natur der Umgebung. Die entspannte und familiäre Atmosphäre lädt zusammen mit der gut bestückten Bar und dem hervorragenden Restaurant zum Genießen und

Knüpfen von Kontakten ein. Als Zugabe gibt es kompetente Tipps zu Berg- und Wandertouren sowie echte Highlights wie das sommerliche Musikfestival MusiCares.
www.campingelcarespicosdeeuropa.com

San Pelayo (bei Camaleno)
Das San Pelayo bei Camaleño sticht durch schöne Lage und viele Annehmlichkeiten hervor. Das Restaurant und die Bar werden durch angenehme Aufenthaltsräume und den großen Swimmingpool ergänzt. Angesichts dessen ist das Preis-Leistungs-Verhältnis bemerkenswert gut, zumal noch die gastfreundliche und offene Atmosphäre und die kompetenten Tipps zu Berg- und Wandertouren des Betreibers hinzukommen.
www.campingsanpelayo.com

SONSTIGE

Camping Picos de Europa (bei Benia de Onís)
Gute Ausstattung, gutes Preis-Leistungsverhältnis.
www.picos-europa.com

Camping Naranjo de Bulnes (Las Arenas)
Angenehmer Aufenthaltsbereich, zwei Bars und zwei Restaurants.
www.campingnaranjodebulnes.com

Camping Covadonga (Soto de Cangas)
Tel. +34 942 733561
www.alberguelaaldea.com

Camping La Viorna (bei Potes)
www.campinglaviorna.com

Camping la Isla (bei Potes)
www.campinglaislapicosdeeuropa.com

Camping El Redondo (Fuente Dé)
www.campingfuentede.com

Camping El Molino (La Vega)
www.campingencantabria.com

Camping de Riaño (Riaño)
www.campingderiano.com

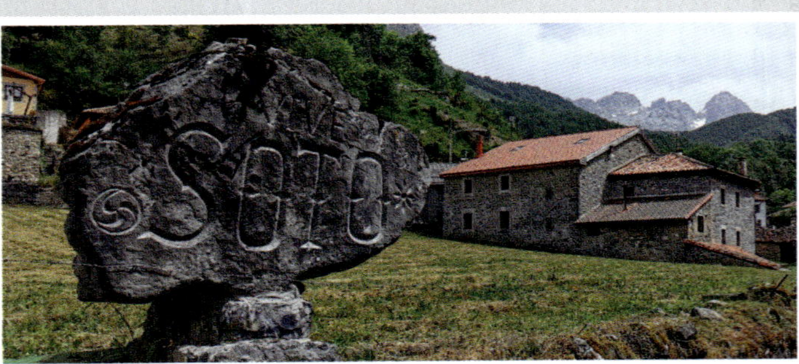

Das wohl schönste Ortseingangsschild hate Soto de Sajambre.

Nordwesten

Oficina de Turismo de Cangas de Onís/ Cangues d'Onís
Av. Covadonga, 1
ES-33550 Cangas de Onís
Asturias
Tel. +34 985 848005
turismo@cangasdeonis.com
www.turismocangasdeonis.com

Norden

Oficina de turismo de Cabrales Las Arenas
Tel +34 985 846484 (Rathaus)
www.cabrales.es/como-llegar

Nordosten

Peñamellera Baja
Museo de los Bolos
La Plaza
ES-33570 Panes
Asturias
Tel. +34 985 414417/ 676 128176
turismo@aytopanespbaja.com
www.aytopbpanes.es/turismo

Südosten

Oficina de Turismo de Potes
Pl. la Serna, 0
ES-39570 Potes
Cantabria
Tel. +34 942 730787
www.ayuntamientodepotes.es/

Oficina de Turismo de Camaleño
Lugar, Bo. Camaleño, 0 S/N
ES-39587 Camaleño
Cantabria
Tel. +34 942 733 020
www.valledecamaleno.com

Süden

Oficina de Turismo Posada de Valdeón
Cam. a Soto
ES-24915 Posada de Valdeón
León
Tel. +34 689 718785
valdeon@valdeon.org
https://valdeon.org/en/posada-de-valdeon-city-council/

Oficina de Información Turística de Riaño
Av. de Valcayo, s/n
ES-24900 Riaño
León
Tel. +34 987 740613
oficinaturismoriano@gmail.com
www.mriano.com

Westen

Oseja de Sajambre - Centro de información Picos de Europa La Fonseya
Carretera N-625, s/n
ES-24916 Oseja de Sajambre
León
Tel. +34 696 137464
patrimonionatural@patrimonionatural.org
patrimonionatural.org/casas-del-parque/casas-del-parque/centro-de-visitantes-la-fonseya/

Infos zu den weiteren Besucherzentren siehe Abschnitt „Alles außer Wandern", Seite 189.

DIE REGION IM NETZ:

www.parquenacionalpicoseuropa.es

www.spain.info/de/natur/nationalpark-picos-europa/

Asturien
www.turismoasturias.es/de/home

Kantabrien
www.turismodecantabria.com/inicio

Kastillien und León
www.turismocastillayleon.com/en/information-travellers/

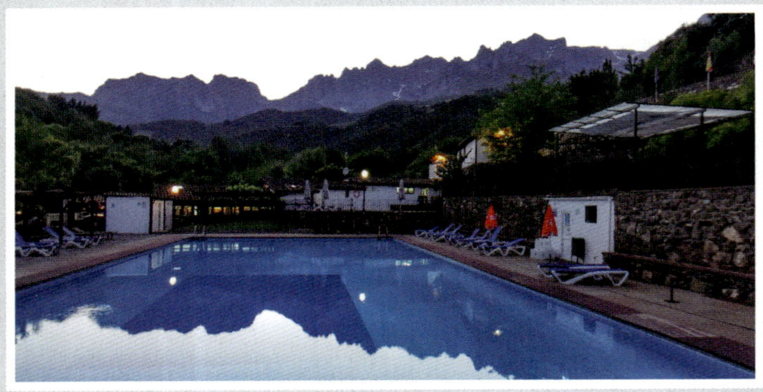

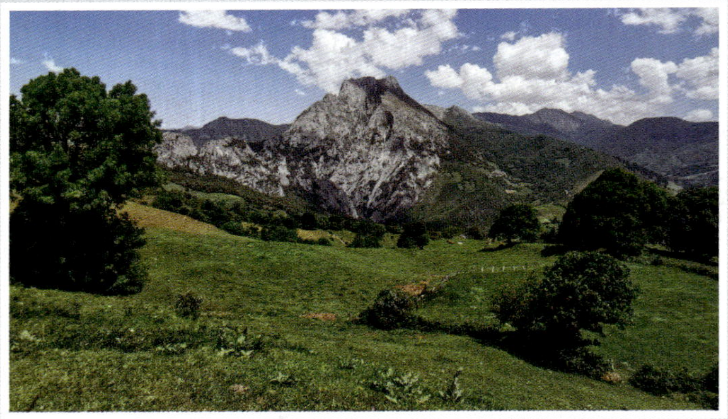

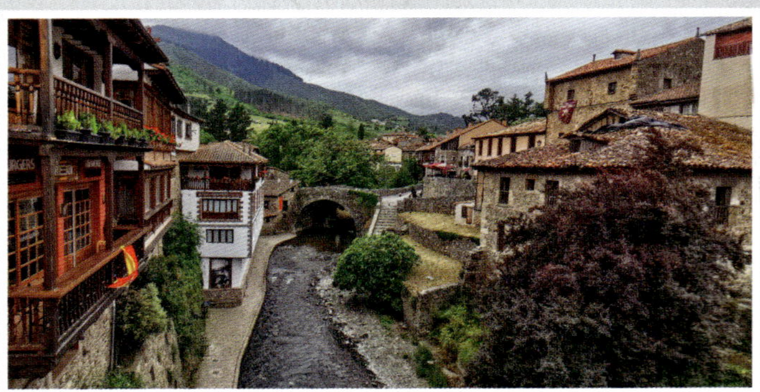

REGISTER

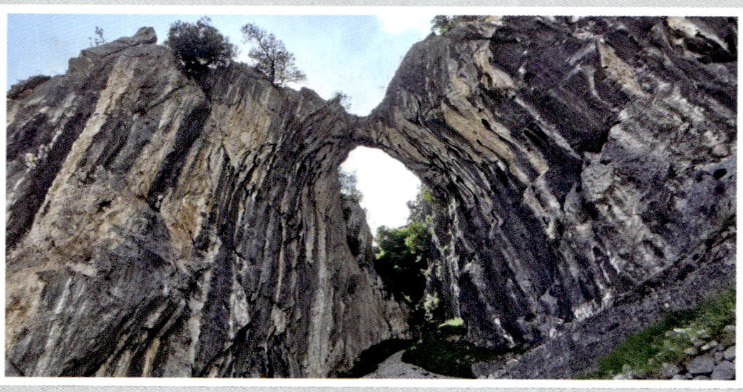

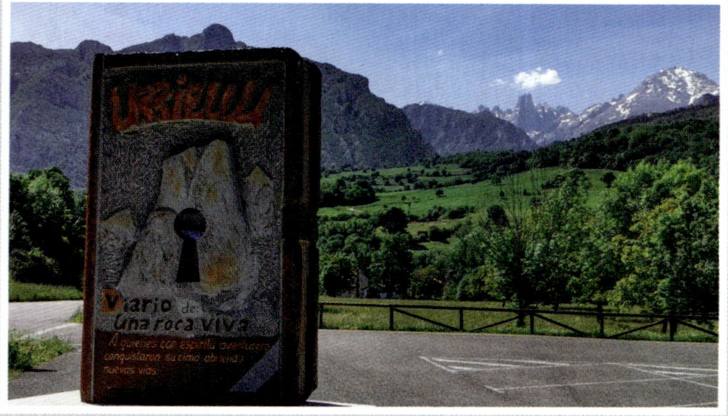
Viario de
una roca viva

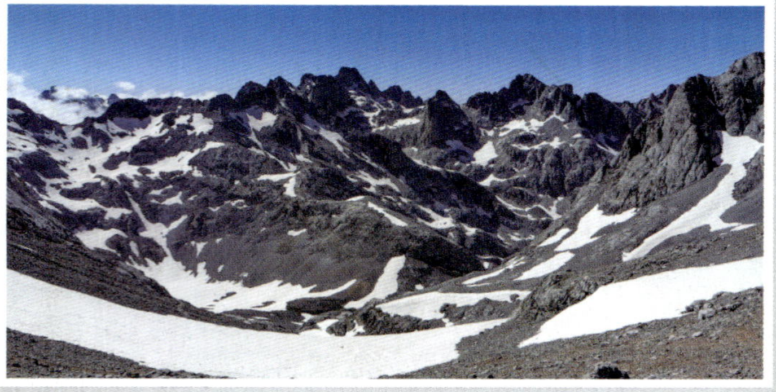

IMPRESSUM

1. Auflage 2023 Verlagsnummer: 5880 ISBN 978-3-99121-682-7

Titelbild: Der Naranjo de Bulnes (© Anton Petrus - stock.adobe.com)

Texte und Fotos (soweit nicht anders angegeben): © Stephan Bernau

Bildnachweise (alle © Stephan Bernau): S. 196 oben: Egal ob vor oder nach der Tour: Der Pool im Camping San Pelayo (S. 194) ist immer genau das Richtige; S. 196 mitte: Die Peña Ventosa von der Zufahrt zu Tour 52; S. 196 unten: Historischer Stadtkern von Potes; S. 197 oben: Felsbogen in der Caresschlucht (Touren 28 und 32); S. 197 mitte: An der Straße zwischen Carreña und Las Arenas (Cabrales); S. 197 unten: Blick Richtung Torre Cerredo (Tour 42).

Grafische Herstellung: Christine Jacobi
Wanderkartenausschnitte: © KOMPASS-Karten GmbH
OpenStreetMap Contributers (www.openstreetmap.org)
Kartengrundlage für Gebietsübersichtskarte S. 10–11, U4:
© MairDumont, D-73751 Ostfildern 4

Alle Angaben und Routenbeschreibungen wurden nach bestem Wissen gemäß unserer derzeitigen Informationslage gemacht. Die Wanderungen wurden sehr sorgfältig ausgewählt und beschrieben, Schwierigkeiten werden im Text kurz angegeben. Es können jedoch Änderungen an Wegen und im aktuellen Naturzustand eintreten. Wanderer und alle Kartenbenützer müssen darauf achten, dass aufgrund ständiger Veränderungen die Wegzustände bezüglich Begehbarkeit sich nicht mit den Angaben in der Karte decken müssen. Bei der großen Fülle des bearbeiteten Materials sind daher vereinzelte Fehler und Unstimmigkeiten nicht vermeidbar. Die Verwendung dieses Führers erfolgt ausschließlich auf eigenes Risiko und auf eigene Gefahr, somit eigenverantwortlich. Eine Haftung für etwaige Unfälle oder Schäden jeder Art wird daher nicht übernommen. Für Berichtigungen und Verbesserungsvorschläge ist die Redaktion stets dankbar. Korrekturhinweise bitte an folgende Anschrift:

KOMPASS-Karten GmbH
Karl-Kapferer-Straße 5, A-6020 Innsbruck
www.kompass.de/service/kontakt